国家社科基金
后期资助项目
GUOJIA SHEKE JIJIN HOUQI ZIZHU XIANGMU

中英文认知与教育
具身协同论

官 群 著

北京师范大学出版集团
BEIJING NORMAL UNIVERSITY PUBLISHING GROUP
北京师范大学出版社

图书在版编目（CIP）数据

中英文认知与教育具身协同论 / 官群著. -- 北京 ：
北京师范大学出版社，2025.4. -- ISBN 978-7-303-
30304-5

Ⅰ. H319.3

中国国家版本馆 CIP 数据核字第 2024LP9737 号

ZHONGYINGWEN RENZHI YU JIAOYU JUSHEN XIETONGLUN

出版发行：北京师范大学出版社 https://www.bnupg.com
　　　　　北京市西城区新街口外大街 12-3 号
　　　　　邮政编码：100088

印　　刷：北京虎彩文化传播有限公司
经　　销：全国新华书店
开　　本：710 mm×1000 mm　1/16
印　　张：18.25
字　　数：365 千字
版　　次：2025 年 4 月第 1 版
印　　次：2025 年 4 月第 1 次印刷
定　　价：78.00 元

策划编辑：鲍红玉　　　　　　责任编辑：赵鑫钰
美术编辑：李向昕　　　　　　装帧设计：李向昕
责任校对：陈　荟　　　　　　责任印制：马　洁

国家社科基金后期资助项目
出 版 说 明

　　后期资助项目是国家社科基金设立的一类重要项目，旨在鼓励广大社科研究者潜心治学，支持基础研究多出优秀成果。它是经过严格评审，从接近完成的科研成果中遴选立项的。为扩大后期资助项目的影响，更好地推动学术发展，促进成果转化，全国哲学社会科学规划办公室按照"统一设计、统一标识、统一版式、形成系列"的总体要求，组织出版国家社科基金后期资助项目成果。

全国哲学社会科学规划办公室

前　言

　　费尔迪南·德·索绪尔(Ferdinand de Saussure)在他的《语言学概论》一书中把世界上的语言分成两大类：表意文字和表音文字。他指出，在表意系统中，每个书写符号都对应着一个词和词所表达的意义。他把中文归为表意文字，指出中文习得是复杂的自然和社会现象，二语(外语)习得也是复杂的自然和社会现象。英文是西方表音文字的典型代表，中文是东方表意文字的典型代表，二者固然有着本质的不同，但也有着千丝万缕的非线性联系。人们习惯了从此一事物不同于彼一事物的属性中去把握事物的本质，习惯性地认为事物的特殊矛盾规定一事物区别于他事物的特殊本质，这是一切事物千差万别的内在原因。因此，长期以来，哲学界、语言学界、心理学界、教育学界等相关领域对中英文两类符号系统关系的主流认识始终聚焦中英文各自所独有的矛盾及矛盾运动，而相对淡漠了中英文共有的矛盾及矛盾运动。这种异大于同、舍同求异的世界观和方法论，带来了在认知和教育研究及实践上中英文的直接对立，如语言符号论与语言工具论的对立、语言形式与语言功能的对立、汉语思维与英语思维的对立、语言发展的"外铄论"与"先天论"的对立、母语语法翻译法和排除母语的直接教学法的对立、语言知识教学与言语技能教学的对立、中介语与目的语的对立、强调语言环境与注重言语自发生成的对立等。这些深层次的哲学思考和方法论重塑一直没得到应有的重视和可喜的进展，导致研究和教学界的思想混乱，大量的研究都是碎片化的，只见树木不见森林。比如，语言是符号还是工具？个体的母语是如何发展成熟的？是学习语言还是习得语言？能否像习得母语一样习得外语？如何解释语言产出超过语言输入的问题？缺乏外语环境是不是外语难学的根源？如何看待中式英语、洋泾浜英语？中国人"聋哑英语"现象是如何造成的？外语教学是重语言知识还是重语言技能？是先听说、后读写还是先读写、后听说？……这些问题长期没有得到彻底解决，因而，以中文或英文为二语(外语)的教育一直没有摆脱这样的困局——中国人学习英语困难，"聋哑英语"现象严重；同样，外国人学习中文像看天书，语音、语调更是难以把握。外语教育少(收获少)、慢(速度慢)、差(效果差)、费(浪费多)始终是教育研究和实践中的难点。人们亟须摆脱传统研究思维、视角和方法,在线性思维以外寻求非线性思维,在平衡态以外寻求非平衡态,在有序结构以外寻求无序结构,在外部影响力以外寻求自身内部生产力,在更高的站位上,用更概括的世界观和方法论来破解这一历史和时代的难题。

互联网、大数据、云计算等科技的进步催生了互联网思维。互联网思维就是一种对世界万事万物之间的联系与互动进行重新审视的思考方式。互联网思维的最大特性如下。①开放性。在一个网状社会,个人和机构的价值是由连接点的广度和厚度决定的。连接越广、连接越厚,价值越大,这也是纯信息社会的基本特征,信息含量决定了价值。所以,开放变成一种生存的必需手段,不开放就没有办法去获得更多的连接。②互动性。互联网的本质是让互动变得更加高效,既包括人与人之间的互动、人机交互,更包括各种信息的互动,以达到每个个体时刻联网、各取所需、实时互动的状态。

语言是信息的主要载体和结晶,语言系统内部的互动以及语言系统之间的互动在互联网时代也备受关注。互联互动技术和互联网思维开启了协同学的新时代,为我们重新审视语言系统内部及语言系统之间的互动,尝试提出中英文认知与教育具身协同论提供了良好的思想基础和时代背景。

目　　录

第一章　具身协同论精要

语言是如何产生和发展的？语言的产生发展与身体及动作发展的内在关系如何？语言结构内部以及语言与语言之间的关系如何？如何运用身体与语言的关系、语言结构内部之间的关系以及语言与语言之间的关系促进中英文认知与教育？这是具身协同论要解决的核心问题。为此，首先要深刻把握和认识语言的哲学性、具身性和协同性。

一、语言的哲学性

语言哲学(linguistic philosophy)是现代西方哲学中的一个主要研究领域，包括哲学家对语言现象进行研究的观点和理论。其所用的方法是对语言进行逻辑分析，这是以现代数理逻辑的运用为基础的。语言哲学是现代西方哲学中影响最大、成果最为卓著的一个哲学流派。

(一)一般哲学观

哲学是关于世界观的学说，是人们对整个自然界、社会和思维的根本观点的体系，是系统化、理论化的世界观，是对自然知识和社会知识的概括和总结。[①] 可以说，哲学研究中普遍而基本的问题，多与实在、存在、知识、价值、理性、心灵、语言、思想等有关。马克思主义哲学，即辩证唯物主义和历史唯物主义，是关于自然界、人类社会和思维发展的最一般规律的科学，是无产阶级的世界观和方法论。辩证唯物主义，作为科学的世界观和方法论，认为世界是物质的世界，意识是物质世界高度发展的产物，是对物质的反映，意识对物质具有能动作用，物质世界处在普遍联系和永恒发展之中，对立统一规律是宇宙的最根本的规律，矛盾双方既统一又对立，推动着事物的运动、变化和发展。

以辩证唯物主义科学的世界观和方法论来审视语言，不难看出，尽管世界上人种不同、语言各异，但大家都共同生活在同一个地球上，面对同一个物质世界。物质世界的最大特点就是本质的大同与形态的小异，物质决定意识，因而，人的意识有其普遍性、相通性，也具有大同小异

---

① 金炳华：《马克思主义哲学大辞典》，上海，上海辞书出版社，2003，第156页。

的特点。语言是意识的表层现象和符号系统，虽形式有所不同，但深层蕴含的意识同样具有普遍性和相通性。由此，世界各地使用不同语言的人才能通过语言转介，沟通、交流和表达思想，达到意识的共鸣。马克思主义哲学为共同意识提供了科学的基础。

辩证唯物主义以实践为认识论的基础，把辩证法应用于反映论，进而把唯物主义反映论发展为能动的革命的反映论。由此推论，语言一旦产生，就不再仅仅是认识世界和改造世界的工具；工具一旦被创造出来，就独立于人之外，对人的意识具有能动的反作用，能够融合和重塑人的思想意识，促进自我认识和自我改造。魏斯格贝尔（Weisgerber）认为：把语言看作交际工具，就像把水定义为洗涤和解渴的材料一样，毫无意义。伽达默尔（Gadamer）指出：语言并不是人类的意识在与世界发生关系时所使用的一种工具。语言是人的心智的有机组成部分，是包括思维方式在内的生活方式。思维是人脑的机能，是对外部现实的反映；语言则是实现思维、巩固和传达思维成果即思想的工具。马克思认为，语言是思维本身的要素、思想的生命表现的要素，语言是思想的直接现实。思维和语言是人类反映现实的意识形式中两个互相联系的方面，它们统一构成了人类特有的语言思维形式。也可以说，语言思维是人类特有的意识形式。①

（二）语言哲学观

尽管语言问题很早就得到了哲学的重视或者说是哲学研究的一部分，但是，真正的语言哲学直到 20 世纪才孕育诞生。20 世纪初，哲学关注点从自然语言转向理想语言，由此催生了分析哲学；第二次世界大战后又从理想语言回归自然语言，从此催生了语言哲学。

西方语言哲学主要就某一主题对语言哲学相关思想展开专题研究，如针对"语言是什么"这一问题，语言学中的回答让人一叶障目，因此分析哲学建构科学语言以失败告终。林建强针对分析哲学的理论基础——真值概念和日常语言分析的普遍适用性结论，反思和批判分析性语言哲学，得出以下结论：①语言研究不应该仅关注外在物理世界；②语言具有人类中心性，应关注语言中以人为中心的主观意义；③各种具体语境的集合是人的生活世界，因此生活世界理论值得语言哲学和语言学工作者关注和借鉴。

语言哲学的出现从根本上为世界语言提供了世界观和方法论。从语

---

① 李晓红：《语言哲学维度下的语言认知》，《南京社会科学》2010 年第 2 期。

言哲学层面来看，语言不仅是我们表达思想和情感的工具，更是我们用来完成行动的方式。语言研究不仅是语言学的任务，而且还涉及语言与思维、语言与行动、语言与世界等重大哲学问题。只有了解了这些问题，我们才能对语言有真正的认知。从哲学层面来思考语言必将会使语言分析更为深入，见解更为升华，运思更为锐利。语言既是工具，也是人的有机组成部分，更是人的生存发展方式。语言与人是统一演进出来的，语言既是人的一部分，也是世界的一部分，是人与世界一切关系的概括。人之所以为人，是因为他能思维；人之所以能思维，是因为他有语言。因此，人之所以为人，是因为他有语言。语言是思维的物质外壳，思维是语言的内化。语言是思维得以实现的工具，是思维的存在形式和表达形式。人通过语言界定自己、界定世界，认识自己、认识世界，表达自己、表达世界，发展自己、发展世界，改造自己、改造世界；语言通过人与世界的互动得以产生、运行和发展；世界通过人与语言的相长而不断发展、丰富多彩。母语是我们自身的一部分，是我们生命的一部分，是我们个性的表达。世界在语言中显现，语言因世界而被赋义，人因语言而生存和发展于世界。

语言哲学使认知科学得以诞生。认知是人脑最高级的信息处理过程，它贯穿于问题求解、概念形成和语言理解等最复杂的人类行为中。认知活动最本质的特点是利用知识来指导人们当前的注意和行为，它涉及信息的获取与表征、知识的转化和记忆，以及运用知识进行推理等心理过程。哲学是时代的凝思，哲学在语言领域的重新发现和建构为我们提供了认识语言的新的哲学范式和方法论原则。[①]

(三)马克思主义语言哲学观

对语言本质的思考与探寻一直是学界重要的研究任务和努力方向，长久以来形成了派系林立的研究观点和见仁见智的丰硕成果。梳理这些研究成果，让语言本质问题更清晰，从而更好地指引语言学及相关学科研究的深入，是一件非常有必要的工作。

语言哲学诞生以来，形成了诸如结构主义语言学、转换生成语言学、系统功能语言学、认知语言学、对比语言学等影响深远的语言学流派。尽管这些流派观点各有特色，但是对中英文认知与教育协同都有共识性观点。

结构主义语言学以布卢姆菲尔德(Bloomfield)为代表，主张句子层面的协同。"结构"指语言单位(语音、词语等)及其之间的关系。这些单位

---

① 李晓红：《语言哲学维度下的语言认知》，《南京社会科学》2010 年第 2 期。

通过协同构成句子。在句子结构中，占据相同位置的语言形式之间存在纵向聚合关系，占据不同位置的语言形式之间则存在横向组合关系。因此，结构主义语言教学观主张中英文认知与教育应该从形式上区分能够体现不同语种特点的句型，将句型作为核心，于是听说教学法产生了。作为外语（如中国人学英语、外国人学汉语）教学法的听说教学法，实际上模拟了母语发生发展的过程。所以，使用听说教学法，中英文认知与教育协同在句子层面得以体现。其缺点是只关注了外在的语言形式，尤其是句型，而忽视了语言与内心及世界的联系。

在充分剖析和梳理人类有关语言本质问题的理论认识，阐释了马克思主义语言哲学观在语言本质理论建构中的基础地位后，作者重新建构了层次性的语言本质理论——语言实践表现符号论。作者认为，既然本质具有层次性，那么语言本质也是一个"有层次性的结构统一体"，我们"可以从底层本质、一般本质和特殊本质等层面，对其进行有层次的整体参照与观察"。作者指出，语言无论从其发生、发展，还是从其习得乃至应用等方面看，无不与人的实践活动息息相关，因此，语言的底层本质是人类的实践活动；语言的一般本质是"表现"，即表达与呈现，这是语言底层本质逻辑运行的必然结果，也是人类在交往沟通中追求用语言成功交流的目的，同时，语言生态的两种存在状态，也决定了语言的"表现"的本质特征；语言的特殊本质是符号，这是由语言的形式和内容的结合状态决定的。在这一理论指导下，作者提出了语言的新定义，即广义的语言是人类实践活动的表现符号；狭义的语言是人类实践活动中音义结合的表现符号。由此，在马克思主义实践哲学指导下，作者完成了对语言本质问题的新探寻，对语言本质理论进行了哲学的重建。

二、语言的具身性

具身（embodied，embodiment），就像这个术语的英文词根所表明的一样，与身体有关，身体实际上是具身的核心。具身赋予了身体在人类认知中更积极、更有建设意义的角色。吉布斯（Gibbs）在《具身与认知科学》（*Embodiment and Cognitive Science*）这本书中，概述了具身的内涵：人们做动作时，身体的主观感受是语言和思想的部分基础。人类的语言和思想来自反复出现的具身行为。我们不能假设认知是完全内在的、符号的、离身的，而是要寻找具身行为如何用宏观和具体的方式塑造了语言和思想，且语言和思想二者是如何密切关联的。

(一)语言具身的进化哲学

以法国哲学家莫里斯·梅洛-庞蒂(Maurice Merleau-Ponty)为代表的现象学认为，心灵和身体不是两个独立的实体，而是一个不可分割的整体，是从根本上相互交织的两个成分，是同时存在的"身体主体"。用奥尼尔的话说，身体是我们拥有世界的一般媒介。① "通过我的身体，我了解其他人；正如通过身体，我感知事物。"②身体是一种具有感知和行为能力的结构。③ 正如凯瑟琳·扬(Katharine Young)认为的，"我的身体被嵌入这个世界，通过身体我经历这个世界"④。也就是说，人类首先是身体的存在，而身体的经历促使人类实现认知。"身体的运动"带动人类的思考，人类在运动中进入思考。

从思维进化的角度看，语言的认知角色是什么？单词和句子仅仅是表达预先形成的想法的工具，还是说它们本身就是思维过程的一部分？作者认为，单词和句子是思维过程的一部分，它们不仅凭借话语内容表达思想，而且还凭借其特有的物质性——它们遇到的物质存在和可感知的物体，如打印页面上的文字来表达思想。通过用语言表达思想，我们构建环境，进而创造以各种非显而易见的方式，来赋予和增强我们力量的认知生态位。⑤ 因为认知科学本身就将对语言和思维的研究联系起来，将语言看作由位于情境中的生态位构建的主体，这项工作突出了身体形态、身体活动和身体环境对心智和认知的变革作用。

起初语言认知是一种非常简单的人类适应性行为，但是近年来，关于具身和情境认知方面的基本主题研究越来越热。一个新兴的主题出现了，即由语言引申出的一种新的思考认知生态位。这是一种符号系统，是由生物构建的物理结构⑥，它可以通过帮助思考和推理某些目标域的方式(当成功时)转化一个或多个问题空间，这些物理结构与适当的文化传播实践相结合，可以加强解决问题的能力，并且使全新的思维方式和

① O'Neill, J., *Five Bodies：The Human Shape of Modern Society*, Ithaca：Cornell University Press, 1985.

② Blacking, J., *The Anthropology of the Body*, London：Academic Press, 1977.

③ Lingis, A., *Foreign Bodies*, New York/London：Routledge, 1994.

④ Young, K., *Presence in the Flesh：The Body in Medicine*, Cambridge, MA：Harvard University Press, 1997.

⑤ Clark, A.："Language, embodiment, and the cognitive niche", *Trends in Cognitive Sciences*, 10(8), 2006.

⑥ Laland, K. N., Odling-Smee, J., Feldman, M. W.："Niche construction, biological evolution, and cultural change", *Behavioral and Brain Sciences*, 23(1), 2000.

推理变成可能。目前有三个嵌入计算或动态链接的框架，能够实现语言学活动促进认知的自我刺激模式。下面分别介绍这三个哲学意义上的语言哲学思维模型。

1. 语言理解的纯粹翻译模型

有一种源自福德（Fodor）作品的通俗观点认为，了解语言就是知道如何将其表达方式与基本的、对等的字符编码匹配，并反映出心理或思想。因此，语言通过翻译过程影响着思想，此过程将句子转化为获得实际内容的内部代码。如果这种观点是正确的，所接触的语言，无论是言语还是书面文字，都仅仅是用来激活内部心智或真实认知工作表征的复合体。从这个角度来看，不管"翻译"有多不完美，人们一旦交流思想，语言就仅仅是用于交流的工具。

取代纯粹翻译模型的另一种观点使得公共语言不仅仅是交流的工具，就其本身而言更像是一种基本的、表征性（或认知）的资源。①②就这一观点而言，即使在个人思想表达和理性行为的短时间尺度上，语言也会影响认知。基于这种方法，语言作为更通俗的物质符号起着双重作用。一方面，语言总是激活或以其他方式利用内部表征或认知资源；另一方面，由于语言是极其结构化的表征，因此语言编码也起着不可或缺的作用。有多种方法可以用来剖析这种观点。

2. 语言作为物质世界的新目标模型

语言是实现人类交流互动的一种资源，语言使用者可以赋予交流过程一种物质符号并增加其所表达的意义。在这些情况下，感知语言结构本身的持续作用很容易被忽略或不被重视。然而，语言的可见、可听或（偶尔）可触的物质性正是它独特的关键特征，也是它认知潜力的来源。要弄明白这一点，我们可以考虑几个简单的例子。

迪昂（Dehaene）等人提出了一种引人注目的精确的数学思想模型，该模型保留了语言中特定数字词的内部表征的特殊角色。③④他们认为，精确的数学思想取决于三种不同认知贡献的有效交叉。第一种涉及基本的使小数量个体化的生物学能力："1-ness"，"2-ness"，"3-ness"和"more-

---

①　Frankish，K.，*Mind and Supermind*，Cambridge：Cambridge University Press，2004.

②　Wilson，R. A.，*Boundaries of the Mind：The Individual in the Fragile Sciences——Cognition*，Cambridge，UK：Cambridge University Press，2004.

③　Dehaene，S.，*The Number Sense：How the Mind Creates Mathematics*，Great Britain：The Penguin Press，1997.

④　Dehaene，S.，Spelke，E.，Pinel，P.，et al.："Sources of mathematical thinking：behavioral and brain-imaging evidence"，*Science*，284(5416)，1999.

than-that-ness"。第二种涉及另一种生物学能力，用于取近似值（从 16 个数组中排除 8 个点的数组）。第三种涉及学习使用一种语言所对应的特定数量的能力，并且认识到这种数量感知上不同的数词或数量，虽然这种能力不是基于生物学的，但可以说是从生物学基础上转化过来的。值得注意的是，这与仅仅鉴别数量是不同的，就像我们大多数人不能描述"98-ness"的形象那样，但我们还是可以鉴别数字"98"是在 97 和 99 之间代表数量的一个独特个体。

3. 语言作为混合思想的组成模型

迪昂还认为，当我们将数词的使用归因于更基本的生物学能力时，我们具备了不断增强的表达无限数词的新颖能力。我们获得这种能力并不是因为我们拥有像对 2-ness 的编码一样的对 98-ness 的心智编码。相反，语言作为表征意义的字符串，以传承新思想的方式，形成了"表征"数字的表达式。基于此模型，精确的数学思想是以某种语言的表征字符串为表征，来适当激活更多的生物基础资源，而获得信息通达或理解的。通过这种方式出现的实际数词，不论是浅层内部表征还是深层内部表征，均构成多种算术知识协同表征的一部分。接触具体的、可感知的数词使具身代理能够进行推理。

埃尔曼（Elman）认为，词汇是"直接作用于心智状态"的传感项目，而不是从某种被动存储中提取意义的线索。[1] 基于这个模型，语言输入是系统神经操纵的完全模式，并且在人类个体之间和内部以类似的方式运作。[2] 单词和句子通常作为人工输入信号，（在自我导向的内部语音中）完全自主生成，使得编码和表征的动态系统朝着可靠和有用的发展轨迹运行。这种精湛的虚拟人工自我操纵使得语言使用者能够塑造和引导自己的学习、回忆、表征和选择性注意过程。[3] 广泛来说，通过这种方式，符号环境可以通过选择性地激活其他内部表征资源并通过允许物质符号本身或者它们逼真形象的内部表征来影响思想和学习，从而当作注意、记忆和控制的额外支出。

---

[1] Elman, J. L., Language as a Dynamical System. In R. F. Port & T. van Gelder (Eds.), *Mind as Motion: Explorations in the Dynamics of Cognition*. Cambridge, MA: MIT Press, 1995, pp. 195-225.

[2] O'Brien, G., Opie, J.: "Internalizing communication", *Behavioral and Brain Sciences*, 25(6), 2002.

[3] Barsalou, L. W.: "Abstraction in perceptual symbol systems", *Philosophical Transactions of the Royal Society of London. Series B: Biological Sciences*, 358(1435), 2003.

　　丹尼特（Dennett）认为人类思维更像是相互竞争的混乱的神经组织。①②在这种更平缓的竞争、合作关系中，不同的神经组织在不同时刻受到控制。但关键是，想法并不源自那些相互躲避或相互碰撞的神经组织，使得其他神经组织仅仅用来清晰地表达或存储已经形成的想法。丹尼特认为言语思想起源于无组织的混乱神经组织，导致或多或少的自发或随机激活的言语在言语输出构建时抢占主导地位。混乱和完全受到控制的神经元之间存在着涉及中等智力水平和半智能编排以及分层和半等级控制的丰富选择。③

　　加拉赫（Gallagher）认为手势在思想形成中扮演着重要的角色，因此手势语在具身认知中尤为重要。④ 在问题解决过程中，持续的体态仅仅反映了我们言语推理的部分想法⑤，这显然有些不切合实际。相反，这些体态本身就是松散的神经系统表征的元素，其表征可能与同一神经系统中其他元素的表征发生冲突，正是这种冲突可能会给我们的推理带来不稳定因素。一个让人误解的观点是，用体态（外显或内隐）来表达预先形成的思想以达到交际的目的，手势的使用为表达赋予了一种预先形成的想法，通过具身推理，人类能创建和维护各种认知赋权与自我刺激并启发思考。

（二）具身语言学从经验主义到计算神经科学的延展

　　在认知语言学领域，具身概念出现的目的主要是区分"生理实体"与"现象实体"。认知语言学起初把具身列为"人所经历的现象实体"，而独立于如何理解和感知身体中的生理过程。换句话说，具身研究并不注重身体本身，而注重在具身的世界中，文化因素如何影响我们的感知和经历，并产生意义。因此，从哲学角度，之所以如此理解"具身"的概念，也就是我们的认知无意识状态，是因为身体经历的各种过程都是通过我

---

① Dennett, D., *Consciousness Explained*, Boston, MA: Little Brown and Company, 1991.

② Dennett, D., Reflections on Language and Mind. In P. Carruthers & J. Boucher (Eds.), *Language and Thought: Interdisciplinary Themes*. Cambridge: Cambridge University Press, 1998, pp. 284-294.

③ Shallice, T., Fractionation of the Supervisory System. In D. T. Stuss & R. T. Knight (Eds.), *Principles of Frontal Lobe Function*. New York: Oxford University Press, 2002, pp. 261-277.

④ Gallagher, S., *How the Body Shapes the Mind*, Oxford: Oxford University Press, 2005.

⑤ Goldin-Meadow, S., *Hearing Gesture: How Our Hands Help Us Think*, Cambridge, Mass: Belknap Press of Harvard University Press, 2003.

们自己去概念化这个世界的结果，并且是在我们感知意识行为之下的底层活动。比如，如何感受到热，为何会做出一些下意识的身体反应，这些都是在人的高层次（如决定和计划）行为之下的一些很低级的条件反射似的潜意识行为。

1. 认知经验主义

认知经验主义来源于实验心理学研究之格式塔理论[1][2][3]，也就是维特根斯坦（Wittgenstein）哲学或普特南（Putnam）的内部现实主义（Internal Realism）。莱考夫（Lakoff）和约翰逊（Johnson）做出的论断成为认知语义学认知论的基础，认知心理学、思维哲学、语言哲学以及神经科学和人工智能领域的研究者都对其进行了深入探讨。

2. 语言的结构受身体控制

莱考夫主张实验的观点。他说，语言理论的第一个命题即主要命题，是了解在认知、人类发展、社会交往的理论框架中语言应该如何适应。经过了一代人的探究，这一隐含命题认为语言应该在其本身术语中进行描述，也就是说，更有意义和意思的命题是研究语言的结构如何由身体控制，而身体是具有感知机制和记忆信息处理能力机制的，但同时身体也具有局限性。也就是说，人类试图通过有局限性的身体感知世界。

笛卡儿（Descartes）从二元论推理结构出发，认为心智体现在人类理性本身源于"具体的"下层身体图式的意义上，是作为我们感觉运动经验的结果出现的。这些经验的产生构筑了我们概念系统更高层次的"后知觉运动本质"的形象图式，即抽象概念、推理方式等。

理性不是离身的，人们需要用身体来推理，更确切地说，理性本身的结构来自我们实施具身的细节。同样的神经和认知机制允许我们感知和移动，也创造了我们的概念系统和理性模式。

因此，必须了解视觉系统、运动系统和神经结合的一般机制。理性在某种程度上不是宇宙或无意识心智的特征。相反，它是由我们人体的特性、大脑神经结构的显著细节以及日常活动的细节所决定的。理性不是超验意义上的"普遍性"，而是人类普遍共享的一种能力，且这种共享是以我们思维方式中的共性为基础的。理性不是完全有意识的，大多是

①　Rosch，E.，Principles of Categorization. In E. Rosch & B. B. Lloyd（Eds.），*Cognition and Categorization*. Hillsdale，NJ：Lawrence Erlbaum Associates，1978，pp. 27-48.

②　Berlin，B.，Kay，P.，*Basic Color Terms：Their Universality and Evolution*，Berkeley & Los Angeles：University of California Press，1969.

③　Kay，P.，McDaniel，C.K.："The linguistic significance of the meanings of basic color terms". *Language*，54(3)，1978.

无意识的。

3. 思维的神经机制

语言理论的第二个命题是，普遍存在的思维是利用想象机制的，如隐喻和转喻。通过这种方式，概念系统得以具体化，包括自己的语言学知识（语法），由感觉运动性质的图式构成。概念隐喻理论就是在这样的背景下发展起来的，即原始隐喻、复杂隐喻、关联隐喻、相似隐喻、转喻和转喻—隐喻的连续体。高度抽象的概念，如与道德有关的概念是从单双向隐喻范畴或混合理论的角度来思考的。

莱考夫和他的合作者认为隐喻是一种神经机制。这种用于感觉运动活动的神经机制创建了抽象推理的形式，也致使这种抽象推理操作具有潜力和局限性。换言之，"具体化"一词与大脑接收作为输入的概念和感觉运动经验有关，这些经验是由我们所拥有的身体具体化形式以及我们在历史和文化环境下的物理世界中的活动方式提供的。综上所述，语境和文化因素在现象身体、语言和认知中起着基础性作用。

4. 问题、范式、学科的升级

从经验主义到计算神经科学，研究问题逐渐升级：

①大脑是如何工作的？

②人类大脑如何提供一系列完整复杂的神经结构？

③这类概念的结构是什么样的？为什么？

④人类大脑中的神经系统如何学习特定类型的概念和表达它们的语言？

计算神经科学被概括为一个指导性问题、四个研究问题和三个用来回答它们的"工具"。

指导性问题是：大脑如何计算思维？

研究问题是：

①人脑的特定神经结构如何塑造思维和语言的本质？

②思维和语言是如何与其他神经系统相关联的？（包括感知、运动控制和社会认知）

③神经系统的计算性质是什么？

④神经计算的应用体现在哪里？

"工具"是：

①收敛约束：借鉴计算机科学、语言学、认知科学和心理学的思想。

②认知建模：建立认知现象的模型，包括模拟语言和学习。

③还原论要求：理论和模型必须具有生物学的解释。

研究人员所称的"工具"有着不同的含义。在①中，"收敛约束"表示对所述领域的会聚结果的承诺；在②中，"认知建模"为在经验上使跨学科关系成为可能的方法；而③是元理论/本体论的需求，关于心理、思维和语言的理论和模型可归结为生物学理论和方法，因此"解释"在还原论术语中意味着"翻译"。

杰罗姆·费尔德曼（Jerome Feldman）提出了结构化联结主义，其目的是"提供体现认知的神经模型，尤其是认知语言学中所描述的语言和思维的获取和使用"①。因此，结构化联结主义一方面成为连接语言和思维的中心环节，另一方面又揭示了大脑的高度特定的神经结构，因为它可以同时模拟神经计算与语言和思维所需的计算形式。

莱考夫和约翰逊指出计算神经科学与认知科学在当前趋势上具有共同的范式，分别在三个层次上进行了描述。

最高水平：认知。

中间水平：神经计算。

最低水平：神经生物学。

从最高到最低的学科层次如下。

1级：认知科学与认知语言学。

2级：神经可还原的传统计算模型。

3级：结构化联结模型。

4级：计算神经科学。

5级：神经科学。

神经计算已成为大脑运作的一种标准思维方式。如果神经计算将我们的听力和说话经验与感知、运动和想象相关的经验联系起来，那么我们需要更多地了解神经计算以理解语言。

（三）语言具身认知观

针对传统认知观（将人脑电脑化）的不足，当代认知科学提出了具身认知观，具身认知观试图对心—身—世界之间的交互方式给予系统的理论说明：认知是一种高度具身的、情境化的活动，甚至思维的存在应当首先被看作行动的存在②；认知是具身的，是从身体与环境的作用中产生的，依赖于某种类型的经验，这些经验来自具有特殊感觉运动能力的

---

① Lakoff, G., Johnson, M., *Philosophy in the Flesh: The Embodied Mind and Its Challenge to Western Thought*, New York: Basic Books, 1999.

② Anderson, M. L.: "Embodied cognition: a field guide", *Artificial Intelligence*, 149 (1), 2003.

身体，而感觉运动能力又与形成记忆、情感、语言和生命的其他方面基质不可分割地联系在一起。从具身认知观来看，我们对语言理解的研究视角和理论诠释应当有新的突破。

从具身认知观来看，心理模拟是语言理解的一种手段，通过再入情境来实现。本节根据上述逻辑考查了词、句和语篇不同信息加工层面的实验研究进展，证实了人们在语言加工过程中感知、肌肉运动以及其他的经验印痕被激活，支持了语言理解是运动感觉以及其他相关经验的心理模拟过程这一结论。这种语言理解的心理模拟需要人们再入情境，与已有的听、读、说、写的语言经验产生共鸣，从而为语言理解提供新的诠释。

语言是人类独特的交流工具。它能将我们的注意力指向人、物、事件及可能发生的行为，从而使我们置身于周围的现实世界之中；它能通过对真实或想象中事件的描述，帮助我们注意到目前并没有出现的人、物、事件及可能发生的行为，从而使我们置身于非现实世界之中。不论语言使我们置身于现实世界还是非现实世界，这都离不开具身认知的作用。值得强调的是，具身认知能使我们置身于非现实世界，即再入情境，通过心理模拟获得对描写非现实世界的语言的理解，从而对语言理解获得新的诠释。

1. 心理模拟：语言理解的一种手段

心理模拟能够产生对所描述事件的替代体验。语言是指那些能够引发对人物、地点、物体、事件和行为的经验印痕进行提取的一系列刺激的符号表征。这种经验印痕反映出理解者过去关于特定物体、事件、行为以及语言的经验。比如，在理解"把苹果派从烤箱中取出"这一句子时，理解者需要启动动觉经验（取苹果派并感觉到它的重量）和知觉经验（看到和闻到苹果派并感觉到它的热气）。有关的记忆提取是通过启动与真实的拿起、看和闻苹果派相同的感觉运动加工机制而实现的。毫不夸张地说，对"把苹果派从烤箱中取出"这一句子的理解很大程度上依赖执行这一行为的相同机械动作，同时理解者还需要与已有的听、读、说、写经验印痕产生共鸣。

研究比较公认的是，对行为的心理模拟能力对我们计划和采取行动、理解别人的行为都至关重要，这说明了心理模拟在语言理解中的作用。比如，我们能够通过在内心模拟他人的行为来理解语言所描述的该人的行为。[①]

---

① Zwaan, R. A., Taylor, L. J.: "Seeing, acting, understanding: motor resonance in language comprehension", *Journal of Experimental Psychology: General*, 135(1), 2006.

　　心理模拟主张近似而又紧密相连的预发声，它建立在语言生成系统的内隐基础之上。[①] 在最基本的层面，实验已表明我们对语音的知觉会激活自己发出这些音时所使用的动作程序。[②] 从更高分析层面上来看，处理语言时同样会用到语言生成系统。支持这一假设的观点认为，理解者会不断下意识地问自己一个问题："如果我是说话人或作者，我将如何说或写？"[③]这一模仿手段建立在信息交流双方有共同背景和经历的基础之上，它可能是预测词语和句法的有效机制。

　　在很大程度上，语言的预发声是一个自动过程，在这一过程中，经验印痕的提取因感知语言结构而被激活，然后理解者才能对所描述的情境进行替代体验。替代体验的深度取决于预发声的效力。有诸多因素会影响预发声的效力，如理解者自身的经历。当理解者的经验印痕与所描述的情境紧密匹配时，预发声的效力可能达到最大。比如，阅读关于开车换挡的描述。从二挡换到三挡，相对于开自动挡的车的人来说，开手动挡的人会进行更为具体的心理模拟：激活右腿的动作区域松开油门，然后激活左腿的动作区域去踩离合，紧接着右手去抓变速器的手柄向远离身体的方向推去。伴随换挡时的声音，熟练者或许进一步激活前庭运动的印痕。然而，开自动挡的车的人或许只能激活换挡时的声音表征。

　　影响预发声的另一个重要因素是理解者的语言理解技能。语言理解技能能够反映一个人对语言构造的敏感性，该敏感性体现为语言经验印痕本身与非语言经验印痕的连接强度。[④] 即使理解者有相关的经验印痕，如果他不能够利用经验印痕，激起的心理模拟也会不连贯。比如，英语为第二语言的使用者，即使有换挡的经历，但如果他不懂"shifting gear"（换挡）指的是什么，他也不可能把"shifting gear"与相应的换挡经验印痕联系起来。

　　宽泛地说，预发声可以代表对未来状况的一种预期。它使我们能够学习（和移情于）过去的经验，调整将来的行为。比如，当看见一条吠着

　　① Pickering, M. J., Garrod, S.："Toward a mechanistic psychology of dialogue", *Behavioral and Brain Sciences*, 27(2), 2004.

　　② Fowler, C. A.："Listeners do hear sounds, not tongues", *The Journal of the Acoustical Society of America*, 99(3), 1996.

　　③ Van Berkum, J. J. A., Brown, C. M., Zwitserlood, P., et al.："Anticipating upcoming words in discourse: evidence from ERPs and reading times", *Journal of Experimental Psychology: Learning, Memory, and Cognition*, 31(3), 2005.

　　④ Zwaan, R. A., The Immersed Experiencer: Toward an Embodied Theory of Language Comprehension. In B. H. Ross (Ed.), *The Psychology of Learning and Motivation: Advances in Research and Theory*, Vol. 44. New York: Academic Press, 2004, pp. 35-62.

的狗扑向我们时，先前的经验和类似的情境告诉我们，这条狗将继续逼近。因此，我们可以为这一将来状况做好准备，采取措施保护自己。需要重申的是，预发声应该被看作自动化的、快速的过程，而不是有意的、审慎的预测。

在语言加工中，预发声在诸多水平上发生。比如，在语言输入过程中，预测特殊符号是音素等，有助于促进对这些成分的加工；预测所描述的事件后来的变化，能够促进语言理解；了解文本类型，能够使读者预测出文章的内容和结构，进而制定出最佳阅读策略。这种预测既受读者自身实时进行的事件的影响，又受读者先前经验的支配。

语言加工还包括在语言输入时快速使用指向下文的信息，这种主张与公认的语言加工的"限制—满足"观是一致的。该观点认为，句子加工是激活对该句子的多种解释的心理过程。诸多解释之间存在竞争，这些竞争建立在理解者语言经验中有关信息或必然性信息的基础之上。比如，一个特定词在一个特定语法结构中被使用的可能性、一个特定语法结构在句中被使用的可能性、先前语境和其他类似的因素共同作用产生了对句子最可能的理解。当语言所指的是眼下而非现实情况时，额外因素诸如环境中出现的物体，也会影响对句子的理解。

综上，语言加工离不开对所描述情境的感知和动觉的模拟，这一观点是无法从传统的语言理解理论中得出的。传统理论认为语言理解是构建被描述情境的心理表征，即情境模型。其局限在于假设认知可以被当作一系列独立于大脑和世界的抽象规则和表征来研究。这种主张认知是建立在抽象规则和表征的基础之上的观点，无法回答符号接地问题——如何使一个形式符号系统地解释语义具有系统的内在性，而不仅仅是寄生于我们头脑中的意义？抽象的、任意的符号和规则并不能恰如其分地对接世界，因而它们不能构成语言或其他意义的基础。很多实验结果也表明理解者对所指情境的各个方面都敏感，如阅读时间、激活和钝化程度。

与"将人脑电脑化"的认知观不同，我们所谈及的心理模拟观建立在个人自身的感知和行为计划系统之上，因而可以观察到认知任务的完成涉及人的感知和行为计划系统的作用。这一点已经得到了心理语言学大量实验研究的支持。下面将从单词、句子、语篇三个层面分别介绍相关研究进展。

2. 单词层面的经验印痕

语言理解的心理模拟，其核心是由单词（语言的结构单位）与感觉运动的记忆印痕产生连接。比如，对"桌子"一词的加工，语言形式与有关桌子的感知印痕(桌子的形状、大小、颜色及其他特征)和动觉印痕(某人做出的和桌子相关的动作)产生共鸣。如果缺乏明确界定的语境关系，这些对提取过程做出贡献的具体记忆印痕将有所变化。因此，当一个人笼统地谈及桌子时，会涉及很大范围的相关经验印痕，这些经验印痕会影响到提取过程。当一个人谈及具体的桌子时，相关经验印痕的范围将会小得多。

　　语言形式与感觉运动记忆印痕之间的连接反映出语言在周围环境中的接地开始于语言习得的最初阶段。孩子所听到的大量语言与他们周围的人、物与事件，以及对外部世界的称呼有关，照料孩子的人使用手势或其他语言工具引导孩子将注意力转向所谈及的事物。尽管语言形式与经验的记忆印痕之间的连接只是语言习得的一部分，但这为孩子使用语言去描述他们眼前世界继而描述非眼前世界能力的发展奠定了基础。

　　(1)感知印痕

　　大量的研究证据表明，读或听孤立的单词会激活感知表征。茨瓦恩(Zwaan)和亚克斯利(Yaxley)的实验考查了感知信息，具体说就是有关事物形状的信息是否会在语义加工过程中被激活。被试判断启动词和目标词是否相关。当启动词和目标词看似不相关，但它们所指的物体有相同的形状(如梯子与火车轨道)时，被试的反应时要比当启动词与目标词毫不相关时更慢，这表明形状信息被激活了。[①]

　　佩赫尔(Pecher)、泽林博格(Zeelenberg)和巴萨卢(Barsalou)利用形容词指示事物的特征、利用名词指示事物，对验证两个事物的特征时的速度进行了比较。[②] 被试先验证"苹果酸"后验证"柠檬酸"，或先验证"柠檬绿"后验证"柠檬酸"。结果显示，相比于先验证"柠檬绿"，先验证"苹果酸"时，验证"柠檬酸"的速度更快。这说明转换感知特征会使感知任务处理过程的时间延长。如果单词能够激活感知经验的印痕，那么当接触某一单词时，神经基质被激活，这一激活在感知所指事物时也会发生。这一论断已经在脑成像研究中被证实。[③]

---

　　① Zwaan，R. A.，Yaxley，R. H.："Lateralization of object-shape information in semantic processing"，*Cognition*，94(2)，2004.

　　② Pecher，D.，Zeelenberg，R.，Barsalou，L. W.："Verifying different-modality properties for concepts produces switching costs"，*Psychological Science*，14(2)，2003.

　　③ Martin，A.，Chao，L. L.："Semantic memory and the brain: structure and processes"，*Current Opinion in Neurobiology*，11(2)，2001.

（2）动觉印痕

对所指事物的单词加工实现了加工者与所指事物之间的互动。被试观察一系列图画，并判断图画中的事物是自然的还是人造的，判断该事物是通过力度操作的还是通过精度操作的。塔克（Tucker）和埃利斯（Ellis）发现，如果要求与事物交互时做出握力反应，那么被试对事物的力度操作要快于精度操作；如果要求与事物交互时做出精度反应，被试对事物的精度操作要快于力度操作。在接下来的实验中，被试执行同样的任务，这一次他们对贴有对应事物标签的单词而不是图画分别做出握力或精度反应，结果与上面的实验结果相同。[①]

近年来的神经科学实验提供了关于单词加工时动觉信息被激活的证据，在理解行为单词时，负责生成行为的对应脑区处于活跃状态。[②] 这一发现与心理模拟观点一致，当单词的加工过程与躯体特定区域有关时，激活模式生成。有关手、腿或嘴部动作的单词加工会使前运动皮质的不同部位被激活，早期实验发现这些部位负责执行手、腿与嘴部动作。

（3）其他印痕

单词层面的再入情境的力量确实超过了激活感知和动觉印痕产生的力量。比如，表达恐吓的词，像"破坏"和"毁伤"呈现在改编的斯特鲁普（Stroop）任务（单词颜色与其意义冲突）中，与中性词相比，双边扁桃体区在较大程度上被激活，这一结果表明了皮层下结构在语言加工中的作用。[③] 事实上，扁桃体区在情感加工过程中的作用早被证实。此外，感官—评估和动作—规划区的激活也被发现，这些区域通常被认为是当有机体感到危机时而被激活的区域。值得一提的是，上述实验中，给被试的任务是说出单词所呈现出来的颜色而非理解单词。

3. 句子层面的经验印痕

如前所述，各个单词所激活的经验印痕可能大相径庭。单词有不同的含义，在没有限定语境的情况下对单词进行加工，与每个含义相关的印痕都有可能被激活。比如，单词"nail"既可以指"指甲、趾甲"，又可以指"钉子"，加工这个单词时会同时（至少在一开始）激活所涉及的双重含

---

① Tucker, M., Ellis, R.: "Action priming by briefly presented objects", *Acta Psychologica*, 116(2), 2004.

② Hauk, O., Johnsrude, I., Pulvermüller, F.: "Somatotopic representation of action words in human motor and premotor cortex", *Neuron*, 41(2), 2004.

③ Isenberg, N., Silbersweig, D., Engelien, A., et al.: "Linguistic threat activates the human amygdala", *Proceedings of the National Academy of Sciences of the United States of America*, 96(18), 1999.

义。与单词加工不同，句子提供了一个限定性的语境，制约着对经验印痕的提取。因此，在"他用锤子向墙上敲钉子"一句中，"锤子"和"敲"勾勒出一个特定的语境，使得"钉子"的经验印痕得以提取出来。在这一情形下，理解者只提取出"nail"的一个含义，即钉子。

上面的例子强调的是，心理模拟随情境而演进，就像运动记忆印痕得以提取一样，它们生成心理语境，这种心理语境对接下来的记忆提取的结果进行定形。比如，当遇见单词"扔"时，多种可能的动作印痕被激活，但随着具体谈及何物被扔、扔向何处等之后，这些印痕则被缩小而更集中于信息焦点。就此而言，心理模拟的构建与"限制—满足"相似。

（1）感知印痕

越来越多的证据表明感知信息是理解句子的重要基础。茨瓦恩和他的同事们进行了一系列实验，要求被试完成句子图画验证任务。[①] 被试阅读诸如"约翰将铅笔放入杯中"的句子后，研究者给被试看一张有铅笔的图片，要求其判断图片中的事物是否在句子中出现过。如果图片中呈现的事物的摆放情况同句子中描述的摆放情况相同，被试的回答速度更快。比如，句中描述铅笔在杯中，当被试看到呈现垂直放铅笔的图片时比看到呈现水平放铅笔的图片时反应更快。茨瓦恩和同事们的一系列实验表明，语言理解者对句子所描述事物的方向与形状两方面都有记忆。

先前的实验表明，静态的感知信息在语言理解中得以重现。近期研究表明在语言加工中生成的感知性模拟也具有动态性。茨瓦恩等人要求被试阅读有关物体向人体靠近的句子（如"一垒手掷球给你"）或物体远离人体的句子（如"你掷球给一垒手"）。读完每一句后，被试看两幅先后快速展现的图片，判断图片展示内容与句子中描述的是否一致。比如，被试看到两幅相继出现的图片上分别有一个点，第二个点或比第一个点略大，则表明其在模拟朝向被试；反之，则表现其在模拟远离被试。实验结果表明，当两个点所模拟的运动方向与句子中描述的运动方向一致时，被试的反应较快。

（2）动觉印痕

理解句子同样涉及对动作印痕的提取。克拉茨基（Klatzky）等人指出，身体姿势（如拇指和食指相并）会促进对描述类似身体动作姿态的句子（如瞄掷飞镖）的理解。因此，动觉信息可以促进对句子的理解。格林

---

① Zwaan，R. A.，Yaxley，R. H.："Lateralization of object-shape information in semantic processing"，*Cognition*，94(2)，2004.

伯格（Glenberg）和卡斯恰克（Kaschak）证实句子加工也能促进动觉反应。[1] 研究者要求被试朗读描述身体行为的句子，如上臂靠近身体（"拉开抽屉"）或远离身体（"关上抽屉"），之后判断所读的句子是否合理。阅读预试句后，被试必须做出判断，同时做出上臂靠近或远离身体的动作。被试读合理的句子时比读不合理的句子时反应更快。格林伯格和卡斯恰克称此现象为动作—句子兼容效应。

格林伯格和卡斯恰克用多种句子验证了动作—句子兼容效应，如祈使句（"打开门"），传递具体事物的句子（"你给迈克一支笔"），传递抽象事物的句子（"你给迈克讲故事"）。这一实验结果表明感觉运动模拟不仅是理解文字所描述的动作和事件的基础，也是理解抽象句子的基础。

上述的实验研究使用了粗略的测量手段，如通过整句阅读去测量句子加工过程中动觉信息的作用。近年来，茨瓦恩和泰勒（Taylor）开始研究即时句子加工过程中产生的动作共鸣。在这一实验中，被试阅读如下句子"他/意识到/音乐声/太大/于是/减弱了/声量"。句子以分节形式呈现，被试边转动旋钮边进行阅读。每旋转 4 度则呈现一个新的分节内容。一半的被试顺时针转动旋钮，另一半被试逆时针转动旋钮。结果发现，当句子描述的方向与被试实际转动的方向一致时，被试阅读句子较快；当这两个方向不一致时，被试阅读句子较慢。这是在语言理解中研究动作共鸣的首例实验。

茨瓦恩和泰勒的研究结果里更为有趣的一点是动作共鸣局限于句中所谓的"目标区域"，即所有测试句子中的动词区域。实验结果有两点启示：一是动作共鸣是在接触到相关词或词组时产生的；二是动作共鸣转瞬即逝。动作共鸣的转瞬即逝是由句子的特征决定的。动作共鸣的直接性与句子加工的限制性模型的看法相吻合，即动词词组紧跟着名词词组，名词的出现将注意焦点从行为指向结果目标。[2] 这一注意力的转移很可能成了动作共鸣短暂存在的原因。布奇诺（Buccino）等人深入探讨了句子加工过程中动作印痕的作用，他们使用经颅磁刺激与句子加工行为测量相结合的办法进行研究，发现使用手部对句子进行加工会干扰使用手部

① Glenberg, A. M., Kaschak, M. P.: "Grounding language in action", *Psychonomic Bulletin & Review*, 9(3), 2002.

② MacDonald, M. C., Pearlmutter, N. J., Seidenberg, M. S.: "The lexical nature of syntactic ambiguity resolution", *Psychological Review*, 101(4), 1994.

对句子做出反应。[①] 因此，当理解一个有关手部运动的句子时，大脑肯定会对句子所描述的手部的动作进行编程，这时就会出现资源竞争，从而减慢了手部动作的生成。尽管模拟有关手部动作的句子表面上看会干扰手部动作的生成，但当句子所描述的动作与需要生成的动作相吻合时，这种干扰就会变小。

（3）其他印痕

格林伯格和同事们的实验表明，情感反应系统同样参与语言理解。格林伯格设计了专门引发被试特定情绪的实验，如将笔叼在牙间做出微笑之态或将笔放在唇上做出皱眉之态，引发这些情绪的同时，被试阅读蕴含积极情绪或消极情绪的句子，结果发现如果句子中蕴含的情绪与引发的情绪一致时，被试对句子的反应会更快。

4. 语篇层面的经验印痕

尽管研究孤立的单词和句子加工是有用的，但是大部分语言理解涉及连贯的语篇。以再入情境观研究语篇理解的实验非常少见，但与单词和句子层面的动作共鸣研究结果相同，语篇层面的动作共鸣也被实验所证实。斯皮维（Spivey）和金恩（Geng）向被试描述涉及垂直或水平运动的事件，同时暗中观测被试的眼动，结果发现垂直事件与眼动的垂直运动模式相关，水平事件与眼动的水平运动模式相关，说明被试直接注视被描述的事件。

就像用眼动去追溯语篇所描述的行为一样，理解者还会用手势去跟踪语篇事件。麦克尼尔（McNeill）发现，当对话内容涉及在不同时间和地点发生的事件时，说话人会用他们的手势去指示某一被谈及的事件。比如，当前发生的事件伴随着说话人在胸前做出的手势，而过去发生的事件则伴随着说话人在身体一侧做出的手势。这一空间位置的手势为当前所谈及的事件提供了一个可靠的提示。手势还促进了谈及过去事件与当前事件的转换。

心理模拟的语言理解观预知，如果对人类感知、注意力和有关行为加以限定的话，理解者工作记忆的内容应当反映出对真实世界中的物体和事件的可接近性。例如，当观察现实世界的物体和事件时，不在记忆之内的事件就不会在语言加工过程中再现出来。由此推测，语言理解中的工作记忆应当包括如下特点：当前物体而非缺席物体、当前特征而非

---

① Buccino, G., Riggio, L., Melli, G., et al.: "Listening to action-related sentences modulates the activity of the motor system: a combined TMS and behavioral study", *Brain Research*, *Cognitive Brain Research*, 24(3), 2005.

缺席特征、近事物而非远事物、进行中的事件而非过去事件、当前目标而非完成的目标、可见实体而非隐藏实体。

真实世界中的行为还应当受到心理模拟时提取出来的信息的影响。知觉和动觉系统的加工也受到心理模拟要求的影响。如前所述，单词加工影响知觉加工，句子加工影响动觉加工。另外，当我们不在实际情境中时，眼动能反映出特指情境的替代经验。

语篇理解研究中的假设是，当前工作记忆的信息较易获得（或较高程度被激活），当被探测时，较易获得的信息比不易获得的信息生成的反应更快。因此，当探测词与当前的工作记忆内容一致时，可以促进反应。在这一逻辑的支持下，众多研究表明语言理解中工作记忆的内容反映了被描述情境的特点。

比较公认的还有，当理解者以主人公的身份阅读篇章时，理解者会想象出故事主人公所处的空间情境。综上可见，语言加工能够使理解者与感知、动作以及相关经验印痕产生共鸣。单词、句子、语篇层面分别提供了证据。这些证据表明，语言理解建立在对世界的感知、计划和行动所使用的神经系统活动的基础之上。正如我们的计划和行动能力离不开对环境变化的预测一样，语言理解最实质的部分是预测下文的能力，即在语言输入和加工过程中去预测下文的能力，这一预发声的过程是即时的、不费力的。语言理解包含着文本中所描述的人、物、情和事件的替代体验，使我们再入情境并且替代体验（和学习）发生在现时情境之外的事件。

尽管建立在具身认知观思想基础之上的心理模拟、再入情境、经验印痕、共鸣、预发声等在单词、句子、语篇不同信息加工层面的作用对语言理解提出了新的诠释，但未来我们还需要做更多慎重的研究。亟待研究的问题有：感觉运动信息是如何被提取并被运用在句子的即时理解中的？已有的知觉或动觉加工系统中的成分是如何综合起来解释对句子的即时理解的？如果阅读过程并不要求转旋钮、移动上臂或看某种知觉刺激，那么知觉信息是如何被提取并运用在真实的语言任务中从而帮助理解语言的？这些问题强调的事实是，我们才刚刚开始建构解释语言理解的具身认知观。展望未来，将语言理解建立在心理模拟和再入情境基础之上，并将语言理解看作人已有的感觉运动以及其他相关经验印痕与当前情境产生共鸣的具身认知过程理论将得到快速发展。

三、语言的协同性

协同学(Synergetics)是以研究完全不同的学科间存在着的共同特征为目的的一门新兴的横断学科，也是综合许多学科的一门边缘学科。它以现代最先进的理论(如信息论、控制论、突变论)为基础，同时又采用了适用性较强的统计学和动力学考查相结合的方法，通过类比，结合各学科从无序到有序的现象，建立了一整套数学模型和处理方案，揭示出各学科所具有的共同特征及自然界中各种现象之间内在的联系。正如协同学创始人哈肯(Haken)所说，"全然不同学科、全然不同系统的行为之间存在着惊人的类似性"。协同学热潮引起我国不少学者的阐释，作者吸取已有观点的精华，建构了中英文认知与教育协同论。

(一)协同学的诞生

协同学最先由德国斯图加特大学理论物理学教授哈肯于 1973 年提出，并在 1977 年正式出版的《协同学导论》中创立，1983 年的《高等协同学》中形成了比较完整的理论体系。协同学来源于对激光发射的研究，它从物理学开始，逐步引申到化学、生物学、人类社会等各个领域，它是从系统演化的角度研究自然界和人类社会中各类系统子系间在外界物质、能量、信息的作用下产生非线性相互作用而形成协同效应的理论。协同学从思想和方法来看，具有更加深远的哲学意义，正吸引着世界上许多不同学科的学者，有人甚至想把协同学作为基础来建立包括社会科学在内的新的理论体系。世界是统一的，又是多样的，由此决定了人们对世界的认识既分化又综合。随着科学的发展，人们划分了越来越多、越来越细的学科。同时，人们看到，自然界是由不同层次的很多系统所构成的统一体，各个层次、各个系统之间相互作用和影响。各个学科、各个系统中的这种内在联系，必然地反映在它们具有的共同特征上。虽然，从表面看来支配各个学科的理论极不相同，但是由完全不同的子系统所构成的系统在宏观结构上所产生的质变行为(即从旧结构演变为新结构的机理)则是相通的。为了概括各系统之间共有的变化规律，跨学科性的边缘学科应运而生。协同学正是从研究这一质变行为所遵循的共同规律中逐渐形成和发展起来的。协同学建立在热力学和统计物理学的基础之上，其基本概念和方法适用于无机界和有机界的微观、宏观和宇观系统，其基本原理在自然科学、技术科学和社会科学各个领域得到广泛应用。

协同学是一个新的科学研究方向。它研究无论生物形式的还是无生物形式的物质组织在本质上共同具有的自组织的原理和作用过程。其方法论就是把在一门学科中所取得的成果，推广到其他学科的类似现象上去。这样既抓住了不同学科研究对象的共同特征，又可通过对具体问题的分析得到各自的特殊规律。

（二）协同学的内涵

协同学用序参量这一概念表示系统的宏观有序度，用序参量的变化来刻画系统从无序向有序的转变。

序参量是描述系统宏观有序度的参量。在考查不同学科的不同系统时，所选用的序参量有不同的物理意义。序参量的大小标志着系统宏观有序度的大小。当系统处于混乱状态时，其序参量为零。随着外界条件的变化，序参量也在逐渐变化。当系统状态接近临界点时，序参量快速增大；当系统状态处于临界点时，序参量突变到最大值。序参量的突变，意味着宏观新结构的出现。

协同学的核心内容是：序参量之间的协同与竞争决定着系统从无序到有序的演化过程。一个复杂系统，参量成千上万，各参量在系统演化过程中起着主次不同的作用，协同学把参量中绝大多数在临界点附近阻尼大、衰减快的称为快弛豫参量，把一个或少数几个在临界点出现无阻尼现象的称为慢弛豫参量，并提出了"役使原理"。该原理认为，作为阻尼模的快弛豫参量役使于慢弛豫参量，快弛豫参量以绝热的方式跟随慢弛豫参量。整个系统的行为仅由一个或少数慢弛豫参量，也就是序参量的行为所决定；而快弛豫参量，对系统从无序向有序突变几乎没有明显的影响。运用统计物理学中的绝热消除原理消去快弛豫参量，导出由无规则子系所组成的系统随时间演化的只包括一个或几个序参量的主方程。所谓绝热消除原理，指系统状态处于临界点时，有序结构形成的速度很快，可以忽略衰减的快弛豫参量对系统的影响，使方程大为简化。通过方程得出序参量的值。如果序参量只有一个，当序参量为零时，系统仍处于无序状态，当序参量急剧增大时，系统在序参量的主导作用下协调一致，形成不受外界作用和内部涨落所影响而失稳的自组织结构。如果序参量有几个，每一个序参量都体现着一种主观结构及其所对应的微观组态，也就是说系统在不稳定点孕育着几种宏观结构的"胚芽状态"，最后在哪一个分支上形成新的有序结构，由序参量的变化所引起的协作与竞争的结果决定。目前，协同学在人文社会科学中的运用主要集中在定性研究的层面。

系统的协同效应具有两个特点。一是系统自发地对其子系统进行组织和协调的自组织能力，或者说是系统由无序转化为有序的动力，使系统实现从混沌状态向有序状态、从低级向高级、从简单到复杂以及从有序状态又转向混沌状态的突变，形成新的稳定结构；二是一切不同功能系统普遍具有且体现系统功能的自然机理。

(三)协同的机制

自组织是协同的机制，也是协同学研究的中心课题。机制原指机器的构造和动作原理。现代科学通过类比借用此词。系统科学在研究系统的功能时，常提出要揭示它的机制，就是说要了解它内在的工作方式，包括有关系统结构组成部分的相互关系，以及其间各种变化过程的性质和相互联系。阐明一种系统功能的机制，意味着对它的认识从现象的描述到本质的说明。

组织是指事物或一组变量从无联系的状态进入某些有联系的特定状态的过程。任何一个系统形成的过程都是一个组织的过程。有的组织过程需要系统以外的力量推动。但在自然界和人类社会中，有更多的组织过程并不需要"外部力量"的干预，而是依赖于系统内部的力量。我们称这种不靠"外部力量"干预而自发进行的组织过程为自组织过程，形成的组织为自组织。例如，将一批磁针任意排在一起，开始它们处于自由摆动、无组织状态，但在这种自由摆动中，某些磁针可能完全偶然地呈现一致的方向，并立即在这个方向上形成了一个较强的磁场，致使相邻的磁针朝同一方向摆动，形成自组织。这种自组织同样存在于人类社会等复杂系统中。因此，所谓自组织，是指系统在没有外部指令的条件下，内部各子系统之间能够按照某种规则形成一定的结构或功能，具有内在性、自主性、自生性。

如果系统在获得空间的、时间的或功能的结构时没有受到外界特定的干扰，该系统则称为自组织系统。一切生命机体、人类社会乃至整个宇宙都是自组织系统。自组织被定义为物质组织形式，或更确切地讲是一种特殊的物质组织形式。尚未相互靠拢的动态性物理、化学和生物结构，一方面与一般的、平衡的组织形式区分开，另一方面，在组织范围内联结成一种特殊类型。

自组织的基础是带来协调效果的各个子系统的相互作用过程，也就是子系统的协作行为。自组织有两大特点：第一，自组织反映系统的内部状态，这种状态是系统各要素相互作用的结果；第二，只有远离平衡状态的生物动态结构才拥有自组织特性。

语言系统中自组织产生于非线性相互作用。线性作用只能引起数量上的叠加，不能引发质变，具有时空均匀性和两体对称性。语言是个复杂系统，既有内部各成分之间的相互作用，也与外部世界发生相互作用，这种内外复杂的相互作用不可能简单化为线性作用，特别是母语与外语之间更不具有时空均匀性和两体对称性的线性关系。中英文之间非线性相互作用能产生相干效应和临界效应，通过量的积累发生质的突变，产生新的结构，具有时空不均匀性。

相干效应是非线性相互作用的一个特点。它意味着系统元素的独立性丧失，元素之间相互制约、相互关联，按一定方式在大范围内协调运动，从而使系统出现新质。这种新质，使得系统与其结构诸元素有明显区别。无论自然系统还是社会系统都具有这种相干效应。人的社会性就是社会系统中由人与人的"相干性"所产生的新质。相干效应是一种整体效应，以其元素独立性的丧失为条件。具体到中英文认知与教育协同，相干效应表现为同一语言的整体性和跨语言的趋同性凸显，同一语言内部成分和各语言差异性的淡化甚至消失。

协同学自组织原理则认为协同导致有序，语言系统内以及跨语言系统各子系统间既存在无规则的独立运动（这就是为什么人们在习得和运用语言过程中会出错），又存在有序的关联运动（这就是为什么人们在习得和运用语言过程中会出现正迁移）。当系统的协同效应足以束缚子系统状态时，关联运动占主导地位，母语和外语系统呈有序状态，即相互促进的和谐状态，这时进步顺利；反之，当不足以束缚子系统状态时，独立运动占主导地位，母语和外语系统呈无序状态，即相互干扰、相互竞争状态，这时容易出错。

(四)中英文认知与教育的协同性

在协同学中，协同这个概念有不同的含义。狭义地讲，协同就是协作、合作、同步；广义地讲，协同既包括合作，也包括竞争。合作带来有序，这个观点易为人所接受，各种系统中存在的合作现象也比较明显；把竞争视为竞争者之间的一种协同，承认竞争也能推动系统有序化，这需要一定的辩证思维能力。

从协同学出发来审视中英文认知，不难发现存在三大协同。一是中文系统内部各子系统之间的协同，如音形义、字词句篇章、听说读写等各系统之间相互协同；二是英文系统内部类似的协同；三是中文系统与英文系统之间的协同。传统观点受结构主义语言学的影响，倾向于将外语肢解成各个子系统，据此分门别类开设各种课程，如语音课、词汇课、语法课、听说课、阅读课、写作课、翻译课、文学欣赏课等；即便是基础外语，也主要按上述模块设计教材、安排每课的内容。而在中英文之间，更是倾向于从发现和掌握中英文之间的不同出发来学习目的语，预防和纠正错误。

目前，中英文认知与教育的关系可概括为如下三种模式。

1. 中英文独立(对立)观

从科学发展史中可以看到，在科学界，按不同领域分门别类进行研究并获得极大成功之后，工作在那里的学者只要沿用业已建立起来的方法工具即可获得成果，他们一般都不大关注哲学思考。即便有人从哲学角度思考，也是单方面认为，对立面之间的斗争是绝对的、普遍的、无条件的，有矛盾就有斗争，矛盾斗争的存在不受任何条件限制，对立面相互排斥的趋势在任何条件下都要贯彻下去。对立面的斗争性是矛盾双方相互排斥、相互否定的属性，它使事物不断地变化以至最终破坏自身统一。这势必会导致只见斗争不见统一，或者夸大斗争性、缩小统一性。具体到中英文两个语系，则认为中英文分属两个根本不同的语系，一个是表音文字的代表，另一个是表意文字的代表，二者之间的斗争和排斥是绝对的，不存在普遍语法。因此，中国人学习英语就要排除汉语思维，排除汉语中介。这就形成了直接教学法。(见图 1-1)

图 1-1 中英文独立(对立)观

以结构主义语言学为基础的对比分析法首先否定了普遍语法的可及性，主张在语言系统内对两种语言的各个层面进行对比。对比分析理论(Contrastive Analysis Hypothesis)主张对语言每个层面的具体特征进行详细分析，对比两种语言的异同，预测可能的习得错误，"在这个理论框架中，语音、词法、句法、语义都处于相对独立的层面，语言被分为一系列自动的、互相不交叉的层面"。弗里斯(Fries)和拉多(Lado)认为第二语言学习与第一语言学习是完全不同的两项任务，有着本质区别。

在第二语言的习得中，对比分析理论强调语言习惯的习得和建立一套新的语言习惯的重要性①，完全排除了存在普遍语法的可能性。弗里斯认为，"除非在幼儿期学习一门新的语言，否则，即使在国外居住20年或30年，也不能完全掌握一门外语。受教育程度越高，对母语中的细微区别就越敏感，也就更难以达到使用外语时非常满意的程度"②。

每种语言都有其独特的系统或结构，特别是语法系统。不同语言具有相似特征只是历史的巧合，而不与普遍语法相吻合。

2. 中英文依存(转介)观

与过分强调斗争性相对，过分强调统一性也会导致认识上的偏差。对立面的统一性，本来是矛盾双方相互依存、相互肯定的属性，使事物保持自身统一。事物保持暂时的自身统一，使对立双方能够共处于一个统一体中，这是事物获得发展的必要前提。由于对立面之间相互统一的作用，双方能够互相吸取和利用有利于自己的因素从而得到发展，为扬弃对立、解决矛盾做准备。然而，这种观点单方面认为统一性不是矛盾双方相互作用，而是一方统一另一方或者同化另一方，使另一方成为一方的附属品或一部分。具体到中英文认知与教育上，就出现了依存观，即认为中国人学习英文基本上是在熟练掌握中文的基础上开始的，而英文作为新的认知内容，就如同物理、化学等一种新的认知对象一样，必须用中文去解读和消化。这就形成了语法翻译法。(见图1-2)

图1-2　中英文依存(转介)观

施瓦茨(Schwartz)和斯普罗斯(Sprouse)提出了母语对外语的完全迁移假设，认为母语语法构成了外语学习的初始状态，也就是说，学习者借助其母语表征来解释所接触到的第二语言。完全迁移实际上就是指母语语法可以全部迁移到第二语言初始语法中。

①　Gass，S. M.，Selinker，L.，*Second Language Acquisition：An Introductory Course*，New Jersey：Lawrence Erlbaum Associates Inc，1994.

②　Fries，C. C.，*Teaching and Learning English as a Foreign Language*，Ann Arbor，MI：University of Michigan Press，1945.

3. 中英文调和（妥协）观

统一和斗争是矛盾运动过程中不可分割的基本关系。对立面的相互斗争并不是在双方之间画出一条绝对分明、固定不变的界线。在对立面的相互斗争中，有相互依存、相互渗透；在对立面的相互统一中，也有相互对立、相互排斥。统一和斗争作为两种性质相反的作用，它们的相互联结就是相互制约。斗争制约着统一，使统一只能存在于一定的条件下和一定的限度内；统一也制约着斗争，规定着斗争的具体性质、具体形式和界限等。对立面的相互统一使矛盾统一体保持相对稳定的状态，也就使双方的斗争具有确定的内容和形式，并使斗争的成果得以巩固。具体到中英文认知与教育，就是人们常说的运用母语正迁移、防止母语负迁移，这就形成了对比分析法。各种石化的"中介语"的出现是迈向目的语的正常过渡现象，这种现象阻碍了中英文的进一步融合，更阻碍了迈向目的语的进程。（见图1-3）

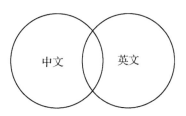

图 1-3　中英文调和（妥协）观

中英文调和（妥协）观认为普遍语法在第二语言习得中以其在母语中体现的形式出现，第二语言成人学习者只能利用母语中已具体化的普遍语法原则。成人可以学到语言中的其他规则，但学到的第二语言语法是否与该语言本族语者的语法相似则取决于语言输入。教学和其他语言学习手段可以使学习者形成假设，摆脱母语中已具体化的普遍语法原则的约束。

综上，语言是复杂的。传统上，语言学家把语言研究人为地划分成"层次"或"模块"，包括语音学、音韵学、形态学、句法学、词汇学、语义学、语篇学和语用学。大多数语言学家只关注一个水平或两个相邻子域边界的专门研究。然而，真实语言是具身的、整合的和多模态的。这些组件组合在一起构成了有系统的语言结构。结构可以指定语法形式、语调模式、语用制约和意图意义。这也为中英文认知与教育提供了具身协同论的哲学和学理基础。

参考文献

戴曼纯：《论中介语系统中的接口问题》，《国外外语教学》1998 年第 1 期。

金百顺，张纪岳，郭治安：《协同学——一门新兴学科》，《自然杂志》1982 年第 3 期。

金炳华：《马克思主义哲学大辞典》，上海，上海辞书出版社，2003。

李晓红：《语言哲学维度下的语言认知》，《南京社会科学》2010 年第 2 期。

林建强：《分析性语言哲学：反思与批判》，《外语学刊》2009 年第 3 期。

刘炳瑛：《马克思主义原理辞典》，杭州，浙江人民出版社，1988。

刘文华：《协同学及其哲学意义》，《国内哲学动态》1986 年第 7 期。

[苏联]H. 库什耶夫：《协同学：新的境界》，晓端译，《国外社会科学》1991 年第 9 期。

尹洪山：《从普遍语法到认知科学——语言迁移研究的视角转换》，《语言教学与研究》2007 年第 5 期。

Anderson，M. L.："Embodied cognition：a field guide"，*Artificial Intelligence*，149(1)，2003.

Blacking，J.，*The Anthropology of the Body*，London：Academic Press，1977.

Barsalou，L. W.："Abstraction in perceptual symbol systems"，*Philosophical Transactions of the Royal Society of London. Series B：Biological Sciences*，358 (1435)，2003.

Berlin，B.，Kay，P.，*Basic Color Terms：Their Universality and Evolution*，Berkeley & Los Angeles：University of California Press，1969.

Buccino，G.，Riggio，L.，Melli，G.，et al.："Listening to action-related sentences modulates the activity of the motor system：a combined TMS and behavioral study"，*Brain Research*，*Cognitive Brain Research*，24(3)，2005.

Clark，A.："Language，embodiment，and the cognitive niche"，*Trends in Cognitive Sciences*，10(8)，2006.

Clark，A.："Word，niche and super-niche：how language makes minds matter more"，*THEORIA*，*An International Journal for Theory*，*History & Foundations of Science*，20(3)，2005.

Dehaene，S.，Spelke，E.，Pinel，P.，et al.："Sources of mathematical thinking：behavioral and brain-imaging evidence"，*Science*，284(5416)，1999.

Dehaene，S.，*The Number Sense：How the Mind Creates Mathematics*，Great Britain：The Penguin Press，1997.

Dennett，D.，*Consciousness Explained*，Boston，MA：Little Brown and Company，1991.

Dennett, D., Reflections on Language and Mind. In P. Carruthers & J. Boucher (Eds.), *Language and Thought: Interdisciplinary Themes*. Cambridge: Cambridge University Press, 1998, pp. 284-294.

Elman, J. L.: "An alternative view of the mental lexicon", *Trends in Cognitive Sciences*, 8(7), 2004.

Elman, J. L., Language as a Dynamical System. In R. F. Port & T. van Gelder (Eds.), *Mind as Motion: Explorations in the Dynamics of Cognition*. Cambridge, MA: MIT Press, 1995, pp. 195-225.

Feldman, J. A., *From Molecule to Metaphor: A Neural Theory of Language*, Cambridge, MA: MIT Press, 2006.

Fodor, J. A., *Psychosemantics: The Problem of Meaning in the Philosophy of Mind*, Cambridge, MA: MIT Press, 1987.

Fodor, J. A., *The Elm and the Expert*, Cambridge, MA: MIT Press, 1995.

Fowler, C. A.: "Listeners do hear sounds, not tongues", *The Journal of the Acoustical Society of America*, 99(3), 1996.

Frank, R., Introduction. In R. M. Frank, R. Dirven, T. Ziemke, et al. (Eds.), *Body, Language and Mind: Sociocultural Situatedness*, Vol. 2. Berlinn & New York: Mouton de Gruyter, 2008, pp. 1-18.

Frankish, K., *Mind and Supermind*, Cambridge: Cambridge University Press, 2004.

Fries, C. C., *Teaching and Learning English as a Foreign Language*, Ann Arbor, MI: University of Michigan Press, 1945.

Gallagher, S., *How the Body Shapes the Mind*, Oxford: Oxford University Press, 2005.

Gass, S. M., Selinker, L., *Second Language Acquisition: An Introductory Course*, New Jersey: Lawrence Erlbaum Associates Inc, 1994.

Gibbs, R. W., *Embodiment and Cognitive Science*, Cambridge: Cambridge University Press, 2005.

Glenberg, A. M., Havas, D., Becker, R., et al., Grounding Language in Bodily States: The Case for Emotion. In D. Pecher & R. A. Zwaan (Eds.), *Grounding Cognition: The Role of Perception and Action in Memory, Language, and Thinking*. Cambridge: Cambridge University Press, 2005, pp. 115-128.

Glenberg, A. M., Kaschak, M. P.: "Grounding language in action", *Psychonomic Bulletin & Review*, 9(3), 2002.

Goldin-Meadow, S., *Hearing Gesture: How Our Hands Help Us Think*, Cambridge, Mass: Belknap Press of Harvard University Press, 2003.

Hauk, O., Johnsrude, I., Pulvermüller, F.: "Somatotopic representation of action words in human motor and premotor cortex", *Neuron*, 41(2), 2004.

Hutchins, E., *Cognition in the Wild*, Cambridge, MA: MIT Press, 1995.

Isenberg, N., Silbersweig, D., Engelien, A., et al.: "Linguistic threat activates the human amygdala", *Proceedings of the National Academy of Sciences of the United States of America*, 96(18), 1999.

Jackendoff, R.: "How language helps us think", *Pragmatics & Cognition*, 4 (1), 1996.

Kay, P., McDaniel, C. K.: "The linguistic significance of the meanings of basic color terms", *Language*, 54(3), 1978.

Klatzky, R. L., Pellegrino, J. W., McCloskey, B. P., et al.: "Can you squeeze a tomato? The role of motor representations in semantic sensibility judgments", *Journal of Memory and Language*, 28(1), 1989.

Lado, R., *Linguistics Across Cultures: Applied Linguistics for Language Teachers*, Ann Arbor: University of Michigan Press, 1957.

Lakoff, G., A Suggestion for a Linguistics with Connectionist Foundations. In D. Touretzky, G. E. Hinton, T. Sejnowski (Eds.), *Proceedings of the 1988 Connectionist Models Summer School*. San Mateo, CA: Morgan Kaufmann Publishers, 1989, pp. 301-314.

Lakoff, G., *Categories and Cognitive Models*, Berkeley: University of California, Cognitive Science Program, 1982.

Lakoff, G., Johnson, M., *Metaphors We Live By*, Chicago: University of Chicago Press, 1980.

Lakoff, G., Johnson, M., *Philosophy in the Flesh: The Embodied Mind and Its Challenge to Western Thought*, New York: Basic Books, 1999.

Lakoff, G., *Linguistic Gestalts*, Chicago: Chicago Linguistic Society, 1977.

Lakoff, G., *Women, Fire and Dangerous Things: What Categories Reveal About the Mind*, Chicago and London: University of Chicago Press, 1987.

Laland, K. N., Odling-Smee, J., Feldman, M. W.: "Niche construction, biological evolution, and cultural change", *Behavioral and Brain Sciences*, 23(1), 2000.

Lamberts, J. J.: "Basic concepts for teaching from structural linguistics", *The English Journal*, 49(3), 1960.

Lingis, A., *Foreign Bodies*, New York/London: Routledge, 1994.

MacDonald, M. C., Pearlmutter, N. J., Seidenberg, M. S.: "The lexical nature of syntactic ambiguity resolution", *Psychological Review*, 101(4), 1994.

Martin, A., Chao, L. L.: "Semantic memory and the brain: structure and processes", *Current Opinion in Neurobiology*, 11(2), 2001.

Norman, D., *Things that Make Us Smart: Defending Human Attributes in the*

Age of the Machine, Menlo Park: Addison-Wesley Longman, 1993.

O'Neill, J., *Five Bodies: The Human Shape of Modern Society*, Ithaca: Cornell University Press, 1985.

O'Brien, G., Opie, J.: "Internalizing communication", *Behavioral and Brain Sciences*, 25(6), 2002.

Pecher, D., Zeelenberg, R., Barsalou, L. W.: "Verifying different-modality properties for concepts produces switching costs", *Psychological Science*, 14 (2), 2003.

Pickering, M. J., Garrod, S.: "Toward a mechanistic psychology of dialogue", *Behavioral and Brain Sciences*, 27(2), 2004.

Putnam, H., *The Many Faces of Realism*, LaSalle, IL: Open Court, 1987.

Rosch, E., Principles of Categorization. In E. Rosch & B. B. Lloyd (Eds.), *Cognition and Categorization*. Hillsdale, NJ: Lawrence Erlbaum Associates, 1978, pp. 27-48.

Schwartz, B. D., Sprouse, R. A.: "L2 cognitive states and the full transfer/ full access model", *Second Language Research*, 12(1), 1996.

Shallice, T., Fractionation of the Supervisory System. In D. T. Stuss & R. T. Knight (Eds.), *Principles of Frontal Lobe Function*. New York: Oxford University Press, 2002, pp. 261-277.

Spivey, M. J., Geng, J. J.: "Oculomotor mechanisms activated by imagery and memory: eye movements to absent objects", *Psychological Research*, 65(4), 2001.

Tucker, M., Ellis, R.: "Action priming by briefly presented objects", *Acta Psychologica*, 116(2), 2004.

Van Berkum, J. J. A., Brown, C. M., Zwitserlood, P., et al.: "Anticipating upcoming words in discourse: evidence from ERPs and reading times", *Journal of Experimental Psychology: Learning, Memory, and Cognition*, 31(3), 2005.

Wilson, R. A., *Boundaries of the Mind: The Individual in the Fragile Sciences—Cognition*, Cambridge, UK: Cambridge University Press, 2004.

Wittgenstein, L., *Philosophical Investigations*, Chichester, UK: Wiley-Blackwell, 2009.

Young, K., *Presence in the Flesh: The Body in Medicine*, Cambridge, MA: Harvard University Press, 1997.

Zwaan, R. A., The Immersed Experiencer: Toward an Embodied Theory of Language Comprehension. In B. H. Ross (Ed.), *The Psychology of Learning and Motivation: Advances in Research and Theory*, Vol. 44. New York: Academic Press, 2004, pp. 35-62.

Zwaan, R. A., Madden, C. J., Yaxley, R. H., et al.: "Moving words: dynamic representations in language comprehension", *Cognitive Science*, 28(4), 2004.

Zwaan, R. A., Taylor, L. J.: "Seeing, acting, understanding: motor resonance in language comprehension", *Journal of Experimental Psychology*: *General*, 135 (1), 2006.

Zwaan, R. A., Yaxley, R. H.: "Lateralization of object-shape information in semantic processing", *Cognition*, 94(2), 2004.

第二章　具身协同的动觉支点

具身协同论认为，身体动觉系统和情感系统协同互动对于语言习得、理解及生成贡献巨大，因此，动觉是中英文认知与教育研究议题的支点。本章首先回顾有关语言和行动之间的关系以及有关语言和动作之间连接的神经机理的研究成果；然后用动觉控制的认知模型来解释语言现象，印证言语产出和行为控制之间的关联论断；最后用以行动为基础的语言观解释名词、动词及句法结构的习得，并解释简单的语言理解和语言产出过程。

一、动觉作为具身协同支点的神经机理

语言与行动之间似乎没有什么共同之处。从历史哲学家笛卡儿[1]到当代哲学家福德[2]，他们都认为语言是独立于感知和行动之外的，正是有了语言，人类才跟众多只有感知和行动的动物区分开来。但是，在语言进化、神经生理学以及行为研究中，语言和行动之间都体现出强烈的关联。[3][4][5]有关行为和运动的研究表明，动觉反应的调节是与语言材料的内容相关的，而且动觉的激活发生在刺激产生之初，即在听觉颞叶区受到刺激之后 22 ms 就会产生一个正波。[6] 这一早期激活的现象与语言理解中具身模拟的解释一致。

---

[1]　Descartes, R., *Meditations on First Philosophy: in Which the Existence of God and the Distinction of the Human Soul from the Body are Demonstrated*, Notre Dame: University of Notre Dame Press, 1992.

[2]　Fodor, J. A., *The Language of Thought*, Cambridge, Mass: Harvard University Press, 1975.

[3]　Gentilucci, M., Corballis, M. C.: "From manual gesture to speech: a gradual transition", *Neuroscience and Biobehavioral Reviews*, 30(7), 2006.

[4]　Rizzolatti, G., Arbib, M. A.: "Language within our grasp", *Trends in Neurosciences*, 21(5), 1998.

[5]　Rizzolatti, G., Craighero, L.: "The mirror-neuron system", *Annual Review of Neuroscience*, 27(1), 2004.

[6]　Pulvermuller, F., Grounding Language in the Brain. In M. de Vega, A. M. Glenberg & A. C. Graesser (Eds.), *Symbols, Embodiment, and Meaning*. New York: Oxford University Press, 2008, pp. 85-116.

目前，大量来自神经脑科学、认知发展科学以及行为科学的实验数据均表明，人类处理语言信息与感知和行动密切相关，这就是具身协同的基础。①②③近来在人类和其他灵长类动物大脑中发现的镜像神经元，具有内隐的、映射他人动作与情态的功能，它被认为是人类共情能力的神经基础。实际上，这个镜像神经元系统促进了以行动为基础的理论发展。

镜像神经元在动物使用手或口进行相关活动时，或当动物观察到另外一个客体进行相同或类似的动作行为时，就开始放电。驱使镜像神经元放电的是具体的、与目标有关的动觉行为，而不是为了完成该动作所需要的具体运动。镜像神经元系统或镜像机制中一个最重大的发现是前运动皮层或顶叶的镜像神经元，不仅控制着所执行的动作或所观察到的动作的编码（如抓起一个物体），而且还对整个行动的意图进行编码（如将抓起的那个物体放进口中或某个容器中）。④⑤研究表明，当指代被观察到的行为的行为动词是不及物的情况下，镜像神经元的某些部分会在观察行为运动过程中发出抑制性的脑电波。研究者认为抑制镜像神经元放电或许涉及在观察行为运动过程中对自身运动的抑制。利用人类单细胞记录的研究方法，木卡姆（Mukamel）等人已经验证了镜像神经元在人类和其他灵长类动物中的存在。先前研究主要使用脑成像技术或经颅磁刺激技术，结果都不尽如人意。

镜像神经元系统或镜像机制实际上是一个等级层次组织。在高等级认知层次上，比如前运动皮层⑥产生控制行动的意图，如抓起来去吃。在低等级认知层次上，这些意图通过以与目标相关的动觉行为整合的过程来实现，如抓—拿—递—放入口中。这些行为动词，以不同方式组合构成表达不同行为的句子。这些句子包含了临时组合的一系列动作，它们的正确组合构成了以合理目的为导向的行为。我们对于语言的解释将利用这个等级层次组织来说明它如何成为人类句法的框架。

---

①　官群：《具身认知观对语言理解的新诠释——心理模拟：语言理解的一种手段》，《心理科学》2007 年第 5 期。

②　雷卿：《语言表征的感知基础——心智哲学视角》，《现代外语》2012 年第 4 期。

③　尚国文：《语言理解的感知基础》，《外语学刊》2011 年第 4 期。

④　Fogassi, L., Ferrari, P. F., Gesierich, B., et al.: "Parietal lobe: from action organization to intention understanding", *Science*, 308(5722), 2005.

⑤　Bonini, L., Rozzi, S., Serventi, F. U., et al.: "Ventral premotor and inferior parietal cortices make distinct contribution to action organization and intention understanding", *Cerebral Cortex*, 20(6), 2010.

⑥　Rizzolatti, G., Craighero, L.: "The mirror-neuron system", *Annual Review of Neuroscience*, 27 (1), 2004.

人类和其他灵长类动物身上都发现了镜像神经元系统或镜像机制，为什么只有人类有语言功能呢？其原因有二：第一，与猿猴和其他灵长类动物相比，人类是超社会的，尤其是人类具有高度发展的主体间性，即具备群体之间的意向共享能力，这种能力使人类在交往中进化出语言功能；第二，人类对手的控制，要求人类具有复杂的高层次控制结构，这为语法结构的产生提供了生理基础。下面我们将阐述人类的语言结构。

二、具身协同的动觉控制理论基础

沃尔珀特（Wolpert）和他的同事创立了有关动觉控制的理论。[①] 动觉控制有两个相关模型：一个是控制者模型，另一个是预测者模型。控制者模型能够通过计算上下文敏感的动觉命令来完成目标。预测者模型的功能是预测包括动觉效应在内的效应。预测者是使用由控制者生成的命令的效应副本。也就是说，一个相同的动觉命令，被发送给身体与生成动作的同时，也被发送给预测者来生成预测机制。这一预测机制可以：①在感知反馈被获取之前迅速矫正动作；②通过比较预测的和实际的感知反馈来判定运动是否是成功的；③提高感知的准确性；④比较预测的和实际的感知反馈，从而生成一个错误信号用于经验学习。

首先，语言是一个生成系统，在这个系统中，使用有限的单词和句法规则可以生成数量无限的句子。在交流中，这些句子必须基于大量的限制进行编码，如谁正在对谁做什么，数量、性别、时态等都需要考虑到。但是，要使多种组合在上下文中畅通、合理是一件困难的事。比如，锤子和拖拉机都是工具，都在农场中出现，也都可以被踩到，但是这两个词和"梯子"这个词的关联度都很小，也只有拖拉机这个词在下面的语境中使用才合理，"由于梯子断了，农夫用脚踩着锤子/拖拉机去给粮仓外墙刷漆"[②]。因此，语言具身论的一个重要目标是生成一个上下文语义合理的句子，单词组合用于人际交流时必须合情合理，而不仅仅是符合句法规则。

其次，对动觉控制来说，这也是一个很盛行的原则。事实上，我们

① Wolpert，D. M.，Doya，K.，Kawato，M.："A unifying computational framework for motor control and social interaction"，*Philosophical Transactions of the Royal Society of London. Series B：Biological Sciences*，358(1431)，2003.

② Glenberg，A. M.，Robertson，D. A.："Symbol grounding and meaning：a comparison of high-dimensional and embodied theories of meaning"，*Journal of Memory and Language* 43(3)，2000.

通常假设，我们的动觉系统已经解决了如何通过目标导向的动觉行为而不是运动来生成上下文合理的行为的问题。①②进一步而言，人类的大脑充分利用生成上下文合理的行为，去解决另一个困难问题，那就是如何生成上下文合理的语言。加莱赛（Gallese）和莱考夫称这个现象为"神经剥削"③，而安德森（Anderson）称其为"神经重新使用"④。

最后，以行动为基础的语言观做出了崭新而明确的预测，即调整操控者的行动能产生对语言理解的不同效果。比如，让被试做出手臂靠近和远离身体的运动，同时理解一些描述靠近和远离身体的句子。手臂的运动如果和句子描写的运动方向相反，理解速度将减慢，反之加快。这一行为实验正说明了对行动的操控将影响人们语言理解的速度。

三、以行动为基础的语言习得、理解和生成观

（一）习得：利用动觉系统建立模拟

以行动为基础的语言习得观指出，词语的习得就是将语音和语义联系起来。名词建立在两个基本动觉行为的基础之上，其中一个行为是把注意力放在名词指代的事物上，根据注意前摄动作的理论⑤，注意力就是指向事物的动觉计划的准备，当眼睛看到所指事物时就实现了这一准备。

首先，考虑婴儿是如何把一个名词和描述这个名词的动作模型联系起来的。我们假设婴儿已经具有一些接触事物的能力。父母在跟婴儿交流的时候，尤其在向婴儿介绍一个事物的时候，一般会用动作吸引婴儿对这个事物的注意力。比如，提及一个名词（如"瓶子"）时，对应的动作（看瓶子、指向瓶子、手拿瓶子等与瓶子相关的动作）会激活镜像神经元

---

① Rizzolatti, G., Fogassi, L., Gallese, V., Cortical Mechanisms Subserving Object Grasping and Action Recognition: A New View on the Cortical Motor Functions. In M. S. Gazzaniga (Ed.), *The New Cognitive Neurosciences*. 2nd. Cambridge, MA: MIT Press, 2000, pp. 539-552.

② Umiltà, M. A., Escola, L., Intskirveli, I., et al.: "When pliers become fingers in the monkey motor system", *Proceedings of the National Academy of Sciences of the United States of America*, 105(6), 2008.

③ Gallese, V., Lakoff, G.: "The brain's concepts: the role of the sensory-motor system in reason and language", *Cognitive Neuropsychology*, 22(3), 2005.

④ Anderson, M. L.: "Neural reuse as a fundamental organizational principle of the brain", *Behavioral and Brain Sciences*, 33(4), 2010.

⑤ Awh, E., Armstrong, K. M., Moore, T.: "Visual and oculomotor selection: links, causes and implications for spatial attention", *Trends in Cognitive Sciences*, 10(3), 2006.

反射机制。这时，海扁学习就发生了，控制发音的神经元和控制行为的神经元同时产生动作电位，或是说同时被激活，这两个神经元之间的联结就会变强。婴儿在听到"瓶子"这个词时，语音镜像神经元被激活。控制者在很大程度上激活了移动眼神去看瓶子直到看见的镜像神经元，部分程度上还激活了伸手去拿瓶子的镜像神经元。前一个动作是低层次行为，一旦看到瓶子之后这个移动眼神的动作就停止了；后一个更高层次的行为被激活，那就是伸手去拿瓶子。但是谈及的事物和事件如果不在人们的可视范围内，控制者就会生成一种期望或假想，相同的语言和行动关联也会产生，但是会产生对执行行为的一种抑制力[①]，这种抑制力很可能是手势的原动力。

动词的习得同样也遵循这个原理。如果一个婴儿知道什么是"喝"，他或许就已经懂得了"喝"这个动作。当婴儿在喝的时候，父母会说"喝、喝得好"之类的话。婴儿的语音镜像神经元也会被父母的语言所激活，"喝"的行为控制和发音符号对应的动觉表征开始建立联结。之后，如果父母说"喝奶瓶"，且这个婴儿已经学过了"奶瓶"这个词，他便会把注意力指向奶瓶，拿起奶瓶，开始喝。然而，如果婴儿仍旧不知道"喝"是什么意思，便不会实施喝的动作。这个时候父母就会对婴儿说，"看，这就是喝"，然后假装做出喝的动作。因为婴儿早就知晓喝这个动作了，父母再一次促进了海扁学习的发生。

以行动为基础的语言观理论认为婴儿和儿童，如果了解动词对应的动作之后，将能够更精确、流利地习得动词。对麦克阿瑟（MacArthur）的儿童发展量表的分析表明，习得一些动作（如喝、扫、读）和产出一些动词语言的年龄相关性极强，但是习得动作和产出动词语言的时间差异大约为一年。[②] 为什么会有这一年的差异呢？换句话说，为什么婴儿理解语言在先，而产出语言在后？部分原因在于婴儿必须适应和锻炼发音器官的功能。同样，在以行动为基础的语言习得观看来，理解语言和产出语言之间也有时间差。在现实生活中，习得名词比动词要快。[③] 原因

① Buccino，G.，Riggio，L.，Melli，G.，et al.："Listening to action-related sentences modulates the activity of the motor system：a combined TMS and behavioral study"，*Brain Research*，*Cognitive Brain Research*，24(3)，2005.

② Buresh，J. S.，Woodward，A.，Brune，C. W.，The Roots of Verbs in Prelinguistic Action Knowledge. In K. Hirsh-Pasek & R. M. Golinkoff（Eds.），*Action Meets Word：How Children Learn Verbs*. New York：Oxford University Press，2006，pp. 208-227.

③ Gentner，D.，Why Verbs are Hard to Learn. In K. Hirsh-Pasek & R. M. Golinkoff（Eds.），*Action Meets Word：How Children Learn Verbs*. New York：Oxford University Press，2006，pp. 544-564.

之一就是动词比名词多变。比如，习得"喝"这个动词，比习得"奶瓶"这个名词要麻烦得多。因为"喝"涉及定位、伸手、抓、移近身体、吞咽等一系列复杂的动作。相比之下，"奶瓶"仅仅涉及定位和抓两个动作。

因此，以行动为基础的理论模型做出如下预测。婴儿对已经接触过的事物和动作的习得相对容易，在相同的接触经历背景下，学习动词和名词的速度会有差异。

接下来讨论较长句法单元的习得。首先，我们的基础是已经学会了名词和动词。至于句法中的其他一些词，如介词、副词和形容词，也有相应的习得规律和时间，这里先暂且不论述。句法单元的习得假说有三个部分：一是实施行为达到语言执行功能的目的；二是基本的句法功能是语言成分以一定方式组合并产生一定的交流目的；三是句法是通过对多层次的行为控制从而产生对发音和发音反馈的多层次的控制。

举例说明婴儿是如何学会"给"和"双宾语结构"的。假设婴儿早已经知道如何跟不同的物品（如奶瓶、杯子、饼干）互动，知道这些物品的名称，知道如何做出"给"这个复杂的动作。当婴儿听到爸爸说"给爸爸杯子"时，他听到"爸爸"，于是把眼神放到爸爸的身上，准备交流；听到"杯子"，把眼神放到杯子上，准备行动。但是如果婴儿还没有把"给"这个词和任何动作联系起来，那么他就不会执行"给"的动作，这时婴儿会用手一直拿着杯子，爸爸会反复说"给爸爸杯子"，并且爸爸会一边说一边把胳膊和手伸向婴儿要杯子。爸爸伸手要这个动作会激活婴儿的控制系统，使婴儿伸出他自己的胳膊。婴儿实施"给"这个动作还建立在以下低层次动作的基础之上：①注视说话人；②定位物品；③伸出胳膊；④抓紧物品；⑤再次注视物品的接收者并伸出胳膊；⑥放下物品。

当婴儿听到了一个新的句子"给爸爸奶瓶"时，听到"给"，与之对应的语音镜像神经元就被激活，因为是爸爸在说，所以就不会预测接收者是"奶奶"或"妈妈"，因此只有"给爸爸"的动作模型被激活，其他动作模型被搁置一边；然后婴儿看着爸爸，期待着下面的一个词是"杯子"还是"勺子"，但都不是，他听到了"奶瓶"，于是婴儿在多个动作模型中反复核实，实施动作：①看；②移动眼神到物品上；③伸手拿物品；④抓物品；⑤伸出胳膊；⑥放下物品。婴儿成功实施了"给爸爸奶瓶"的语言动作。因此，婴儿是在整合各种可能的动作模型的过程中成功实施动作的。

总而言之，尽管婴儿已经学习了一些语法规则，但是最关键的是他们学习了足够多的有关"给"的动作模型，可以归纳出规则，并且对未学过的句子做出反应。也就是说，婴儿的行为与已经学过的抽象结构相一致。在这个年龄阶段，婴儿的归纳能力是有限的，不具备成人所具备的理解句法和语义的能力。① 因此，一些特定的动词就必须跟使用特定动词的物品联系在一起，像"给"这个动词就必须跟可以抓、可以传递的名词相连接。

(二)理解：利用动觉系统指导模拟

许多研究者提出对语言的理解是一种利用动觉进行模拟的过程。②③④这里我们以以行动为基础的语言观中如何产生模拟，确切地说，如何产生语言理解为例。试想一下，对于孩子来说，读一个句子就像在读一个故事的一部分。比如，"这个女孩给马一个苹果(The girl gives the horse an apple)"。为了解故事的这一部分，他必须学会控制自己的行为，而不采取实际的行动。

一听到"这个女孩"，这个孩子的语音镜像神经元刺激了发音控制的同时，也激活了相关的行为控制。这种控制产生的动觉指令和女孩相互作用。其中一个指令就是移动眼神，定位女孩的位置。"这个女孩"模型的预测者利用效应副本产生感知结果去定位这个女孩。需要注意的是，这种预测对应的是有关"这个女孩"的心智意象，而这是形成心智模型的初步阶段。⑤

一听到"给"这个动词，含有"给"这个动作的语音镜像神经元多模型便会被激活，这些模型不仅会和带双宾语的"给"相关联(如上面例句)，还会和带介词的"给"联系在一起，如"这个女孩把苹果给马(The girl gives an apple to the horse)"。"给"和语境里的其他因素结合，有可能激活生成了许多双宾模型。这些模型将会预测诸如爸爸、妈妈、老师、Fido(狗的名字)等不同的接收者。假设孩子从未听过"把苹果给马"这个句子，但是他知道马是什么、马能吃给它的东西。在这个假设下，之前提到的接收者没有一个和这个语境有着密切的联系，也没有一个能为准确

---

①　Tomasello，M.，*Constructing a Language*：*A Usage-based Theory of Language Acqui-sition*，Cambridge，MA：Harvard University Press，2003.

②　Barsalou，L. W.："Perceptual symbol systems"，*The Behavioral and Brain Sciences*，22(4)，1999.

③　Gallese，V.："Before and below 'theory of mind'：embodied simulation and the neural correlates of social cognition"，*Philosophical Transactions of the Royal Society of London. Series B：Biological Sciences*，362(1480)，2007.

④　Glenberg，A. M.，Robertson，D. A.："Symbol grounding and meaning：a comparison of high-dimensional and embodied theories of meaning"，*Journal of Memory and Language*，43(3)，2000.

⑤　Johnson-Laird，P. N.，Mental Models. In M. I. Posner(Ed.)，*Foundations of Cognitive Science*. Cambridge，MA：MIT Press，1989，pp. 469-499.

地预测下一个宾语提供帮助。然而，实际上所有双宾模型中，预测者预测下一个要被命名的宾语时，都需要一个新的定位（如给爸爸、妈妈等），被重新定位的物体也需要一个形态来接收"一个苹果"（如一只手或一张嘴）。相比之下，介词的模型预测的是下一个宾语将是承受"给"（如一个苹果）的内容。

　　一听到"马"这个词，便知介词模型所预测的是不成立的，因而该模型不会被进一步考虑。语音镜像神经元逐渐激活比较低层次的模型，这一模型涉及"马"一词的控制行动；同时，移动眼神定位到一个新的地方。在这里，有关"马"的心智模型将会被建构，而这一模型来自"马"的模型所预测的感知反馈。因为"马"的模型被激活，各种各样的低可能性的预测（如"爸爸""妈妈"的模型）则无法激活。

　　一听到"一个苹果"，语音镜像神经元激活了"苹果"模型，双宾模型促使眼神移回到了施动者身上，并且也预测"苹果"在施动者手中这一感知反馈。最后，双宾模型促使注意力（所计划的眼神移动）从"在手中的苹果"转移到了"马"一词上。

　　这种对理解过程的描述展现了理解的内涵。换句话说，理解就是在语言学中把一系列行动符号化并组合在一起的过程。而且，如上所述，在以行动为基础的语言观理论中，虽然动觉系统引导理解，但它不是唯一的引导者。比如，预测"这个女孩"这个词的定位对感官的影响与这个女孩视觉形象的产生相匹配，这使用的是非动觉处理过程。

（三）手势语作为语言产出的一个元素

　　以行动为基础的语言观对语言产生的几个特点进行了分析，如句法启动[1]、对话中的交互排列[2]和手势语。研究中只考虑语伴手势语和更具特性代表性的手势语[3]。这些手势语是谈话内容的一部分，如指向物体、用手描绘物体的形状和移动路径以及用特定的场所来隐喻一些构想（如过去）。

　　大多数人在谈话时都会做手势，并且手势与语言有严格的同步性。甚至一个盲人和另一个盲人谈话时也会伴有手势。[4] 手势能够促进语言

---

　　[1]　Chang，F.，Dell，G. S.，Bock，K.："Becoming syntactic"，*Psychological Review*，113(2)，2006.

　　[2]　Pickering，M. J.，Garrod，S.："Toward a mechanistic psychology of dialogue"，*Behavioral and Brain Sciences*，27(2)，2004.

　　[3]　McNeill，D.，*Hand and Mind：What Gestures Reveal About Thought*，Chicago：University of Chicago Press，1992.

　　[4]　Iverson，J. M.，Goldin-Meadow，S.："The resilience of gesture in talk：gesture in blind speakers and listeners"，*Developmental Science*，4(4)，2001.

的产生①和对语言的理解②。根蒂鲁奇（Gentilucci）及其合作者做过一些创新研究，结果表明语言的产生与手臂和手的动作密不可分。③ 贝纳蒂斯（Bernardis）和根蒂鲁奇的研究表明，当单词和与之意义一致的手势（由手臂动作产生）同时出现时，它们之间会相互影响。当单词发音与手势同步时，语音谱的第二次共振峰会更高。当一个毫无意义的手臂动作在同一个节点出现时，第二次共振峰并未出现任何变化。同样，做有意义的手势对伪词的第二次共振峰也并未产生任何影响。总之，口语与用于交际的、具有符号元素的手势语在交际系统中是紧密相连的。

经颅磁刺激研究证明，布洛卡区把交际时做手臂动作视为"说话"。为什么说话和手势有如此密切的联系？从 BA44 展示的镜像特征中，我们可以推断用于交际的手势语和需要用发声来表达的词语，通过具身模仿紧密地联系在一起。此外，社会交往的"媒介"和"内容"似乎也是紧密联系在一起的。④ 在以行动为基础的语言观中，说一个字可以激活相对应的行动，而人们往往会抑制自己的行动。当一个人说话时，不时还会伴有一些行动。这些行动（而不是发音）被定义为手势。假设布洛卡区同时控制人们的发音和手的动作，那么在说话过程中手的活动抑制比发音抑制要难得多。

手势可以帮助发音。⑤ 也就是说，采取行动（或者与手势语相对应的行动）相当于开启了一个行动控制器。反之，这也刺激控制器产生了相应的单词。以行动为基础的语言观也对手势如何促进对语言的理解给出了建议。一看到说话者做一个手势，倾听者的镜像神经元就会产生共鸣，从而激活了倾听者对相关概念的控制和预测。要注意的是，一个手势不一定只激活一个模块。但在以行动为基础的语言观模式的结构假定之下，手势语可以与所说的单词及上下文信息相结合，交流者所需模仿的不确

---

① Krauss, R. M.: "Why do we gesture when we speak?", *Current Directions in Psychological Science*, 7(2), 1998.

② Goldin-Meadow, S., Nusbaum, H., Kelly, S. D., et al.: "Explaining math: gesturing lightens the load", *Psychological Science*, 12(6), 2001.

③ Gentilucci, M., Corballis, M. C.: "From manual gesture to speech: a gradual transition", *Neuroscience and Biobehavioral Reviews*, 30(7), 2006.

④ Gallese, V.: "Mirror neurons and the social nature of language: the neural exploitation hypothesis", *Social Neuroscience*, 3(3/4), 2008.

⑤ Krauss, R. M.: "Why do we gesture when we speak?", *Current Directions in Psychological Science*, 7(2), 1998.

定性被大大地降低。这正是提高言语理解力①并消除误解②的关键所在。

四、以行动为基础的语言具身协同观

以行动为基础的语言观面临三个问题。一是对语言现象的解释集中在动觉系统中，这一观点被行为主义所质疑。二是必须考虑语言表达不是肌肉运动，尤其是空间表征在认知发展中起到重要的作用③。三是该如何应对复杂和抽象的概念。

(一)以行动为基础的语言观与行为主义

一种常见误解就是，以行动为基础的语言观似乎推翻了斯金纳(Skinner)的行为主义语言观。事实上，两者之间是有相同之处的：以行动为基础的语言观注重行为和对行为的控制，对动觉系统的征用看似等同于条件—反射中的反射；体现语言知识的机制是关联，这种关联是对语言产出的控制以及对与语言意义相关的行动产出的控制。

尽管如此，以行动为基础的语言观远非简单意义上的条件反射机制，它们有四点区别。第一，以行动为基础的语言观是建立在层级结构而非序列结构基础上的，因此会产生更加复杂的语言和行动。第二，不同于传统意义上的奖赏机制，学习机制是以预测和预测与感知反馈之间的差异为基础的，因此学习才会更为有效。第三，比以行动为基础的语言观高一层的模型是显性符号系统，来自直接经验，作用于思想行为之上，具有预测信息的功能。第四，以行动为基础的语言观中语言理解的重要元素是能够预测模型的预测机制。比如，对"饮水"这个描述的理解包含了各种饮料的味道和对如何解渴的预测。由于以行动为基础的语言观和条件反射机制的几点不同，以行动为基础的语言观超越了简单意义上的关联系统，这些不同之处解释了以行动为基础的语言观阐明的不仅仅是词语和具体行动之间的关联。

(二)非动觉过程

以行动为基础的语言观一直注重对动觉的处理，原因有二。第一，

---

① Galantucci, B., Fowler, C. A., Turvey, M. T.: "The motor theory of speech perception reviewed", *Psychonomic Bulletin & Review*, 13(3), 2006.

② Kelly, S. D., Barr, D. J., Church, R. B., et al.: "Offering a hand to pragmatic understanding: the role of speech and gesture in comprehension and memory", *Journal of Memory and Language*, 40(4), 1999.

③ Mandler, J. M.: "On the birth and growth of concepts", *Philosophical Psychology*, 21(2), 2008.

认知的原始功能就是对行动的控制。从进化的角度来看，人类需要生存和延续，这些都需要具体的行动。正如罗多尔福·伊利纳斯（Rodolfo Llinás）所说，人类的神经系统对多元细胞生命体至关重要的原因在于它能够执行和表达积极的动作。① 因此，尽管大脑具有感知情感等重要的功能，但这些功能都是为行动服务的。第二，人类控制具体情境的行动系统被用来控制具体情境中的语言表达。②③

尽管如此，正如有效的行动需要其他基本的系统的协调一样，语言需要感知、情感系统的协调。比如，布洛卡区起控制和预测作用的镜像神经元的激活需要颞叶皮层的听觉和语言处理系统的作用。同时，观察他人行动激活了执行区的镜像神经元以及具有示能性（affordance）的普通神经元。因此，以行动为基础的语言观认为，对行为词的皮质层处理起始于侧裂周围区，延续到包括布洛卡区的前运动区，然后到运动皮层。

以行动为基础的语言观赞同巴萨卢的模拟观点，这些模拟是建立于感知动觉区的神经行动，并在最初的感知和学习中被征用。比如，模拟吃苹果的动作，将会征用处理形状和颜色的视觉皮层以及拿苹果的运动和前运动皮层等。一个高程度的预测机制跟这个模拟动作几乎完全一致，然而一个低程度的预测机制仅跟这个模拟动作部分一致。

那么对于非动觉的过程，如对音乐和视觉艺术的欣赏是如何起源于动觉控制的呢？在音乐欣赏中，可以进行动觉模拟（如哼着小调）和音韵预测（对节拍的吻合的预测）。对视觉艺术的欣赏取决于镜像神经元机制的激活，以及随后的移情理解机制的激发。因此，从严格意义上来讲，审美或许不是受动觉控制的，而是跟镜像神经元的激活一致，体现了动觉的参与过程。

（三）符号操控视角以及抽象语言

对语言的有力的描述手段就是符号（即单词）和操作符号的规则（即语法），利用这一手段描述语言，语言是多产的，是组合性的。不过，利用符号和规则描述语言在阐述语言的意义、使用及发展方面会有困难。然而，以行动为基础的语言观可以解决这一困难，在感知动觉和符号系统

---

① Llinás, R. R., *I of the Vortex: From Neurons to Self*, Cambridge, MA: MIT Press, 2001.

② Anderson, M. L.: "Neural reuse as a fundamental organizational principle of the brain", *Behavioral and Brain Sciences*, 33(4), 2010.

③ Gallese, V.: "Before and below 'theory of mind': embodied simulation and the neural correlates of social cognition", *Philosophical Transactions of the Royal Society of London. Series B: Biological Sciences*, 362(1480), 2007.

之间建立纽带和控制机制、预测机制模型。控制机制解释操作语言的习得、生成、理解，预测机制则解释操作语言的习得、生成、理解这些模拟过程的可能性。与此同时，以行动为基础的语言观的感知符号外显在动觉命令中被传递，在这些命令的感知因果链条中被预测发生。

语言使用中一个重要元素是视角。我们能运用自己的身体，在一个给定的视角下经历事件，我们利用自己的眼睛来观察。视角的维度包含两个方面：①角度，即这个行为是买还是卖；②功能，即这个人是父亲还是医生。托马塞洛（Tomasello）讲道："人类使用语言符号的方式是产生明确的感知或动觉的认知体验——尽管经历的事件是支离破碎的或者时间是凌乱的——人类都从自己的视角用最简单的方式去观察这个世界。"[①]托马塞洛没有提到从多个视角去产生感知或动觉，以行动为基础的语言观却提出了对视角的直接解释。对于相同事件，不同预测模型能够提供事件的不同组成成分。比如，对于"给予"这个行为，预测机制将会生成一系列的期待，如对接收者的注意、对事物的注意、接收者拿取物品等一系列动作期待；对于"拿取"这个行为，预测机制也会生成一系列的期待，如对给予者的注意、对事物的注意、接收者接收物品等一系列动作期待。也就是说，根据不同的视角，模型生成不同的组成事件的环节。

根据视角的内容，我们既可以关注具体的事物，也可以关注抽象的事物。比如，对抽象概念，如"事实""美丽""拥有""亲属关系（姑姑或侄子等）"等的理解要求采取一个角度进行预测。"事实"表达的是可以被感知的情境和对这个情境的描述之间的关系，"美丽"表达的是可以被感知的情境和欣赏的情感之间的关系，"拥有"表达的是事物和如何对事物进行处理之间的关系等。动觉控制理论对学习预测的机制，足以表达这层关系。又如因果关系。理解 A 导致了 B 的一个主要元素就是情境 A 很大可能会紧随着情境 B。以踢和运动之间的关系为例，一个 3 个月大的婴儿很容易推出这一层因果关系，如果踢了，一个运动的事件就会发生。

综上可见，以行动为基础的语言观提供了一个以等级、目标为导向的行动控制机制，也就是成对的运动和预测模块，这个模块被用来解释语言的习得、理解以及生成。也就是说，被用来控制等级、目标相关行

---

① Tomasello, M., *Constructing a Language：A Usage-based Theory of Language Acquisition*, Cambridge, MA：Harvard University Press, 2003.

动的神经系统，被征用来完成语言的功能。①②人类的运动皮层，在很大程度上，控制人的协同运动。因此，前运动皮层提供了行动的阶段结构系统，在正确的阶段执行相对应的行为，并伴随着时间的推导和空间的转移。这是通过前运动皮层的神经关联发出信息，并将信息传导到主运动皮层的具体区域得以实现的。以动作为基础的语言模型介绍了整个征用过程是如何实现的。

目前，认知脑科学、发展认知科学、行动科学甚至人工智能科学都在不断探索语言的行动基础。合理运用以行动为基础的语言观，就能将语言学现象与感知动觉现象紧密联系起来，一切语言习得、理解以及生成过程便可以成为人类主动创建可感知概念的协同互动过程。

参考文献

官群：《具身认知观对语言理解的新诠释——心理模拟：语言理解的一种手段》，《心理科学》2007 年第 5 期。

雷卿：《语言表征的感知基础——心智哲学视角》，《现代外语》2012 年第 4 期。

尚国文：《语言理解的感知基础》，《外语学刊》2011 年第 4 期。

Anderson, M. L. : "Neural reuse as a fundamental organizational principle of the brain", *Behavioral and Brain Sciences*, 33(4), 2010.

Awh, E., Armstrong, K. M., Moore, T. : "Visual and oculomotor selection: links, causes and implications for spatial attention", *Trends in Cognitive Sciences*, 10(3), 2006.

Barsalou, L. W. : "Perceptual symbol systems", *The Behavioral and Brain Sciences*, 22(4), 1999.

Bernardis, P., Gentilucci, M. : "Speech and gesture share the same communication system", *Neuropsychologia*, 44(2), 2006.

Bonini, L., Rozzi, S., Serventi, F. U., et al. : "Ventral premotor and inferior parietal cortices make distinct contribution to action organization and intention understanding", *Cerebral Cortex*, 20(6), 2010.

Buccino, G., Riggio, L., Melli, G., et al. : "Listening to action-related sentences modulates the activity of the motor system: a combined TMS and behavioral study", *Brain Research*, *Cognitive Brain Research*, 24(3), 2005.

---

① Anderson, M. L. : "Neural reuse as a fundamental organizational principle of the brain", *Behavioral and Brain Sciences*, 33(4), 2010.

② Gallese, V. : "Before and below 'theory of mind': Embodied simulation and the neural correlates of social cognition", *Philosophical Transactions of the Royal Society of London. Series B: Biological Sciences*, 362(1480), 2007.

Buresh, J. S., Woodward, A., Brune, C. W., The Roots of Verbs in Prelinguistic Action Knowledge. In K. Hirsh-Pasek & R. M. Golinkoff (Eds.), *Action Meets Word: How Children Learn Verbs*. New York: Oxford University Press, 2006, pp. 208-227.

Chang, F., Dell, G. S., Bock, K.: "Becoming syntactic", *Psychological Review*, 113(2), 2006.

Childers, J. B., Tomasello, M.: "Two-year-olds learn novel nouns, verbs, and conventional actions from massed or distributed exposures", *Developmental Psychology*, 38(6), 2002.

Fadiga, L., Craighero, L., Roy, A., Broca's Region: A Speech Area? In Y. Grodzinky & K. Amunts (Eds.), *Broca's Region*. Oxford: Oxford University Press, 2006, pp. 137-152.

Fogassi, L., Ferrari, P. F., Gesierich, B., et al.: "Parietal lobe: from action organization to intention understanding", *Science*, 308(5722), 2005.

Fodor, J. A., *The Language of Thought*, Cambridge, Mass: Harvard University Press, 1975.

Galantucci, B., Fowler, C. A., Turvey, M. T.: "The motor theory of speech perception reviewed", *Psychonomic Bulletin & Review*, 13(3), 2006.

Gallese, V.: "Before and below 'theory of mind': embodied simulation and the neural correlates of social cognition", *Philosophical Transactions of the Royal Society of London. Series B: Biological Sciences*, 362(1480), 2007.

Gallese, V., Lakoff, G.: "The brain's concepts: the role of the sensory-motor system in reason and language", *Cognitive Neuropsychology*, 22(3), 2005.

Gallese, V.: "Mirror neurons and the social nature of language: the neural exploitation hypothesis", *Social Neuroscience*, 3(3/4), 2008.

Gentilucci, M., Corballis, M. C.: "From manual gesture to speech: a gradual transition", *Neuroscience and Biobehavioral Reviews*, 30(7), 2006.

Gentner, D., Why Verbs are Hard to Learn. In K. Hirsh-Pasek & R. M. Golinkoff(Eds.), *Action Meets Word: How Children Learn Verbs*. New York: Oxford University Press, 2006, pp. 544-564.

Glenberg, A. M., Robertson, D. A.: "Symbol grounding and meaning: a comparison of high-dimensional and embodied theories of meaning", *Journal of Memory and Language*, 43(3), 2000.

Goldin-Meadow, S., Nusbaum, H., Kelly, S. D., et al.: "Explaining math: gesturing lightens the load", *Psychological Science*, 12(6), 2001.

Iverson, J. M., Goldin-Meadow, S.: "The resilience of gesture in talk: gesture in blind speakers and listeners", *Developmental Science*, 4(4), 2001.

Johnson-Laird, P. N., Mental Models. In M. I. Posner (Ed.), *Foundations of Cognitive Science*. Cambridge, MA: MIT Press, 1989, pp. 469-499.

Kelly, S. D., Barr, D. J., Church, R. B., et al.: "Offering a hand to pragmatic understanding: the role of speech and gesture in comprehension and memory", *Journal of Memory and Language*, 40(4), 1999.

Krauss, R. M.: "Why do we gesture when we speak?", *Current Directions in Psychological Science*, 7(2), 1998.

Llinás, R. R., *I of the Vortex: From Neurons to Self*, Cambridge, MA: MIT Press, 2001.

Mandler, J. M.: "On the birth and growth of concepts", *Philosophical Psychology*, 21(2), 2008.

McNeill, D., *Hand and Mind: What Gestures Reveal About Thought*, Chicago: University of Chicago Press, 1992.

Mukamel, R., Ekstrom, A. D., Kaplan, J., et al.: "Single neuron responses in humans during execution and observation of actions", *Current Biology*, 20 (8), 2010.

Pickering, M. J., Garrod, S.: "Toward a mechanistic psychology of dialogue", *Behavioral and Brain Sciences*, 27(2), 2004.

Pulvermuller, F., Grounding Language in the Brain. In M. de Vega, A. M. Glenberg & A. C. Graesser(Eds.), *Symbols, Embodiment, and Meaning*. New York: Oxford University Press, 2008, pp. 85-116.

Rizzolatti, G., Arbib, M. A.: "Language within our grasp", *Trends in Neurosciences*, 21(5), 1998.

Rizzolatti, G., Craighero, L.: "The mirror-neuron system", *Annual Review of Neuroscience*, 27 (1), 2004.

Rizzolatti, G., Fogassi, L., Gallese, V., Cortical Mechanisms Subserving Object Grasping and Action Recognition: A New View on the Cortical Motor Functions. In M. S. Gazzaniga (Ed.), *The New Cognitive Neurosciences*. 2nd. Cambridge, MA: MIT Press, 2000, pp. 539-552.

Tomasello, M., *Constructing a Language: A Usage-based Theory of Language Acquisition*, Cambridge, MA: Harvard University Press, 2003.

Umiltà, M. A., Escola, L., Intskirveli, I., et al.: "When pliers become fingers in the monkey motor system", *Proceedings of the National Academy of Sciences of the United States of America*, 105(6), 2008.

Wolpert, D. M., Doya, K., Kawato, M.: "A unifying computational framework for motor control and social interaction", *Philosophical Transactions of the Royal Society of London. Series B: Biological Sciences*, 358(1431), 2003.

第三章　具身协同的神经生理机制

神经语言学从萌芽到创立以来，其研究主题一直针对言语障碍的脑机制及其干预的"病理取向"。但是，随着神经科学、语言学，尤其是心理语言学的不断进步，神经语言学研究正表现出从病理迈向生理的新趋势。本章先通过梳理这一新趋势发展脉络，概括出传统病理研究取向的五大学说，进而在梳理生理取向研究中，从神经语言学与外语教学的结合视角出发，分析四个主要的前沿研究热点问题，探讨"优化语言学习"的鲜明特色及"干预"在优化中的重要性，并从优化外语教学的四个方面阐述新趋势带来的启示。

一、具身协同的神经语言学意蕴

神经语言学的定义有狭义和广义之分。狭义上，神经语言学是现代语言学的一门边缘学科，由语言学、神经科学和心理学相互交叉、相互促进而形成，它用神经科学的方法研究语言习得、语言掌握、言语生成、言语理解的神经机制和心理机制，研究人脑如何接收、存储、加工和提取言语信息。广义上，神经语言学涉及计算语言学、计算机科学领域的人工智能、哲学领域的认识论和逻辑生成、神经生理和医学科学等多个学科。但它不是简单的学科相加，而是采用这些领域的方法来研究语言与大脑认知的关系。[①] 不论狭义还是广义，都充分体现了语言认知加工以及研究上的具身协同的意蕴。

传统神经语言学主要从医学角度观察语言活动现象，在神经科学理论的指导下进行实验，并得出相关结论，其主要目的是通过对语言处理的神经基础研究，揭示人类神经系统的结构与功能。[②]医学导向下的神经语言学病理取向明显。但是，针对外语教学方面，神经语言学关注的应

[①]　Stemmer, B., Whitaker, H. A., *Handbook of Neurolinguistics*, San Diego: Academic Press, 1998.

[②]　Ullman, M. T., Lovelett, J. T.: "Implications of the declarative/procedural model for improving second language learning: the role of memory enhancement techniques", *Second Language Research*, 34(1), 2018.

该是母语能力正常的目标群体，而且双语研究的态势火热，日益表明采用病理取向的研究视角越来越不能满足时代需要。①②

随着神经科学、语言学的不断进步，尤其是心理语言学关于语言理解、产生、习得和学习的理论不断发展，对语言活动的心理和神经机制做出假设，再用神经科学先进研究手段加以验证，探讨语言的不同结构在大脑中的呈现方式和语言处理的过程，促进了神经语言学研究从病理取向到生理取向的悄然革新，即不仅揭示了语言的病理机制，更从生理学特征出发，关注人类语言加工的优化本质。③④⑤这种划时代的转型升级，对神经语言学自身学科建设、外语教育革新都具有深远的历史意义和现实价值。遗憾的是，至今尚未发现从优化语言学习视角对神经语言学发展脉络的专门探讨和概括。为弥补这一不足，作者在简要回顾神经语言学发展史的基础上，选择了两个代表性期刊——《脑与语言》(Brain and Language)和《神经语言学学报》(Journal of Neurolinguistics)，收集了2006—2017年发表的相关论文，通过梳理和综合分析发现了以下特点：研究从病理取向到生理取向转换；在生理取向中，"优化语言学习"成为当下鲜明的特色；在优化中，"干预"则显得尤为重要。

二、神经语言学的传统病理研究取向

回溯历史不难发现，早期的病理取向研究在学界得到了广泛认可。1861年，法国外科医生布洛卡向世人陈述了一例病例：此病人只能发"Tan"这个音节而不会说话，但他能理解别人说的话，也能用面部表情和手势与人交流。解剖发现，此病人左半球额叶后下部分受到损伤。1865年，人们公认大脑左半球额下回后部是会话中枢(BA44、45)，并将其命名为"布洛卡区"。1874年，德国神经学家韦尼克描述了一例病例：病人能主动说话，听觉正常，但听不懂别人说的话，也听不懂自己说的

①　倪传斌：《双语者创造力的影响因素和作用机制研究综述》，《外语教学与研究》2012年第3期。

②　Barac, R., Bialystok, E.: "Bilingual effects on cognitive and linguistic development: role of language, cultural background, and education", *Child Development*, 83(2), 2012.

③　官群：《认知神经科学证据：何时开始学习二语效果最好？》，《中国特殊教育》2010年第5期。

④　官群：《心理语言学新进展——兼论对外语教育的启示》，《外语教学理论与实践》2012年第3期。

⑤　官群：《行动为基础的语言观及其对语言学习机制的诠释：一个有关语言习得、理解以及生成的理论》，《山东外语教学》2014年第2期。

话。这一病人的脑损伤区域是颞上回、颞中回后部，此区域被公认为听觉中枢(BA22、42)，也叫"韦尼克区"。与布洛卡区和韦尼克区这两个区域并列的第三言语中枢是角回区(BA39)，被称为阅读中枢，该区域是人听、读、写语言的桥梁。它既能把语言转化为视觉信息，使人能写下听到的话语；又能把视觉信息转化为语言，使人能诵读诗文。埃克斯纳(Exner)提出左侧额中回后部为书写中枢(BA6、8)。至此，听、说、读、写四大中枢均被揭示出来，从而为神经语言学的诞生奠定了扎实的基础。

"神经语言学"这一专门术语，最早出现在惠特克(Whitaker)在1971年创办的《神经语言学学报》中。在世界语言学期刊中，《脑与语言》和《神经语言学学报》一直是语言学研究方面的重要期刊。目前，西方神经语言学的发展已较为成熟，不仅研究成果丰富，而且其在学科体系中取得了重要的地位。神经语言学通过客观定量的实证研究，试图准确检验理论假设，避免纯粹的理论探讨，其研究趋势日益体现出以数据为依据的科学取向。为便于把握其演进精髓，作者提炼出传统神经语言学病理研究取向的五大学说，抛砖引玉，以就教于同人。

(一)定位说

定位说认为，脑的特定机能由特定区域负责。1861年，布洛卡对失语症病人的研究发现病人左额叶受到损伤。1874年，韦尼克发现了一种新的失语症，病人的脑损伤发生在颞叶，病人说话流畅，但所说的话没有意义，病人有听觉，但不理解别人的话语。后来，进一步研究发现，海马体与学习记忆有关[1]，杏仁核与情绪有关[2]，这些发现有利于脑功能的定位说的发展。近些年来，有关脑成像的大量研究揭示了某些脑区与执行特定语言认知任务的关系。[3]

(二)模块说

模块说是对定位说的一种补充和延伸，不同之处是，定位说仅仅指出某个区域与某个功能相对应，模块说进一步指出了这些区域之间的模块关系，以及高度专门化的具体功能。比如，有关视觉的研究发现，猴子的视觉与31个脑区有关。颜色—运动和形状—知觉是两大功能模块，

---

[1]　Bliss, T. V. P., Lømo. T.: "Long-lasting potentiation of synaptic transmission in the dentate area of the anaesthetized rabbit following stimulation of the perforant path", *The Journal of Physiology*, 232(2), 1973.

[2]　Feinstein, S. J., Buzza, C., Hurlemann, R., et al.: "Fear and panic in humans with bilateral amygdale damage", *Nature Neuroscience*, 16(3), 2013.

[3]　Harinen, K., Rinne, T.: "Acoustical and categorical tasks differently modulate activations of human auditory cortex to vowels", *Brain and Language*, 138, 2014.

它们之间的精细分工合作是视觉的神经基础。有些失语症病人不能对有生命的东西进行分类，特别是动物，而对非生命的东西或人造物的识别能力依然相对完好。在有关句子理解的研究中也发现，句法和语义可能是两个不同的功能模块，它们之间是互相独立的，但也可能是相互作用的。

(三)整体说

从 20 世纪中叶开始，研究者发现动物的行为障碍与脑损伤的部位没有关系，而与损伤面积的大小有密切关系(平均相关为 0.75)。由此，拉什利引申出了两条重要的原理：均势原理和总体活动原理。均势原理是指大脑皮层的各个部位几乎以均等的程度对学习发生作用；总体活动原理是指大脑是以总体发生作用的，学习活动的效率与大脑受损伤的面积呈反比，与受损伤的部位无关。只要某个脑区受损，整个大脑功能都会受到影响。

(四)结构关联说

这一学说所感兴趣的是脑区的皮质厚度、表面积、体积、灰白质和纤维素密度等方面的计算。关联主义认为，"知识"在网络联结中是通过像单位分布的连接模式一样进行神经编码的。信息处理是在这些单位之间通过传播激活模式体现的。通过简单的联想学习，这些网络可以在很大程度上发展为复杂的关联关系。坎贝尔(Campbell)发表了结构关联说领域的第一本专著，总结了人脑各个区域的结构及关联功能。研究表明，大脑结构性的关联异常是言语功能障碍的核心生理基础。[①]

(五)协同说

目前，人们认识到各种心理活动都是由不同脑区协同活动构成的神经网络来实现的，这一学说也称神经网络说。而这些脑区可以经由不同神经网络参与不同的认知活动，并在这些认知活动中发挥不同的作用。正是这些动态神经网络构成了各种复杂认知活动的神经基础。也就是说，大脑整个神经网络是具有互补协同机制的，如果低层次(听、读、写、感知等)的表征能力下降，高层次的脑区会进行互补，但是这种协同机制是从听觉感知信息输入开始的。[②] 巴巴斯(Barbas)等人指出，在对外语的

① Zhao，Y．，Song，L. P．，Ding，J. H．，et al．："Left anterior temporal lobe and bilateral anterior cingulate cortex are semantic hub regions：evidence from behavior-nodal degree mapping in brain-damaged patients"，*Journal of Neuroscience*，37(1)，2017.

② Bidelman，G. M．，Dexter，L．："Bilinguals at the 'cocktail party'：dissociable neural activity in auditory-linguistic brain regions reveals neurobiological basis for nonnative listeners' speech-in-noise recognition deficits"，*Brain and Language*，143，2015.

复杂认知操作中，协同表现为负责语言的神经元与基底节、丘脑核的复杂协同作用，也表现为具体的背外侧前额叶和与语言相关的前运动皮层的协同作用。

　　五大学说体现了神经语言学传统病理取向研究的成果和精华，为神经语言学迈向优化的生理取向研究奠定了扎实的理论基础，做好了充分的思想准备。

三、神经语言学的最新生理取向研究

　　为把握神经语言学的最新研究趋向，作者利用文献综述法，选择了语言研究方面具有代表性的两个期刊：《脑与语言》和《神经语言学学报》。在这两个期刊中，确定发表年份为 2006—2017 年，文献检索的关键词是"brain"和"foreign/second language learning"，获得目标论文。整体来看，当前神经语言学研究已悄然从"病理取向"迈向"生理取向"。尽管很难明确具体的转变时间节点，但是"优化语言学习"的转向趋势"如春起之苗，不见其增，日有所长"。

(一)多通道信息加工

　　人类的大脑接收多通道持续输入的信息，合理整合这些输入的信息对于语言的感知、理解和生成有促进作用。[①] 多感官知觉的神经基础是神经元活动的不同感觉方式形成了对输入和输出信息的多层次、多方式协同处理。在哺乳动物中，这种多感知神经细胞的结合构成了从中脑到皮层的多层次结构。[②] 研究表明，神经元系统的动态互动运作机制实际上是这一多模态整合的关键，而颞叶区是整合多感官细胞信息的区域，它将单一听觉和视觉通道的信息协同传递到多感知的神经元中[③]，如被激活的动觉指令可以用来预测听觉和视觉神经元的信息处理，这种多元通道信息整合实际上是多通道优化整合，进而促进单一通道的信息加工[④]。

---

　　① Komeilipoor, N., Cesari, P., Daffertshofer, A.："Involvement of superior temporal areas in audiovisual and audiomotor speech integration"，*Neuroscience*，343，2017.

　　② Stein, B. E., Stanford, T. R.："Multisensory integration：current issues from the perspective of the single neuron"，*Nature Reviews Neuroscience*，9，2008.

　　③ Karnath, H. O.："New insights into the functions of the superior temporal cortex"，*Nature Reviews Neuroscience*，2(8)，2001.

　　④ Skipper, J. I., van Wassenhove, V., Nusbaum, H. C., et al.："Hearing lips and seeing voices：how cortical areas supporting speech production mediate audiovisual speech perception"，*Cerebral Cortex*，17(10)，2007.

颞叶区具体是如何进行上述优化过程的呢？斯基珀(Skipper)在研究中利用麦格克(McGurk)效应①，让被试一边听音，一边看发音者的口型，听觉和视觉信号有匹配和不匹配两种条件，然后进行脑电图(electroencephalogram，EEG)信号采集。研究发现，处理两种匹配的信号时，都征用了主动觉脑区，它调节着对感知信号的语言产出，这说明语言感知和理解实际上采用了躯体特征的处理机制。如果两种信号不匹配，处理机制减弱，这些躯体发音动觉区直接或间接地把发音解码信号发送到颞上回的听觉皮层，与所听到的语音信号整合，最后由布洛卡区完成听觉与视觉观察信号的协调，也就是说，颞上回区域的表征被映射到布洛卡语音控制执行区，然后发信号到腹侧运动前区和初级运动皮层，最后完成语言的生成。

道田(Mochida)等人将语音和视觉输入研究又推进了一步，将听视觉和听动觉信息结合起来，发现与发音相关的听动觉交互处理机制提高了听觉能力。佩尔费蒂(Perfetti)实验室有关阅读和书写融合的系列研究发现，与阅读相关的感知动觉区域的视动觉交互处理机制提高了阅读和书写能力。②③④因此，未来的多通道信息加工整合的研究重点是用精度更高的空间分辨率来探测初级运动皮层、颞上沟、颞上回和布洛卡区以及后颞上回(即韦尼克区)几个主要区域的协同机制。

(二)具身认知

实际上，具身认知的脑机制是从行为到心理影像的投射，其本质是镜像神经元系统的作用。在人脑中，镜像神经元系统在认知过程(如模仿学习、行为理解甚至抽象思维)中起作用。比如，镜像神经元调节人们对他人行为的理解⑤，是指对所观察的行为进行知觉再现并映射至对该行为的心理表征中⑥。动物的镜像神经元研究、人类的神经机制研究的大

---

① McGurk, H., MacDonald, J.: "Hearing lips and seeing voices", *Nature*, 264(5588), 1976.

② Cao, F., Guan, Q. C., Perfetti, C. A.: "Writing affects the brain network of reading in Chinese: an fMRI study", *Human Brain Mapping*, 34 (7), 2012.

③ Guan, C. Q., Liu, Y., Chan, D. H. L., et al.: "Writing strengthens orthography and alphabetic-coding strengthens phonology in learning to read Chinese", *Journal of Educational Psychology*, 103(3), 2011.

④ Guan, C. Q., Meng, W. J., Yao, R., et al.: "The motor system contributes to comprehension of abstract language", *PloS One*, 8(9), 2013.

⑤ Fecteau, S., Lepage, J. F., Théoret, H.: "Autism spectrum disorder: Seeing is not understanding", *Current Biology*, 16(4), 2006.

⑥ Rizzolatti, G., Craighero, L.: "The mirror-neuron system", *Annual Review of Neuroscience*, 27 (1), 2004.

量 EEG 数据都支持这一观点。越来越多的数据表明，镜像神经元系统活动的一个重要指标是 μ 波（8～13Hz）抑制。从猕猴的单细胞记录研究到人类研究表明，静息时，感觉运动区域神经元的同步激活引起频率更大、波幅更明显的 EEG 振荡；当被试执行、想象或者观察某项活动时，这些神经元的不同步激活降低了 μ 波的功率。[1][2]也就是说，μ 节律反映了通过镜像神经元活动的初级感觉运动区的下行调节，被认为是一种将感知转化为行动的关键信息处理功能。

相关研究揭示了语言和行动系统在人脑中的功能连接也是通过 μ 波抑制体现的。被试描述运动的行为或理解跟运动相关的语言时，会激活人脑中的动觉系统。与此同时，动觉系统的激活还对行为动词和句子的理解产生促进作用。比如，手脚运动会促进对与手脚有关的词语的工作记忆加工[3]，这个过程伴随着人体不同区域的 μ 波抑制现象。阅读"The athlete jumped over the fence"（运动员跳跃过栅栏）时，会发生 μ 波抑制，且要强于阅读动物本身的动作"The deer jumped over the stream"（鹿跳跃过小溪）时，这说明动觉响应在语言的信息加工中是同时存在的，而且受语言的隐喻象征意义的空间动觉一致性效应影响。这一动觉效应会伴随着语义整合的 EEG 的脑电指标 N400 效应，效应的强度大小表示 μ 波抑制的强弱[4]，这一抑制机制反映了镜像神经元的活动与人类实际行为的互补机制。

还有研究表明，语言的统计学习也是具身的。人类是外显地去模仿外界刺激的，这种模仿将正在使用中的神经肌肉系统进行协调，从而促进后续对合乎语法的刺激的识别。语法刺激和非语法刺激的区别在于对语法序列的不同模拟机制。比如，利用不同神经肌肉系统对语法序列的模拟学习就比用单一神经肌肉系统对语法序列的模拟学习难。而且对某

① Cochin, S., Barthelemy, C., Roux, S., et al.: "Electroencephalographic activity during perception of motion in childhood", *European Journal of Neuroscience*, 13(9), 2001.

② Pineda, J. A.: "The functional significance of mu rhythms: translating 'seeing' and 'hearing' into 'doing'", *Brain Research Reviews*, 50(1), 2005.

③ Shebani, Z., Pulvermüller, F.: "Moving the hands and feet specifically impairs working memory for arm- and leg-related action words", *Cortex: a Journal Devoted to the Study of the Nervous System and Behavior*, 49(1), 2013.

④ Van Elk, M., van Schie, H. T., Zwaan, R. A., et al.: "The functional role of motor activation in language processing: motor cortical oscillations support lexical-semantic retrieval", *NeuroImage*, 50(2), 2010.

一肌肉系统的征用会干扰利用这一肌肉系统进行语法序列模拟的顺利进行。[①] 因此，研究趋势是如何更好地利用 μ 波抑制和各种行为矫正研究的实证，提升 μ 波抑制训练在语言习得和理解中的实际效果。这一科学命题具有重要且深远的影响。

(三)冥想

目前的研究中，对冥想过程中脑神经机制的揭秘是一个热点问题。冥想是指为了达到意识专注、调节和提升注意力的目的，在不受外界干扰的情况下进行自我内省和利用外部某经验进行自我构造的一种思维训练，是对感知、注意力、自控力乃至情感进行调节的手段。[②] 研究表明，冥想对于第二语言学习的作用，可以体现在降低焦虑和提升自信上[③]，对于语言能力提升，如改善口吃、消除口音障碍等也有一定作用[④]。

冥想在语言能力提升中的脑机制实际上是通过神经机制重组达到改善提升的目的。有研究者做出总结，第二语言经验引发的大脑功能重组，如增强灰质密度和白质整合度，在儿童、成人和老年人群体中都存在，在短期语言学习和训练中效果更明显，这跟习得年龄、语言熟练程度有关，并且具有语言特异性和个性特征。[⑤] 库尔(Kuhl)等人对白质结构进行组间差异对比发现，在双语组，听英语的经验与白质纤维素关联的强度更大，这意味着双语者的左半球前部白质区域具有扩散连接功能；然而，讲英语的经验与左半球后部白质区域各向异性分数增加具有更密切的关系，这一关系表明外语冥想诱导成人大脑的可塑性改变程度与语言经验呈正比，冥想对大脑的不同区域和不同结构的功能有强大的影响。

(四)双语学习的心理生理机制

影响语言习得的关键心理变量有情感、动机和工作记忆，对这三方面的神经关联研究也取得了长足进展。

① Marsh, E. R. , Glenberg, A. M. : "The embodied statistician", *Frontiers in Psychology*, 1, 2010.

② Lutz, A. , Slagter, H. A. , Dunne, J. D. , et al. : "Attention regulation and monitoring in meditation", *Trends in Cognitive Sciences*, 12(4), 2008.

③ Beauchemin, J. , Hutchins, T. L. , Patterson, F. : "Mindfulness meditation may lessen anxiety, promote social skills, and improve academic performance among adolescents with learning disabilities", *Complementary Health Practice Review*, 13(1), 2008.

④ Boyle, M. P. : "Mindfulness training in stuttering therapy: a tutorial for speech-language pathologists", *Journal of Fluency Disorders*, 36(2), 2011.

⑤ Li, P. , Legault, J. , Litcofsky, K. A. : "Neuroplasticity as a function of second language learning: anatomical changes in the human brain", *Cortex: a Journal Devoted to the Study of the Nervous System and Behavior*, 58, 2014.

　　情感同样具有偏侧化特征，科斯坦佐（Costanzo）等人发现悲伤的情感能促进右利手者右脑皮层的激活，但是非右利手者则没有此特征。从传统意义上看，左额下回控制着对语义内容的认知选择，但实际上左额下回同样还控制着情感的表达。乌尔杰西（Urgesi）等人用左额下回部位的情感调节去操作控制对叙述文的情感表达和理解，结果发现在阅读带有消极图片的绘本时，左额下回会阻碍对文本层面结构的理解，并且对这些消极图片产生早期心跳和肌肉反应，但不影响对情境层面故事发生的情感调节，这说明左额下回在情感信号的早期感知生成阶段起作用。在阅读具体的文学读本时，传统的观点认为，这一作用在一语和二语者中没有神经机制上的差异。[1] 但是 2015 年的一则研究对阅读带有情感的文学读本时做功能磁共振成像（Functional Magnetic Resonance Imaging，fMRI）的因素分析，发现跟情感认知相关的杏仁核和左前颞叶、侧前额叶与语篇理解和高层次的语义整合相关，而且对令人"高兴"的积极情感的血流动力学反应要比对中性情感更强，但是双边杏仁核和左侧中央前皮层的活跃程度跟一语阅读有关，而跟二语阅读的关系不明显，这说明阅读带有情感的读本时，一语阅读产生的情感体验比二语阅读更强且更具有区分度。[2] 但是二语阅读中，也不是没有产生情感促进效应，只是二语习得时间并不影响双语者对情感词的激活程度，积极情感词促进动觉向"上"的感应，消极情感词促进动觉向"下"的感应。[3]

　　动机对于语言解码、编码和存储都有作用，动机体验者会按照其认为的奖赏价值的大小对信息进行优化选择，这一优先机制在生理和神经方面有促进语言认知和学习的作用，它的作用过程实际上是从指导注意力到提升记忆力。其中的关键是神经递质多巴胺的作用，它促进对被奖赏信息的陈述性记忆力的形成，并且继续控制奖赏价值的普遍效应，特别是在海马区和多巴胺通路传导的与时间相关的活动中，会协调、决定并促进各类信息的整合。[4] 为探测内部动机对学习的促进作用，德巴斯

　　① Fabbro，F.："The bilingual brain：bilingual aphasia"，*Brain & Language*，79（2），2001.

　　② Hsu，C. T，Jacobs，A. M.，Conrad，M.："Can Harry Potter still put a spell on us in a second language? An fMRI study on reading emotion-laden literature in late bilinguals"，*Cortex：a Journal Devoted to the Study of the Nervous System and Behavior*，63，2015.

　　③ Dudschig，C.，de la Vega，I.，Kaup，B.："Embodiment and second-language：automatic activation of motor responses during processing spatially associated L2 words and emotion L2 words in a vertical Stroop paradigm"，*Brain and Language*，132，2014.

　　④ Miendlarzewska，E. A.，Bavelier，D.，Schwartz，S.："Influence of reward motivation on human declarative memory"，*Neuroscience and Biobehavioral Reviews*，61，2016.

克(DePasque)和特里克米(Tricomi)用 fMRI 技术对腹侧纹状体进行了分析，发现语言学习动机水平跟纹状体接收到积极和消极信息时的敏感度相关，而且左颞叶对动机提升具有反馈敏感度。这说明动机能够调节与行为相关的反馈，同时能提升对应脑区的学习和记忆效果。更有趣的是，在一项很具体的动机操作实验中，利用语义相关和无关进行对比，探测错误相关负波神经指标，高动机条件下的错误判断相关的波幅大、潜伏期长，同时还伴随着语义干扰效应。这说明语义相关实际上受动机条件影响，高动机条件下语义选择的冲突越大，越说明多种可能的语言信号是在高动机条件下生成的。

工作记忆是语言学习的关键因素，在解码、回溯、视听觉辨认以及感知、阅读、书写甚至翻译等任务中都起着关键的作用。麦克楠麦瑞(Macnamara)和康威(Conway)用历时跟踪手段在两年内对受训练的双语口译者的感知速度、流体智力、任务切换速度、头脑灵活程度、工作记忆能力，以及口译目的语言的语义观点数量、结构和口译产出的流利度进行了四次测量，发现工作记忆能力能够预测口译能力的初期表现，且更显著地预测口译能力的最终表现。这说明原本工作记忆能力好的人起点高，而且发展速度和水平更快，口译能力可以算是达到了二语习得的最高境界，这一"rich gets richer"(富人变得更富有)的原则，说明工作记忆对高水平语言能力提升的重要作用。同时，很多经典的研究都在讨论工作记忆能否通过训练提升[1][2]，近期的研究表明工作记忆的提升是可以通过神经调节实现的[3]。

四、具身协同的神经生理机制对优化外语教学的启示

神经语言学研究从病理取向迈向生理取向的新趋势，彰显出对优化外语教学的应用价值。根据专门研究语言干预的文献，我们进一步提炼出"优化外语教学"的四个原则和策略。

---

① Sternberg, R. J.: "Increasing fluid intelligence is possible after all", *Proceedings of National Academy of Sciences of the United States of America*, 105(19), 2008.

② Richmond, L. L., Wolk, D., Chein, J., et al.: "Transcranial direct current stimulation enhances verbal working memory training performance over time and near transfer outcomes", *Journal of Cognitive Neuroscience*, 26(11), 2014.

③ Trumbo, M. C., Matzen, L. E., Coffman, B. A., et al.: "Enhanced working memory performance via transcranial direct current stimulation: the possibility of near and far transfer", *Neuropsychologia*, 93(A), 2016.

(一)多通道、多感觉融合学习——"多元智能"学习策略

生理取向研究的主要成果揭示了语言的多通道信息加工时大脑功能的细化和优化。研究发现，跟多元智能理论一致，语言学习是征用跨通道信息的。[①] 多元智能理论是由美国哈佛大学霍华德·加德纳(Howard Gardner)提出的。加德纳从对脑部受创伤的病人的研究中发现他们在学习能力上的差异，从而提出了该理论。传统上，学校一直只强调学生在数理—逻辑和语文(主要是读和写)两方面的发展。但这并不是人类智能的全部。不同的人会有不同的智能组合，人类的智能至少可以有以下八种：语言、数理—逻辑、空间、身体—运动、音乐、人际、内省、自然探索。多元智能有利于外语加工时从多种途径优化大脑内部各区功能以及左右脑互动，从而提高外语学习者的兴趣和效率。

研究表明，在阅读过程中凡是能够主动激活以往的听、说、读、写等经验的学习者，都能更为有效地激活视觉字形区脑区，这是与阅读能力最相关的脑区。另外，语言与音乐的结合是最新方向。音乐训练可以促进对韵律的感知[②]，加强语音训练[③]或利用首音进行启动能够促进学生对右脑的启动[④]。动觉和语音的结合也是备受关注的，利用手势语也能够改善右脑促进语音生成的效果[⑤]。可见，"多元智能"通道是促进外语多感觉通道融合学习的有效策略。

(二)具身模拟学习原则——全身反应法的升级

具身模拟学习是当前最流行的感知动觉统合与语言学习融合的理念，它随着第四代具身认知科学的兴起，逐渐在语言认知领域得到应用。[⑥]

[①] Revill, K. P., Namy, L. L., DeFife, L. C., et al.："Cross-linguistic sound symbolism and crossmodal correspondence：evidence from fMRI and DTI", *Brain and Language*, 128(1), 2014.

[②] Pinheiro, A. P., Vasconcelos, M., Dias, M., et al.："The music of language：an ERP investigation of the effects of musical training on emotional prosody processing", *Brain and Language*, 140, 2015.

[③] Emmorey, K., Weisberg, J., McCullough, S., et al.："Mapping the reading circuitry for skilled deaf readers：an fMRI study of semantic and phonological processing", *Brain and Language*, 126(2), 2013.

[④] Francis, A. L., Driscoll, C.："Training to use voice onset time as a cue to talker identification induces a left-ear/right-hemisphere processing advantage", *Brain and Language*, 98(3), 2006.

[⑤] Kita, S., de Condappa, O., Mohr, C.："Metaphor explanation attenuates the right-hand preference for depictive co-speech gestures that imitate actions", *Brain and Language*, 101(3), 2007.

[⑥] 官群：《具身认知观对语言理解的新诠释——心理模拟：语言理解的一种手段》，《心理科学》2007年第5期。

从具身语义来看，具身手段能够对感知动觉系统进行语义的"染色"而非"表征"，这一动觉感知理论揭示了整合的神经机制观，就是为什么感知动觉系统和人脑的多模态信息处理，能够对语义符号和概念进行具体的区分。语义是语言认知的灵魂，如果产生了具身语义，那么具身感知便会促进对语言的理解加工。

按照这一逻辑，研究者从不同角度揭示了具身模拟原则的有效性，如具身模拟对语义深化①、语音损伤修复②、程式化语言的韵律形成③、在线句法加工④都具有促进作用。

实际上，语言障碍者的主要受损部分是负责语言理解和生成的前感知动觉区域以及负责整体执行功能的颞中回。感知动觉对语言认知的促进作用，对于双语者和单语者（在不考虑语言能力的基础高低时）来说都能成立，不受语言种类的影响。⑤ 这说明动觉促进语言理解，不因对目的语的熟悉程度而变化。更有趣的是，与静态书写相比，动态书写在引发注意力指标 P300 的同时，能够预测语义处理指标 N400 和句法处理指标 P600 的优化效应⑥。有关这一神经模拟机制的理论框架，卡佩斯（Kappes）等人有详细论述，萨托（Sato）等人也详细阐述了第二语言学习的经验能够提升感知动觉的脑机制及其实证基础。

如何将具身模拟运用在第二语言学习中？人们熟悉的全身反应法（Total Physical Response，TPR）就比较有代表性。在信息技术新背景下，台湾中山大学研发了具身反应训练提升英文单词学习效果的系统。这个系统的学习界面如图 3-1 所示，对各种可以用身体表演出的动作都有视频和中英文注解，同时学习者的实际模拟动作也会被摄入系统，并

---

① Pulvermüller, F.："Semantic embodiment, disembodiment or misembodiment? In search of meaning in modules and neuron circuits", *Brain and Language*，127(1)，2013.

② Adank, P.："The neural bases of difficult speech comprehension and speech production: two Activation Likelihood Estimation (ALE) meta-analyses", *Brain and Language*，122(1)，2012.

③ Kreiner, H., Eviatar, Z.："The missing link in the embodiment of syntax: prosody", *Brain and Language*，137，2014.

④ Chan, S. H., Ryan, L., Bever, T. G.："Role of the striatum in language: syntactic and conceptual sequencing", *Brain and Language*，125(3)，2013.

⑤ Swaminathan, S., MacSweeney, M., Boyles, R., et al.："Motor excitability during visual perception of known and unknown spoken languages", *Brain and Language*，126(1)，2013.

⑥ Chang, L. Y., Stafura, J. Z., Rickles, B., et al.："Incremental learning of Chinese orthography: ERP indicators of animated and static stroke displays on character form and meaning acquisition", *Journal of Neurolinguistics*，33，2015.

得到系统反馈，如果动作做对了，词语也说对了，系统会给予"你学会了"的正确反馈。这个系统初步实现了具身模拟原则通过信息技术在语言学习中的运用。

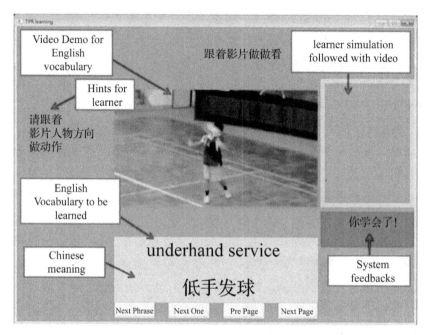

图 3-1 "具身反馈"促进英文单词学习成功与记忆提升的系统界面[1]

(三)坚毅准备训练中冥想的策略——暗示法的深化

在这里，我们结合坚毅准备训练[2]，重点揭示了双语者的冥想能力普遍强于单一语言者。在非语言信息的执行能力控制方面，双语者使用前扣带皮层(anterior cingulated cortex，ACC)更有效。这一中枢神经是心理探测的重要部位，能够反映出正性情绪(如同情)和认知能力(如注意力和决策能力)。[3]

如何提升冥想能力呢？施赖纳(Schreiner)和拉施(Rasch)指出，休眠状态或接近休眠状态时能够提升大脑的语言记忆激活程度。库兹尔

---

① Kuo，F. R. ，Hsu，C. C. ，Fang，W. C. ，et al. ："The effects of embodiment-based TPR approach on student English vocabulary learning achievement, retention and acceptance"，*Journal of King Saud University - Computer and Information Sciences*，26(1)，2014.

② Ericsson，K. A. ，Krampe，R. Th. ，Tesch-Romer，C. ："The role of deliberate practice in the acquisition of expert performance"，*Psychological Review*，100(3)，1993.

③ Rodríguez-Pujadas，A. ，Sanjuán，A. ，Fuentes，P. ，et al. ："Differential neural control in early bilinguals and monolinguals during response inhibition"，*Brain and Language*，132，2014.

（Kurdziel）等人做了实证研究，证实了成人在学习新词时睡眠的作用。实际上这体现了 β 节律、γ 节律和 μ 节律在语言理解中的作用[1]，当这些节律与外界的语言信号频率协同一致时，将达到最优化语言学习[2]的目的。保加利亚精神病疗法心理学家罗札诺夫在 1960 年中期创立了暗示法（suggestopedia），这是通过冥想大幅度提高外语教学效率的方法的雏形。

（四）双语学习的心理生理优化原则

针对"双语优势论"，多个研究者从不同角度验证了在何种程度上会出现双语优势。通过双语者与单一母语者的对比，玛丽安（Marian）等人发现双语者能更有效地征用神经资源。具体而言，双语者能够有效地区分早期的语音[3]，并对文本中的语音差异性信号做出前注意阶段执行[4]，从而有效控制语音冲突抑制现象的发生[5]。这些结论都说明，双语者使用的是可以分离的脑机制。

对于平衡和不平衡双语者，研究表明平衡双语者的脑机制是整合的，但是单一语言主导的双语者（即不平衡双语者）使用各自独立的系统进行信息加工。比如说，单一语言主导的双语者能够抑制母语文本中前注意阶段的非语音对比，但是平衡双语者则不具有此抑制能力。对于儿童双语者，他们会使用知觉楔功能，这是儿童双语者语音信号处理的优化机制，语码切换程度大、灵活度高，这被称为"知觉楔假说"[6]（Perceptual Wedge Hypothesis）。因为，早期双语者采用的是信息控制执行协调机制，主要激活皮层下神经元，但后期外语学习者采用的是情境记忆渠道，即左额下回、左侧舌回和楔前叶被激活。

---

① Lewis，A. G.，Wang，L.，Bastiaansen，M.："Fast oscillatory dynamics during language comprehension：unification versus maintenance and prediction？"，*Brain and Language*，148，2015.

② Pérez，A.，Carreiras，M.，Gillon Dowens，M.，et al.："Differential oscillatory encoding of foreign speech"，*Brain and Language*，147，2015.

③ Brunellière，A.，Soto-Faraco，S.："The speakers' accent shapes the listeners' phonological predictions during speech perception"，*Brain and Language*，125(1)，2013.

④ Peltola，M. S.，Tamminen，H.，Toivonen，H.，et al.："Different kinds of bilinguals—different kinds of brains：the neural organisation of two languages in one brain"，*Brain and Language*，121(3)，2012.

⑤ Marian，V.，Chabal，S.，Bartolotti，J.，et al.："Differential recruitment of executive control regions during phonological competition in monolinguals and bilinguals"，*Brain and Language*，139，2014.

⑥ Petitto，L. A.，Berens，M. S.，Kovelman，I.，et al.："The 'Perceptual Wedge Hypothesis' as the basis for bilingual babies' phonetic processing advantage：new insights from fNIRS brain imaging"，*Brain and Language*，121(2)，2012.

　　超越语言加工，双语者对于非语言信息的执行加工能力，提升了个人认知能力的综合水平，其根源在于能够灵活选择和熟练使用多种语言形式和语音符号。这一功能主要体现为额叶—纹状体环路对直接信号刺激在前额叶皮层的作用，而整体认知能力的提升体现在基底神经节活性的灵活度调节方面。

　　同时，成功习得外语者的特征表现为信息整合、语音主导、词频起关键作用、词汇概念共享。具体而言，有关第二语言学习者的词汇处理的 fMRI 研究表明，成功的第二语言学习者采用连贯和整合的多通道脑机制处理语言信息，在短时间的训练中就能够达到等同于目的语者的信息加工水平。习得年龄效应是影响第二语言习得的关键。这是进行第二语言语音信息处理的关键影响因素，此结论是阿尔奇拉-苏尔特（Archila-Suerte）、泽文（Zevin）和赫尔南德斯（Hernandez）在对第二语言的神经信号处理的八个主要脑区进行方差因素分析后得出的。同时，语言使用的频率和词汇共享的程度，是影响第二语言学习者在词汇层面衔接和选择的神经处理容易度的关键。①

　　最后，从生理干预方面而言，赫布学习原则描述了神经元突触可塑性的基本原理，即突触前神经元对突触后神经元的持续重复的刺激可以导致突触传递效能的增加。我们假设，反射活动的持续与重复会导致神经元稳定的持久性提升。当神经元 A 的轴突与神经元 B 很近并参与了对 B 的持续重复的刺激时，这两个神经元或其中一个便会发生某些生长或代谢变化，致使 A 成为能使 B 兴奋的细胞之一，它的效能增强了。这一理论经常会被总结为"一起发射的神经元连在一起"，可以用于解释关联学习机制的产生。在这种学习中，对神经元的刺激能够使得神经元间的突触强度增加。这样的学习方法被称为赫布学习。比如，动作控制的认知模型解释了优化语言学习的现象②，也就是利用神经网络的海扁学习能支持言语产出和行为控制之间的关联。

　　通过改善神经元关联机制促进语言学习能力提升的研究包括切斯特（Chesters）、沃特金斯（Watkins）和莫顿恩（Möttönen）利用经颅直接电流刺激技术（transcranial direct current stimulation，tDCS）提升外语阅读的

---

　　①　Goral，M.，Levy，E. S.，Obler，L. K.，et al.："Cross-language lexical connections in the mental lexicon：evidence from a case of trilingual aphasia"，*Brain and Language*，98（2），2006.

　　②　官群：《行动为基础的语言观及其对语言学习机制的诠释：一个有关语言习得、理解以及生成的理论》，《山东外语教学》2014 年第 2 期。

流利度和口语的流利度的研究。此外，岳金星、巴斯蒂安斯（Bastiaanse）和奥尔特（Alter）全面解释了赫布学习原则在优化语言学习中的机理。随着生物科技的进步，这一原则和策略也将越来越有可能引起外语教学界的重视和尝试。

参考文献

倪传斌：《双语者创造力的影响因素和作用机制研究综述》，《外语教学与研究》2012 年第 3 期。

官群：《认知神经科学证据：何时开始学习二语效果最好？》，《中国特殊教育》2010 年第 5 期。

Adank, P.： "The neural bases of difficult speech comprehension and speech production： two Activation Likelihood Estimation （ALE） meta-analyses", *Brain and Language*, 122(1), 2012.

Archila-Suerte, P., Zevin, J., Hernandez, A. E.： "The effect of age of acquisition, socioeducational status, and proficiency on the neural processing of second language speech sounds", *Brain and Language*, 141, 2015.

Barac, R., Bialystok, E.： "Bilingual effects on cognitive and linguistic development： role of language, cultural background, and education", *Child Development*, 83 (2), 2012.

Barbas, H., García-Cabezas, M. Á., Zikopoulos, B.： "Frontal-thalamic circuits associated with language", *Brain and Language*, 126(1), 2013.

Beauchemin, J., Hutchins, T. L., Patterson, F.： "Mindfulness meditation may lessen anxiety, promote social skills, and improve academic performance among adolescents with learning disabilities", *Complementary Health Practice Review*, 13 (1), 2008.

Bidelman, G. M., Dexter, L.： "Bilinguals at the 'cocktail party'： dissociable neural activity in auditory-linguistic brain regions reveals neurobiological basis for non-native listeners' speech-in-noise recognition deficits", *Brain and Language*, 143, 2015.

Bliss, T. V. P., Lømo. T.： "Long-lasting potentiation of synaptic transmission in the dentate area of the anaesthetized rabbit following stimulation of the perforant path", *The Journal of Physiology*, 232(2), 1973.

Boyle, M. P.： "Mindfulness training in stuttering therapy： a tutorial for speech-language pathologists", *Journal of Fluency Disorders*, 36(2), 2011.

Brunellière, A., Soto-Faraco, S.： "The speakers' accent shapes the listeners' phonological predictions during speech perception", *Brain and Language*, 125

(1), 2013.

Campbell, A. W., *Histological Studies on the Localisation of Cerebral Function*, Cambridge: Cambridge University Press, 1905.

Cao, F., Guan, Q. C., Perfetti, C. A.: "Writing affects the brain network of reading in Chinese: an fMRI study", *Human Brain Mapping*, 34 (7), 2012.

Chan, S. H., Ryan, L., Bever, T. G.: "Role of the striatum in language: syntactic and conceptual sequencing", *Brain and Language*, 125(3), 2013.

Chang, L. Y., Stafura, J. Z., Rickles, B., et al.: "Incremental learning of Chinese orthography: ERP indicators of animated and static stroke displays on character form and meaning acquisition", *Journal of Neurolinguistics*, 33, 2015.

Chesters, J., Watkins, K. E., Möttönen, R.: "Investigating the feasibility of using transcranial direct current stimulation to enhance fluency in people who stutter", *Brain and Language*, 164, 2017.

Cochin, S., Barthelemy, C., Roux, S., et al.: "Electroencephalographic activity during perception of motion in childhood", *European Journal of Neuroscience*, 13 (9), 2001.

Costanzo, E. Y., Villarreal, M., Drucaroff, L. J., et al.: "Hemispheric specialization in affective responses, cerebral dominance for language, and handedness: lateralization of emotion, language, and dexterity", *Behavioural Brain Research*, 288, 2015.

DePasque, S., Tricomi, E.: "Effects of intrinsic motivation on feedback processing during learning", *NeuroImage*, 119, 2015.

Dudschig, C., de la Vega, I., Kaup, B.: "Embodiment and second-language: automatic activation of motor responses during processing spatially associated L2 words and emotion L2 words in a vertical Stroop paradigm", *Brain and Language*, 132, 2014.

Emmorey, K., Weisberg, J., McCullough, S., et al.: "Mapping the reading circuitry for skilled deaf readers: an fMRI study of semantic and phonological processing", *Brain and Language*, 126(2), 2013.

Ericsson, K. A., Krampe, R. Th., Tesch-Romer, C.: "The role of deliberate practice in the acquisition of expert performance", *Psychological Review*, 100 (3), 1993.

Fabbro, F.: "The bilingual brain: bilingual aphasia", *Brain & Language*, 79 (2), 2001.

Fecteau, S., Lepage, J. F., Théoret, H.: "Autism spectrum disorder: Seeing is not understanding", *Current Biology*, 16(4), 2006.

Feinstein, S. J., Buzza, C., Hurlemann, R., et al.: "Fear and panic in humans with bilateral amygdale damage", *Nature Neuroscience*, 16(3), 2013.

Francis, A. L., Driscoll, C.: "Training to use voice onset time as a cue to talker identification induces a left-ear/right-hemisphere processing advantage", *Brain and Language*, 98(3), 2006.

Goral, M., Levy, E. S., Obler, L. K., et al.: "Cross-language lexical connections in the mental lexicon: evidence from a case of trilingual aphasia", *Brain and Language*, 98(2), 2006.

Guan, C. Q., Liu, Y., Chan, D. H. L., et al.: "Writing strengthens orthography and alphabetic-coding strengthens phonology in learning to read Chinese", *Journal of Educational Psychology*, 103(3), 2011.

Guan, C. Q., Meng, W. J., Yao, R., et al.: "The motor system contributes to comprehension of abstract language", *PloS One*, 8(9), 2013.

Harinen, K., Rinne, T.: "Acoustical and categorical tasks differently modulate activations of human auditory cortex to vowels", *Brain and Language*, 138, 2014.

Hsu, C. T, Jacobs, A. M., Conrad, M.: "Can Harry Potter still put a spell on us in a second language? An fMRI study on reading emotion-laden literature in late bilinguals", *Cortex: a Journal Devoted to the Study of the Nervous System and Behavior*, 63, 2015.

Kappes, J., Baumgaertner, A., Peschke, C., et al.: "Unintended imitation in nonword repetition", *Brain and Language*, 111(3), 2009.

Karnath, H. O.: "New insights into the functions of the superior temporal cortex", *Nature Reviews Neuroscience*, 2(8), 2001.

Kita, S., de Condappa, O., Mohr, C.: "Metaphor explanation attenuates the right-hand preference for depictive co-speech gestures that imitate actions", *Brain and Language*, 101(3), 2007.

Komeilipoor, N., Cesari, P., Daffertshofer, A.: "Involvement of superior temporal areas in audiovisual and audiomotor speech integration", *Neuroscience*, 343, 2017.

Kreiner, H., Eviatar, Z.: "The missing link in the embodiment of syntax: prosody", *Brain and Language*, 137, 2014.

Kuhl, P. K., Stevenson, J., Corrigan, N. M., et al.: "Neuroimaging of the bilingual brain: structural brain correlates of listening and speaking in a second language", *Brain and Language*, 162, 2016.

Kuo, F. R., Hsu, C. C., Fang, W. C., et al.: "The effects of embodiment-based TPR approach on student English vocabulary learning achievement, retention and acceptance", *Journal of King Saud University -Computer and Information Sciences*, 26(1), 2014.

Kurdziel, L. B. F. , Mantua, J. , Spencer, R. M. C. : "Novel word learning in older adults: a role for sleep?", *Brain and Language*, 167, 2017.

Lewis, A. G. , Wang, L. , Bastiaansen, M. : "Fast oscillatory dynamics during language comprehension: unification versus maintenance and prediction?", *Brain and Language*, 148, 2015.

Li, P. , Legault, J. , Litcofsky, K. A. : "Neuroplasticity as a function of second language learning: anatomical changes in the human brain", *Cortex: a Journal Devoted to the Study of the Nervous System and Behavior*, 58, 2014.

Lutz, A. , Slagter, H. A. , Dunne, J. D. , et al. : "Attention regulation and monitoring in meditation", *Trends in Cognitive Sciences*, 12(4), 2008.

MacNamara, B. N. , Conway, A. R. A. : "Working memory capacity as a predictor of simultaneous language interpreting performance", *Journal of Applied Research in Memory and Cognition*, 5(4), 2016.

Marian, V. , Chabal, S. , Bartolotti, J. , et al. : "Differential recruitment of executive control regions during phonological competition in monolinguals and bilinguals", *Brain and Language*, 139, 2014.

Marsh, E. R. , Glenberg, A. M. : "The embodied statistician", *Frontiers in Psychology*, 1, 2010.

McGurk, H. , MacDonald, J. : "Hearing lips and seeing voices", *Nature*, 264 (5588), 1976.

Miendlarzewska, E. A. , Bavelier, D. , Schwartz, S. : "Influence of reward motivation on human declarative memory", *Neuroscience and Biobehavioral Reviews*, 61, 2016.

Mochida, T. , Kimura, T. , Hiroya, S. , et al. : "Speech misperception: speaking and seeing interfere differently with hearing", *PloS One*, 8(7), 2013.

Peltola, M. S. , Tamminen, H. , Toivonen, H. , et al. : "Different kinds of bilinguals—different kinds of brains: the neural organisation of two languages in one brain", *Brain and Language*, 121(3), 2012.

Pérez, A. , Carreiras, M. , Gillon Dowens, M. , et al. : "Differential oscillatory encoding of foreign speech", *Brain and Language*, 147, 2015.

Petitto, L. A. , Berens, M. S. , Kovelman, I. , et al. : "The 'Perceptual Wedge Hypothesis' as the basis for bilingual babies' phonetic processing advantage: new insights from fNIRS brain imaging", *Brain and Language*, 121(2), 2012.

Pineda, J. A. : "The functional significance of mu rhythms: translating 'seeing' and 'hearing' into 'doing'", *Brain Research Reviews*, 50(1), 2005.

Pinheiro, A. P. , Vasconcelos, M. , Dias, M. , et al. : "The music of language: an ERP investigation of the effects of musical training on emotional prosody processing", *Brain and Language*, 140, 2015.

Pulvermüller, F.: "Semantic embodiment, disembodiment or misembodiment? In search of meaning in modules and neuron circuits", *Brain and Language*, 127 (1), 2013.

Revill, K. P., Namy, L. L., DeFife, L. C., et al.: "Cross-linguistic sound symbolism and crossmodal correspondence: evidence from fMRI and DTI", *Brain and Language*, 128(1), 2014.

Richmond, L. L., Wolk, D., Chein, J., et al.: "Transcranial direct current stimulation enhances verbal working memory training performance over time and near transfer outcomes", *Journal of Cognitive Neuroscience*, 26(11), 2014.

Rizzolatti, G., Craighero, L.: "The mirror-neuron system", *Annual Review of Neuroscience*, 27 (1), 2004.

Rodríguez-Pujadas, A., Sanjuán, A., Fuentes, P., et al.: "Differential neural control in early bilinguals and monolinguals during response inhibition", *Brain and Language*, 132, 2014.

Sato, Y., Utsugi, A., Yamane, N., et al.: "Dialectal differences in hemispheric specialization for Japanese lexical pitch accent", *Brain and Language*, 127(3), 2013.

Schreiner, T., Rasch, B.: "The beneficial role of memory reactivation for language learning during sleep: a review", *Brain and Language*, 167, 2017.

Shebani, Z., Pulvermüller, F.: "Moving the hands and feet specifically impairs working memory for arm- and leg-related action words", *Cortex: a Journal Devoted to the Study of the Nervous System and Behavior*, 49(1), 2013.

Skipper, J. I., Devlin, J. T., Lametti, D. R.: "The hearing ear is always found close to the speaking tongue: review of the role of the motor system in speech perception", *Brain & Language*, 164, 2017.

Skipper, J. I., van Wassenhove, V., Nusbaum, H. C., et al.: "Hearing lips and seeing voices: how cortical areas supporting speech production mediate audiovisual speech perception", *Cerebral Cortex*, 17(10), 2007.

Stein, B. E., Stanford, T. R.: "Multisensory integration: current issues from the perspective of the single neuron", *Nature Reviews Neuroscience*, 9, 2008.

Stemmer, B., Whitaker, H. A., *Handbook of Neurolinguistics*, San Diego: Academic Press, 1998.

Sternberg, R. J.: "Increasing fluid intelligence is possible after all", *Proceedings of National Academy of Sciences of the United States of America*, 105(19), 2008.

Swaminathan, S., MacSweeney, M., Boyles, R., et al.: "Motor excitability during visual perception of known and unknown spoken languages", *Brain and Language*, 126(1), 2013.

Trumbo, M. C. , Matzen, L. E. , Coffman, B. A. , et al. : "Enhanced working memory performance via transcranial direct current stimulation: the possibility of near and far transfer", *Neuropsychologia*, 93(A), 2016.

Ullman, M. T. , Lovelett, J. T. : "Implications of the declarative/procedural model for improving second language learning: the role of memory enhancement techniques", *Second Language Research*, 34(1), 2018.

Urgesi, C. , Mattiassi, A. D. A. , Buiatti, T. , et al. : "Tell it to a child! A brain stimulation study of the role of left inferior frontal gyrus in emotion regulation during storytelling", *NeuroImage*, 136, 2016.

Van Elk, M. , van Schie, H. T. , Zwaan, R. A. , et al. : "The functional role of motor activation in language processing: motor cortical oscillations support lexical-semantic retrieval", *NeuroImage*, 50(2), 2010.

Yue, J. X. , Bastiaanse, R. , Alter, K. : "Cortical plasticity induced by rapid Hebbian learning of novel tonal word-forms: evidence from mismatch negativity", *Brain and Language*, 139, 2014.

Zhao, Y. , Song, L. P. , Ding, J. H. , et al. : "Left anterior temporal lobe and bilateral anterior cingulate cortex are semantic hub regions: evidence from behavior-nodal degree mapping in brain-damaged patients", *Journal of Neuroscience*, 37(1), 2017.

第四章　具身协同的心理语言学依据

传统而言，心理语言学是研究儿童语言习得过程中听、说、读、写各方面的心理过程的一门学科。然而随着当前科学技术的发展，心理语言学被重新定义为对影响语言产生和理解的心理和神经生理因素方面的研究。不言而喻，当代科学要求心理语言学研究者须具备跨学科的知识背景，如心理学、语言学、神经科学以及教育学背景。将心理语言学、神经语言学和语言教育联系在一起，开辟了心理语言学研究之路，并为中英文认知与教育具身协同论的发展提供了新的科学依据。

一、心理语言学的产生发展

1900 年，洪堡特（Humboldt）最早在《语言》一书中提出了语言与思维相关这一论断。1936 年，坎特（Kantor）首先提出了心理语言学这一概念，在《语法的客观心理学》一书中，试图反驳语言是反映内在认知和思维的这一观点。20 世纪以来，心理语言学经历了巨大的动荡。美国著名心理学家詹姆斯在 1950 年出版的《心理学原理》一书中对洪堡特的语言与思维相关的论点表示不予赞同。布卢门撒尔（Blumenthal）在对心理学的历史回顾中也认为，心理语言学就是研究语言学习的行为主义方法，至少当时在西方顶级学术期刊里把该问题划入了言语学习和言语行为的范畴。因此，1933 年，以布卢姆菲尔德为代表的布卢姆菲尔德学派指出语言学习应该独立于心理学，他们主张语言的分类学观点，即如何分类处理语言自身的成分和这些成分之间的关系。

1950 年以后，心理语言学的地位凸显。从发表的文献来看，心理语言学方面的文献一直占心理学领域总体数量的 10％。1951 年，拉什利指出了行为的串行秩序问题，即语言产出的序列形式未必直接与句法相关，同时语言产出并不是刺激—反应的简单链条关系。因此，在新行为主义学派中，斯金纳在《言语行为》一书中指出，用一种内在协调机制可以解释语言反应的行为制约所不能解释的一些问题。这一观点和奥斯古德的思想不谋而合。后来，乔姆斯基（Chomsky）在《句法结构》中指出，心理结构可以用来解释语言的无限生成性和系统性。虽然如此强调心理语言学的视角，但是乔姆斯基对心理语言学的地位的影响不是很大，因为他毕竟是从字—词—句的角度剖析语言句法结构的。如果说斯金纳明显回避心理表征，乔姆斯基则证明了语言建立在这样的心理表征之上。

直到 20 世纪 80 年代，行为主义被关联主义所取代。关联主义认为，"知识"在网络联结中是通过像单位分布的连接模式一样进行神经编码的。"处理"是在这些单位之间以传播激活模式体现的。运用简单的联想学习原则，这些网络可以在很大程度上建立复杂的关联关系。关联主义主要主张"内部表征"这一概念，但值得注意的一点是，通过学习之后产生的内部表征并不是传统意义上的象征，而是更加趋于统计分布或随着时间进程对语言各个元素的序列限制的依赖性学习。因此到 20 世纪末，针对语言统计分布的研究才逐渐流行起来，主要应用于以下几个方面：在发音输入中探测词汇[1][2]，建立语法范畴[3]，通过字与文本之间的依赖构建词汇的意义[4]，婴儿分割发音[5]，儿童推导语法[6]，以及成人进行句子处理[7][8]等。

今天，心理语言学已经发展成为一个成熟的科学学科，覆盖了词汇处理和表征模型、词汇前处理切割过程、特定语言限制的句法处理以及文本限制、文本和语篇的表征、文本推论的处理、语篇衔接、阅读能力发展、阅读障碍以及其他多个研究领域。多种学术团体理论和派别不断形成，整体研究蓬勃发展、蒸蒸日上。下面作者主要从单词、单词到句子、句子语篇到意义、意义到语言生成四个方面介绍研究现状。

---

① Brent，M. R.："Speech segmentation and word discovery: a computational perspective"，*Trends in Cognitive Sciences*，3(8)，1999.

② Brent，M. R.，Cartwright，T. A.："Distributional regularity and photactic constraints are useful for segmentation"，*Cognition*，61(1-2)，1996.

③ Elman，J. L.："Finding structure in time"，*Cognitive Science*，14(2)，1990.

④ Burgess，C.，Lund，K.："Modelling parsing constraints with high-dimensional context space"，*Language and Cognitive Processes*，12(2-3)，1997.

⑤ Saffran，J. R.，Johnson，E. K.，Aslin，R. N.，et al.："Statistical learning of tone sequences by human infants and adults"，*Cognition*，70(1)，1999.

⑥ Gómez，R. L.，Gerken，L.："Infant artificial language learning and language acquisition"，*Trends in Cognitive Sciences*，4(5)，2000.

⑦ MacDonald，M. C.："The interaction of lexical and syntactic ambiguity"，*Journal of Memory and Language*，32(5)，1993.

⑧ Trueswell，J. C.："The role of lexical frequency in syntactic ambiguity resolution"，*Journal of Memory and Language*，35(4)，1996.

二、心理语言学的新进展

认字识词涉及听觉和视觉两个方面，这里我们主要探讨视觉方面的书面认字，代表理论为关联主义模型（Connectionist Model），双通道模型（Dual-Route Model）[1]，词汇选区模型（Lexical Constituency Model），交互激活模型（Interactive Activation Model）。以英语为例，柯海特（Coltheart）提出字母是独立于字体的抽象字形编码。在识别过程中，不是以单个字母为识别基础的，而是以粗略的字形信息（一个字母以上）为单位提取的。除了这些物理形状上的特点决定认字的机制外，其他因素，如词频[2]、熟悉度[3]、具体性[4]、习得年龄[5]、歧义性或词汇的临近效应[6]，以及可想象性[7]等共同作用也会形成交叉效应，从而影响认字机制。

从单词到句子的研究主要涉及句法结构如何反映出句子中单词与单词之间的相互依赖关系，换句话说就是学习者如何构建语法规则，这个问题一直以来都是焦点问题。然而这里有一个悖论。一方面，如果学习者不知道一个新词的句法范畴（如名词、动词等），他们如何能够推出语法规则呢？另一方面，如果学习者不知道语法规则，仅仅根据个别单词在句子中的表意，他们如何推出相关的句法范畴呢？有关这个问题的探讨有几种解释，其中一种比较合理的解释是语义支撑理论假设，即学习者首先知道一个词的语义范畴是什么，然后通过简单的语义—句法配对关系来决定句法范畴。语义支撑理论假设需要学习者具有一定内在的语

---

① Coltheart, M., Davelaar, E., Jonasson, J. T., et al., Access to the Internal Lexicon. In S. Dornic (Ed.), *Attention and Performance*. Vol. Ⅵ. Hillsdale, NJ: Erlbaum, 1977, pp. 534-555.

② Forster, K. I., Chambers, S. M.: "Lexical access and naming time", *Journal of Verbal Learning and Verbal Behavior*, 12(6), 1973.

③ Connine, C. M., Mullennix, J., Shernoff, E., et al.: "Word familiarity and frequency in visual and auditory word recognition", *Journal of Experimental Psychology: Learning, Memory, and Cognition*, 16(6), 1990.

④ James, C. T.: "The role of semantic information in lexical decisions", *Journal of Experimental Psychology: Human Perception and Performance*, 1(2), 1975.

⑤ Carroll, J. B., White, M. N.: "Word frequency and age of acquisition as determiners of picture-naming latency", *Quarterly Journal of Experimental Psychology*, 25(1), 1973.

⑥ Coltheart, M.: "Disorders of reading and their implications for models of normal reading", *Visible Language*, 15(3), 1981.

⑦ Plaut, D. C.: "Structure and function in the lexical system: insights from distributed models of word reading and lexical decision", *Language and Cognitive Processes*, 12(5-6), 1997.

言具体特征的知识，这是其他假设所不需要的。另外一种较合理的解释是句法支撑理论假设，即学习者看到的结构指导他们对于相关句子的理解。比如，知道了"爸爸""豆子"，然后听到一句话"爸爸在吃豆子"，即使不知道"吃"的意思和句法功能，在看到"爸爸在吃豆子"这个情境的时候，学习者就能推出动词"吃"的意思和它的句法功能了，因为在英语中，主语先接动词然后接宾语。实际上，值得注意的一点是对单词意义的习得是与句法习得附着在一起的，同时学习者并不是将一个词对应一个物体或一种行动，而是将整个句子对应一个事件，或者将一个事件对应整个句子，比如上面提到的"爸爸在吃豆子"就是一个事件情境。当然，在建立从单词到句子的关系的时候，还需要关注其他一些问题，如对句法解析的研究，尤其是文本对歧义解析的研究，利用名词的主题主导作用来预测之后跟随的动词的具体特征，以及以动词为基础信息对下文的预测作用等。

从句子语篇到意义的研究主要关注的问题有两个，即如何利用语法信息的特定表达在句中获取意义，以及这些动态变化的意义是如何与之前文本信息进行句内和句间融合的。具体而言，一个句子或几个句子的语篇表达中都有以下几个成分：表层信息、命题内容、情境。心智模型理论对从句子语篇到意义的研究影响很大，主要提出影响阅读过程中心智模型建立的因素是衔接与连贯。衔接是指对句子中的一种表达方式的解释取决于对前一个句子表达的理解，如先行词的指代问题。连贯是指句子通过推论的过程互相联系在一起。比如，"Richard was very hungry. The fish soon disappeared"（理查德很饿。鱼很快就没有了）；再如，"Richard poisoned the river. The fish soon disappeared"（理查德污染了水源。鱼很快就没有了）。两段话建立起来的推断不同，因此对动词"disappeared"（没有）的理解就不一样。更为重要的是衔接与连贯往往是同时存在的。比如，"Mary unpacked some picnic supplies. The beer was warm"（玛丽打开野炊食品。啤酒还是热的）。"beer"（啤酒）必须和"picnic supplies"（野炊食品）建立了衔接关系之后，才能形成下一步的推断关系（啤酒属于野炊食品，因为野炊食品在车里放置，所以啤酒是热的），所以阅读这样的话费时费力。但是如果阅读"Mary unpacked some beer. The beer was warm"（玛丽打开啤酒。啤酒还是热的），直接的衔接关系已经建立，就不需要费时费力了。有研究表明，建立一定的衔接关系有利于提升阅读能力并帮助记忆。因此，从句子语篇到意义的关键一环是进行推论，这一过程是成功阅读和记忆的关键。大量的研究致力于探索推论的概念、推论的种类、推论的文本制约机制、阅读者或理解者的个人认知因素对其的影响等。传统的研究一直着重于"交互式模型"，即理解者是被动接受写作者或说话者的信息的。实际上，语言的信息处理和传递的关键在于互动和交际双方的合作，建立共同基础是达成有效语言交流的关键，即同时满足说话者的主要意图和听话人的要求。这可能就是超越了语言学和心理学的一个社会层面的问题了。

从意义到语言生成是众多心理语言学研究者共同关注的问题，然而到了 20 世纪 80 年代末这个领域才得以发展，主要归功于研究范式的改进。这方面的研究主要注重错误分析，同音或同义错误的纠正是观察的主要焦点，如辅音交换（"crushing blow"而不是"blushing crow"）、持续（"beef noodle"而不是"beef needle"）、预期（"first part"而不是"pirst part"）和混合。实际上，弗洛伊德称这些现象为个人心理动态的表现。就比如当我们选择一个词，但不知其相关语音检索规范时，"舌尖效应"便会产生。一个经典的实验就是 Stroop 任务，让被试对单词的颜色（或图片上的单词）进行命名，但是单词意义和颜色并不一致，如"红"这个字的颜色是蓝色。这个实验结果表明，当单词的颜色和单词的意思不一致时，被试的反应会减慢。这说明了在语言生成的过程中意义的启动先于语音的启动，而视觉信息的意义干扰了实际单词的意义，所以语言生成的准确度降低了、时间延长了。当前流行的研究是使用脑成像技术来探究选择词条的时间进程，以及语音编码和字形句法回溯等问题，或利用计算模型解释语言生成错误和图片干扰反应的现象。应用于这一系列词汇层面生成问题的理论主要是自下而上的连接模型和双向信息流模型。句子层面的生成研究主要是关于（促进或干扰性的、相关或不相关的）单词到句子的启动效应的研究。

三、心理语言学的发展趋势

世界 50% 以上的人不仅仅说一种语言，所以，对第二语言学习机制和教学机理的研究势必成为心理语言学主要的发展方向。心理语言学在中国的发展刚起步，主要研究儿童的母语和第二语言习得以及成人对第二语言（包括中国人对外语、外国人对中文）的认知与学习。由于中文和其他各种语言有很大的不同，在中国开展这方面的研究具有更大的理论和实践意义。

具体而言，从学科性质上，未来心理语言学的发展势必是跨学科的，集学习机制的理论模型、心理理解与构建原则、生物机制的实证研究于一身。从研究方法上来说，未来心理语言学将从对离线数据进行收集发展为对在线数据进行收集，并将定性与定量相结合。从研究内容上来说，最需探究的研究领域包括以下方面：①词汇表征和语法编码，尤其是第二语言使用者如何处理大脑词典的共享表征和区分表征的差异问题，以及跨语言的语法编码和解码问题；②语言发展性紊乱，如阅读障碍、理解和生成障碍或非典型环境语言发展问题，如语音解码能力强但词汇和语义处理技能低、从词汇到句子融合性高层处理的水平等问题；③大脑与语言的神经机制研究，揭示大脑认知神经结构和功能、神经计算的类型和特性如何影响心智处理的过程。

　　随着认知科学的发展，心理语言学的研究理论依据势必会有突破。哲学依据从乔姆斯基的混合哲学观（笛卡儿哲学＋形式主义哲学）发展到当今的体验哲学观，即语言不是独立于意义的，而是表达意义的；不是独立于交际的，而是与交际策略一致的；不是独立于文化的，而是与文化的最深层次一致的；不是独立于身体的，而是来自感知动觉系统的。这种体验哲学涉及语义、语用、言语行为结构、加工限制、语言变化机制、叙事系统、分类词系统、礼貌系统、空间关系系统、词汇变化过程系统、体貌系统等外语学习时各个方面的内容，远远比乔姆斯基的研究范围宽广得多。因此，将体验哲学的理论革命性地应用于语言研究之中，将会带来语言学习与认知的一场新的革命。一系列实证研究结果将推动心理语言学的体验哲学理论的发展，进而影响外语教学。

四、具身协同的心理语言学机制对优化外语教学的启示

（一）对识字教学的启示：跨越语音渠道，使用字形渠道

　　利用识字理论的研究成果，我们不仅可以解释认字机制，而且还可以更好地懂得如何教学生更快地识字。通常儿童学习阅读单词时将有特征的视觉线索作为基础，从而将书面语和发音形式联系在一起；随着词汇量的增加，儿童建立起字母和发音的关系，然后利用这种关系内化字形和字音的一致性，对生词进行识别。这个理论被称为自我教学理论[①]，但是这种自我学习的能力起初只在学习个别单词时有效，后来就发展成为系统化的学习机制了。最后，有效的阅读者就会跨越语音渠道直接使

————————

　　① Share, D. L.: "Phonological recoding and self-teaching: sine qua non of reading acquisition", *Cognition*, 55(2), 1995.

用字形渠道对高频字进行处理。这一阶段的阅读识字是一个单一而连续的学习过程，其中，字形、字义和字音分别影响识字的能力，如规则性的和不规则性的拼写、高想象力和低想象力的字义特点等。

（二）从单词到句子的跨越：体现语义特征，发挥语境作用

语言学习的关键是从单词到句子的跨越。借助语义和句法支撑理论假设，以及统计意义上的词汇分布学理论，语言教育需要关注儿童语言发展的两个方面：一是如何促进固定文本下从单词到句子的整合，二是如何形成单词和句子的依赖关系。第一个方面包含阅读和听力两项技能的形成和提高，解释了为什么读者或听者有时并不需要一一处理每一个单词就能获得信息。这是因为有一些单词除了句法功能之外，还体现了主题作用、衔接和连贯作用。单词之间的关联还包括范畴关联和意义关联，如读"男孩从口袋里拿出一个巧克力棒"，然后读到下一句"他吃……"，不用再去读或听下文就知道男孩一定是在吃刚才提到的"巧克力棒"。这种上下文预测性和整合性既可能产生于概念的重复表达，也可能产生于转换说法或推断预测。研究表明，随着语言水平的提高，整合性的产生从重复表达发展到转换说法，然后发展到推断预测。对于第二个方面，单词和句子的依赖关系主要取决于是范畴关联还是意义关联。有研究表明，在范畴关联的情况下，句子处理的速度要比在不关联的情况下更快，在范畴、意义均关联时句子处理的速度也要比仅有一种关联时更快①。由此说明，培养学生从单词到句子通达的能力时，首先要考虑到单词的特点，即词汇语义网络的特征需要在教学中体现出来，然后要扩充学生的高层次的语义关联机制，从简单的语义重复到语义关联的转换表达，再到跨越式推理。如果加上可想象或现实情境的语境作用，那么从单词到句子的语言能力的跨越将更具稳固性和实效性。

（三）提高语言思维能力：强调情境的作用，成功进行从语篇到意义的表达

语义的成功获取和表达是提高语言思维能力的关键。从意义到语言生成是语言主动创造力的表现。当前的具身认知哲学思想对培养这种创造性语言思维的影响很大。语言认知和学习实际上是一个内在模拟的过程，语言认知和理解的高阶目的不仅在于摄取符号信息，而且还在于摄取异域文化精粹、体验目的语言的民族情感、借鉴多元思维方式、完善

---

① Landi，N.，Perfetti，C.："An electrophysiological investigation of semantic and phonological processing in skilled and less-skilled comprehenders"，*Brain and Language*，102（1），2007.

个人创造性意识。语言学习者实际上是借助对自身既有的内源信息的表象选择、重组、变形与整合等方式，来实现对外部语言信息的情境模拟、对内部语言生成与表达的虚拟演练等核心目标的。因此，我们应该强调（现实的或虚拟的）情境的作用。比如，当我们听老师讲课时，不但需要动用听觉记忆和视觉（文字性和情境性）记忆，更重要的是还需要借助无声的"唇读"动作和自己对"唇读"的感觉（包括自我听觉、自我声带活动的动觉），以及借助自己有关言语听觉、言语表达、文字视觉、文字书写和对相关客观对象的回忆、联想、想象与虚拟呈现方式，来系统模拟老师的讲授内容，并借助各种内在表象、概象、意象进行还原或转化，使之最终在自己的心脑世界形成相应的新型神经网络、记忆表象和知识节点。

上文通过回顾心理语言学一百多年的发展历程，将一个百花齐放的心理语言学学科划分为四个主要研究领域，即单词、从单词到句子、从句子语篇到意义、从意义到语言生成四方面。每个研究层次上，归拢了大量的心理语言实证研究和理论假设，进而针对每个语言要素给出了相应的外语教育建议和语言能力培养的层次性发展模式，这对语言教学的启示意义是巨大的。最后，面对当前第二代认知科学即体验哲学思潮的涌起，很多无法用传统心理学原理解释的语言现象得到了合理解释，以具身认知语言学理论为代表的体验哲学在不断建立和完善的同时，丰富了语言学习者的心智和认知的协同发展的理论。

在字、词、句、语篇、发音等心理语言学实验的基础之上，针对每个语言要素给出的相应的外语教育建议和语言能力培养的层次性发展模式如下。

第一，对识字教学的启示体现在如何教学生更快地识字上。利用自我教学理论，然后跨越语音渠道直接使用字形渠道对高频字进行处理，其中，字形、字义和字音分别影响识字的能力。

第二，从单词到句子的跨越是语言学习的关键。借助语义和句法支撑理论假设，以及统计意义上的词汇分布学理论，语言教育需要关注儿童语言发展的两个方面：促进固定文本下从单词到句子的整合，形成单词和句子的依赖关系。

第三，语义的成功获取和表达是提高语言思维能力的关键，从意义到语言生成是语言主动创造力的表现。当前的具身认知哲学思想对培养这种创造性语言思维的影响很大。语言认知和学习实际上是一个内在模拟的过程。因此，我们应该强调（现实的或虚拟的）情境的作用。

参考文献

官群：《具身认知观对语言理解的新诠释——心理模拟：语言理解的一种手段》，《心理科学》2007 年第 5 期。

Altmann，G. T. M.，Steedman，M. J.："Interaction with context during human sentence processing"，*Cognition*，30(3)，1988.

Altmann，G. T. M.："Thematic role assignment in context"，*Journal of Memory and Language*，41(1)，1999.

Boroditsky，L.："Does language shape thought? Mandarin and English speakers' conceptions of time"，*Cognitive Psychology*，43(1)，2001.

Brent，M. R.："Speech segmentation and word discovery：a computational perspective"，*Trends in Cognitive Sciences*，3(8)，1999.

Brent，M. R.，Cartwright，T. A.："Distributional regularity and photactic constraints are useful for segmentation"，*Cognition*，61(1-2)，1996.

Burgess，C.，Lund，K.："Modelling parsing constraints with high-dimensional context space"，*Language and Cognitive Processes*，12(2-3)，1997.

Carroll，J. B.，White，M. N.："Word frequency and age of acquisition as determiners of picture-naming latency"，*Quarterly Journal of Experimental Psychology*，25(1)，1973.

Coltheart，M.："Disorders of reading and their implications for models of normal reading"，*Visible Language*，15(3)，1981.

Coltheart，M.，Davelaar，E.，Jonasson，J. T.，et al.，Access to the Internal Lexicon. In S. Dornic (Ed.)，*Attention and Performance*. Vol. Ⅵ. Hillsdale，NJ：Erlbaum，1977，pp. 534-555.

Connine，C. M.，Mullennix，J.，Shernoff，E.，et al.："Word familiarity and frequency in visual and auditory word recognition"，*Journal of Experimental Psychology：Learning，Memory，and Cognition*，16(6)，1990.

Crain，S.，Steedman，M.，On Not Being Led Up the Garden Path：The Use of Context by the Psychological Syntax Processor. In D. R. Dowty，L. Karttunen，A. M. Zwicky (Eds.)，*Natural Language Parsing：Psychological，Computational，and Theoretical Perspectives*. Cambridge：Cambridge University Press，1985，pp. 320-358.

De Groot，A. M. B.，Kroll，J. F.，*Tutorials in Bilingualism：Psycholinguistic Perspectives*，Mahwah，NJ：Lawrence Erlbaum Associates Publishers，1997.

Dell，G. S.："A spreading-activation theory of retrieval in sentence production"，*Psychological Review*，93(3)，1986.

Dell，G. S. ，Schwartz，M. F. ，Martin，N. ，et al. ："Lexical access in aphasic and nonaphasic speakers"，*Psychological Review*，104(4)，1997.

Elman，J. L. ："Finding structure in time"，*Cognitive Science*，14(2)，1990.

Ferreira，F. ，Syntax in Language Production：An Approach Using Tree-Adjoining Grammars. In L. Wheeldon (Ed.)，*Aspects of Language Production*. Philadelphia：Psychology Press，2000，pp. 291-330.

Forster，K. I. ，Chambers，S. M. ："Lexical access and naming time"，*Journal of Verbal Learning and Verbal Behavior*，12(6)，1973.

Freud，S. ，*The Psychopathology of Everyday Life*，New York：W. W. Norton & Company，1960.

Garrett，M. F. ，The Analysis of Sentence Production. In G. Bower (Ed.)，*Psychology of Learning and Motivation*. Vol. 9. New York：Academic Press，1975，pp. 133-177.

Garrod，S. ，The Challenge of Dialogue for Theories of Language Processing. In S. Garrod & M. Pickering (Eds.)，*Language Processing*. Hove：Psychology Press，1999，pp. 389-416.

Gleitman，L. R. ，Gillette，J. ，The Role of Syntax Inverb Learning. In W. C. Ritchie & T. K. Bhatia (Eds.)，*Handbook of Child Language Acquisition*. San Diego：Academic Press，1999，pp. 279-295.

Gomez，R. L. ，Gerken，L. ："Artificial grammar learning by 1-year-olds leads to specific and abstract knowledge"，*Cognition*，70(2)，1999.

Gómez，R. L. ，Gerken，L. ："Infant artificial language learning and language acquisition"，*Trends in Cognitive Sciences*，4(5)，2000.

Goswami，U. ，Analogical Reasoning in Children. In D. Gentner，K. J. Holyoak & B. N. Kokinov (Eds.)，*The Analogical Mind：Perspectives from Cognitive Science*. Cambridge，MA：MIT Press，2001，pp. 437-470.

Graesser，A. C. ，Singer，M. ，Trabasso，T. ："Constructing inferences during narrative text comprehension"，*Psychological Review*，101(3)，1994.

Guan，Q. ，*The Activation and Long-Term Memory of Predictive Inferences：The role of Working Memory Constraint and Text Elaboration*，PhD dissertation，The Florida State University，2007.

James，C. T. ："The role of semantic information in lexical decisions"，*Journal of Experimental Psychology：Human Perception and Performance*，1(2)，1975.

Johnson-Laird，P. N. ，*Mental Models*，Cambridge：Cambridge University Press，1983.

Kamide，Y. ，Mitchell，D. C. ："Incremental pre-head attachment in Japanese parsing"，*Language and Cognitive Processes*，14(5-6)，1999.

Kintsch, W.: "The role of knowledge in discourse comprehension: a construction-integration model", *Psychological Review*, 95(2), 1988.

Landi, N., Perfetti, C.: "An electrophysiological investigation of semantic and phonological processing in skilled and less-skilled comprehenders", *Brain and Language*, 102(1), 2007.

Levelt, W. J. M.: "Models of word production", *Trends in Cognitive Sciences*, 3(6), 1999.

Levelt, W. J. M., Schriefers, H., Vorberg, D., et al.: "The time course of lexical access in speech production: a study of picture naming", *Psychological Review*, 98(1), 1991.

Linderholm, T., Zhao, Q., Cong, X., et al., Factors External and Internal to the Adult Reader that Affect the Inferential Process. In A. V. Mittel (Ed.), *Focus on Educational Psychology*. New York, NY: Nova Science Publishers, 2006, pp. 147-171.

MacDonald, M. C.: "The interaction of lexical and syntactic ambiguity", *Journal of Memory and Language*, 32(5), 1993.

MacDonald, M. C: "Probabilistic constraints and syntactic ambiguity resolution", *Language and Cognitive Processes*, 9(2), 1994.

McKoon, G., Ratcliff, R.: "Inference during reading", *Psychological Review*, 99(3), 1992.

Nation, K., Snowling, M. J.: "Semantic processing and the development of word-recognition skills: evidence from children with reading comprehension difficulties", *Journal of Memory and Language*, 39(1), 1998.

Pinker, S., Language Acquisition. In L. R. Gleitman, D. N. Osherson, M. Liberman, et al. (Eds.), *Language: An Invitation to Cognitive Science*. Cambridge, MA: MIT Press, 1995, pp. 135-182.

Pinker, S., The Bootstrapping Problem in Language Acquisition. In B. MacWhinney (Ed.), *Mechanisms of Language Acquisition*. Hillsdale, NJ: Lawrence Erlbaum Associates, 1987, pp. 399-441.

Plaut, D. C.: "Structure and function in the lexical system: insights from distributed models of word reading and lexical decision", *Language and Cognitive Processes*, 12(5-6), 1997.

Price, C. J.: "The functional anatomy of word comprehension and production", *Trends in Cognitive Sciences*, 2(8), 1998.

Pritchett, B. L., *Grammatical Competence and Parsing Performance*, Chicago: University of Chicago Press, 1992.

Pritchett, B. L.: "Garden path phenomena and the grammatical basis of language processing", *Language*, 64(3), 1988.

Roelofs, A. : "A spreading-activation theory of lemma retrieval in speaking", *Cognition*, 42(1-3), 1992.

Saffran, J. R. , Johnson, E. K. , Aslin, R. N. , et al. : "Statistical learning of tone sequences by human infants and adults", *Cognition*, 70(1), 1999.

Sanford, A. J. , On the Nature of Text-Driven Inference. In D. A. Balota, G. B. F. D'Arcais, K. Rayner (Eds.), *Comprehension Processes in Reading*. Hillsdale, NJ: Erlbaum, 1990, pp. 515-533.

Share, D. L. : "Phonological recoding and self-teaching: sine qua non of reading acquisition", *Cognition*, 55(2), 1995.

Shattuck-Hufnagel, S. , Speech Errors as Evidence for a Serial-Ordering Mechanism in Sentence Production. In W. E. Cooper &. E. C. T. Walker (Eds.), *Sentence processing: Studies dedicated to Merrill Garrett*. Hillsdale, NJ: Erlbaum, 1979, pp. 295-342.

Singer, M. , Discourse Inferenceprocesses. In M. A. Gernsbacher (Ed.), *Handbook of Psycholinguistics*. San Diego, CA: Academic Press, 1994, pp. 479-515.

Stroop, J. R. : "Studies of interference in serial verbal reactions", *Journal of Experimental Psychology*, 18(6), 1935.

Traxler, M. , Gernsbacher, M. A. , *Handbook of Psycholinguistics*. 2nd, San Diego: Academic Press, 2006.

Trueswell, J. C. : "The role of lexical frequency in syntactic ambiguity resolution", *Journal of Memory and Language*, 35(4), 1996.

第五章　中英文的具身协同性

辩证唯物主义认为物质决定意识，客观决定主观。具身协同不仅表现在主体上，更表现在客体上，也就是说，跨语言之间存在客观的具身协同性。尽管中、英文分别属于表意和表音两大语系，但两者之间依然存在具身协同性。下面将从中英文具身协同性的分层、自组织、普遍语法、跨语言本体论、中国英语现象探析入手，揭示中英文的具身协同性。

一、中英文具身协同性的分层探析

中英文之间既有合作也有竞争，这是公认的事实。但究竟是合作大于竞争还是相反？这是决定中英文跨语言认知与教育走向的关键问题。

语言符号由三个相互关联但可进行概念分析的要素组成，作者称之为"三 S"：语音（sound）、形态（shape）与意义（sense）。不同的语言系统会强调其中一个或两个要素。音、形、义是任何完整语言体系的共性，只不过表音文字更偏重音，表意文字更偏重形。其实，汉字作为表意文字，音也占据重要地位，80％以上的汉字都是通过形—声结合而成的"形声字"。

从宏观、中观、微观三个层面上看事物对立面之间的对立统一关系，不难发现，微观层面的斗争性是绝对的，对立是无条件的，比如字词，英语的拼音符号与汉语的表意符号是格格不入的，26 个英语字母与汉字的笔画是很难找到相通之处的；如果从中观层面来看，统一性就比对立性多了些，比如句子，英语句子结构与汉语句子结构就有很多相通之处；如果从宏观层面来看，统一性就占据了绝对位置，比如篇章，英语篇章与汉语篇章的对立性就很难找到。所以，在两大语系不发生颠覆性变革时，一般体现为低层面对立、高层面统一。

如果从微观层面看待中英文的关系，毫无疑问，中英文以对立为主导，对立势必导致相互干扰，教育教学必然尽可能回避语言系统之间的相互介入。正如贝塔朗菲所言，任何整体都以它的元素之间的竞争为基础，以"部分之间的竞争"为先决条件。部分之间的竞争是简单的物理化学系统以及有机体和社会单位的普遍组织原理。归根结底，是"现实存在的对立物彼此统一"这一命题的一种表达方式。

如果从中观层面看待中英文的关系，毫无疑问，中英文之间以调和为主导，调和势必导致相互妥协，两种表达方式必然产生相互共生、求同存异的共生机制，因而出现"中介语"。这种调和长此以往，势必导致"中介语"石化，无法迈向目的语。

如果从宏观层面看待中英文的关系，毫无疑问，中英文之间以协同为主导，协同观建立在存在普遍规律性的坚强信念之上。既然都是系统，都是结构的形成演化，不论其基质如何，必定存在共性，存在支配一切结构形成演化的普遍原理。这个隐藏在中英文背后的深层普遍原理，叫普遍语法。

任何语言学习都受到普遍语法的支配。中国人学习英文，除了受普遍语法支配以外，英文还会与中文发生相互作用，但这种相互作用在普遍语法的支配下，不是相互排斥、相互竞争，也不是相互调和，而是相互协同、相向而行，即求同化异。这种协同作用的机制关键就是作为"中介语"的自组织系统向着目的语的迈进。这种自组织能够不受外力作用而自我发展成长。

著名的竞争模型也说明了外语认知的协同观点。信息处理有串行处理和并行处理两种基本模型，处理过程中还会涉及自动化和控制等处理策略，以及组块、递归和连接等习得策略。但是，绝对的串行处理或并行处理都难以解释第二语言习得的过程，两种模型往往同时存在于语言习得和理解过程中。两种模型的并存近似于竞争模型，在习得中共同发挥作用。竞争是统一内部的竞争，共性寓于特性之中。

心理语言学也为中英文认知与教育协同论提供了证据。原始人的符号和洞穴壁画一般被视为早期的书写符号，即后来的文字符号。西方著名哲学家和文字学家乔瓦尼·巴蒂斯塔·维科（Giovanni Battista Vico）由此得出推论：人类的初始语言没有发音，是由手势和象征符号组成的。他说，在远古时期，言语是一种心理语言。斯特拉博（Strabo）认为心理语言先于任何口语形式，这就是为何希腊的"罗格斯"既是一个词又传达了一种思想。远古时期使用的初始语言一定与符号、手势或实物相伴而生，而这些符号、手势或实物与它们所表达的思想有着自然而然的联系。

二、中英文具身协同性的自组织探析

中英文认知与教育协同通过自组织实现，在这个自组织过程中表现出如下特点。

(一)开放性

"开放"使各类不同的系统在外界环境作用下通过从外界吸取能量或富有能量的物质，能够自组织成为有序的稳定结构。语言本身是一个开放系统，它从周围世界、从与使用它的人的互动过程中不断吸收营养，从而得以发展；语言与语言之间同样是相互开放的，通过跨语言交流沟通，不断相互借鉴、吸收对方能量，朝着趋同方向迈进。

(二)内外性

系统的运动与其环境因素紧密相连，彼此处在能量信息的交换中。在这个能量信息的交换过程中，内因是事物变化发展的根据，外因是事物变化发展的条件，外因通过内因起作用。母语系统的自组织发展主要表现在两方面。一是个体语言的发展，其内因主要是大家公认的人天生具备的"语言习得机制"，以及人在社会实践过程中日益增加的与外部世界交流的需要，如狼崽无论如何训练也不会像人一样学会使用语言，这就是内因在起决定作用；其外因主要是个体身心成长和外部环境的影响，如狼孩(被狼护养的人的孩子)由于缺乏后天语言环境，毕生也只能习得极其有限的人类语言。二是社会语言的发展，其内因主要是由于社会实践的变迁、新生事物的出现，人需要新的表达交流的内容；其外因是在原有语言里面找不到合适的词，需要创造一种新的表达方式，丰富到原有语言之中。

(三)自然性

协同学认为，对于一切自发形成的有序结构，既不能说先有部分后有整体，也不能说先有整体后有部分，因为部分与整体是在相互作用中协同发展起来的。新结构的形成是一种自组织过程，各种规模的集体运动是沟通微观部分与宏观整体的中介。在旧结构的整体中，微观部分常常会随机地形成各种集团，从事某种集体运动，集体运动必然产生个体不能摆脱的作用。在适当条件下，不同集体运动相互作用，逐步产生决定整体结构的序参量。序参量不是一下子就出现在整个系统中的，而是先在某些局部形成，逐步把更多的部分吸引到自己的影响范围内，最后席卷整个系统。也就是说，相变是一个由一系列部分质变发展为全部质变的过程。一旦相变完成，系统整体与各部分(包括最小的部分，如原子、分子等)也就具有了与它们在旧结构中不同的特性与状态。基于普遍语法的第二语言习得理论认为，中介语属于自然语言，自然语言的所有普遍性也适用于中介语。换句话说，中介语与自然语言同样具有结构上的内在一致性，都受到语言普遍性的制约。语言的自组织性体现了自然而然的过程，从婴儿语言发展中的"生成性"（许多语言是自发的而不是输入的）中我们就不难理解。一个会母语的儿童在语言关键期以前置于外语环境中，也能同样不费力地自然习得外语。

（四）非线性

线性作用和非线性作用都是指对事物之间存在的相互作用的认识。线性作用是指独立的从而仅能在数量上叠加的相互作用、时空中均匀的相互作用和两体间对称的相互作用。非线性作用在原则上区别于线性作用，其特点有三。第一，它不是独立的，从而可以相互作用。对象之间存在的相互作用不只是简单的数量上的叠加，而是相互制约，统合为全新的整体效应。第二，它是时空中不均匀的相互作用。随着时间、地点、条件的不同，相互作用的方式和效应也可能完全不同。第三，它是多体间不对称的相互作用。由于作用对象之间存在着支配与从属、催化与被催化、策动与响应、控制与反馈等关系，作用之间谈不上明显的对称性。

三、中英文具身协同性的普遍语法探析

普遍语法是人类语言的本质所在，是人类语言的共性。对普遍语法的研究始于 20 世纪 50 年代乔姆斯基的语言理论，而受到乔姆斯基语言理论极大影响的第二语言习得研究则始于 20 世纪 60 年代。长期以来，这在学术界已经基本成为共识。

研究发现，母语习得与第二语言习得在一定程度上存在着共同点。①发展模式相同。以功能范畴（时、体、人称、否定等）的习得为例，习得者都需经过"误用—调整—掌握"三个阶段。②二者都存在习得逻辑问题，即输入、输出的不对称性。对输出而言，输入总是相对贫乏的。这种共同性使研究者对普遍语法在第二语言习得中的应用产生了极大兴趣。有不少学者提出了普遍语法可及性的观点①②，即在第二语言习得中普遍语法仍然制约语法的形成，认为第二语言学习和第一语言学习一样受相同原则引导，语言的相关性能很好地预示第二语言学习的速度。他们以儿童第一语言运用和成人第二语言运用中呈现相似的语素"习得顺序"和误差类型为依据证明了普遍语法对第二语言习得的作用。学习者关于语

---

① Thomas，K.，*Man and the Natural World：Changing Attitudes in England 1500-1800*，London：Penguin Books，1983.

② 戴曼纯：《普遍语法可及性三假说》，《外语教学与研究》1998 年第 1 期。

言形成的假设虽不一定与目的语情况相符，但一定与普遍语法对自然语言的制约相吻合。第二语言的语法不违背普遍语法的原则。第二语言学习者能直接完整地利用普遍语法，包括母语中尚未体现的部分；他们体察第二语言输入中的恒定属性，激活在母语中不起作用的那部分普遍语法原则。有些学者持不可及性的观点，不相信普遍语法决定第二语言的习得。

普遍语法为中英文迁移提供了不同类型的解释。

①完全迁移/完全可及假设。施瓦茨和斯普罗斯的完全迁移/完全可及假设认为，母语语法构成了中介语的初始状态，也就是说，学习者借助其母语表征来解释所接触到的第二语言输入。完全迁移实际上就是指母语语法可以全部迁移到中介语的初始语法中。不过，由于中介语具有动态可变性，初始语法自然也处在发展变化之中，因此，母语表征不会永久性地滞留在学习者的中介语中。当母语语法无法适应第二语言输入时，学习者就会借助普遍语法的作用，一些新的参数场、功能范畴和特征值就会进入中介语语法，从而出现中介语表征的重组。假设指出，尽管中介语表征与目的语语法之间存在着一定的差异，但中介语表征仍然受到普遍语法的制约，因此具有普遍语法的完全可及性。

②最简假设。凡尼卡（Vainikka）和扬-斯科尔顿（Young-Scholten）从另一个角度探讨了中介语语法中的母语迁移问题。母语表征构成了中介语的初始状态，不过，与完全迁移/完全可及假设不同的是，他们认为，只有部分母语语法被迁移到中介语的初始状态，中介语初始状态中仅存在词汇范畴（如名词、动词等），缺少功能范畴。一般认为词汇范畴来自母语语法，所以中介语会表现出与母语类似的特征，但功能范畴并不存在迁移现象。

③特征值缺省假设。尤班克（Eubank）的特征值缺省假设认为，中介语初始表征中存在母语的弱势迁移，母语语法构成了中介语初始状态的主要内容。根据这一假设，母语的词汇范畴和功能范畴都会出现在中介语的初始状态，不过，功能范畴尽管存在，但其特征值不会发生迁移，仍处于缺省或惰性状态。根据尤班克的观点，特征值的缺省只是一种暂时现象，随着中介语的发展，中介语最终将与第二语言趋同。

上述三个假设对母语迁移的解释既有区别，也有共同点。首先，这三个假设都认为中介语初始状态中存在母语迁移，但对于哪些母语特征会出现迁移存在争议。完全迁移/完全可及假设强调母语的全部特征都会迁移到中介语中；最简假设则认为只有母语的词汇范畴发生迁移，功能范畴不存在迁移现象；特征值缺省假设虽然承认这两种范畴都会发生迁移，但否认特征值发生迁移的可能性。其次，这三种假设都认为中介语的发展受普遍语法的制约，并最终与第二语言趋同。

四、中英文具身协同性的跨语言本体论探析

(一)中英文结构比较

通常所说，语言能力结构要素包括语言知识(语音、词汇、语法)和言语技能(听、说、读、写)，语言知识与言语技能相互促进，形成有机统一体。如果从表现形式来看，音、形、义三者之间也是相互影响的，形成有机统一体。可见，不论中文还是英文，语言系统内部各子系统之间是相互协同的。

音、形、义是任何语言的基本要素。英文作为表音文字，音占据主导位置；中文作为表意文字，形占据主导位置。但是，不论哪个成分占主导，音、形、义三者在任何语言内部都会发挥协同作用。

以口语和书面语为例。博尔茨(Boltz)指出，任何种类的书面语都仅仅是口语的一种符号化表达，因此我们可以简单地将书写定义为口语的符号化表达，将字符系统定义为口语的系统化表达符号。一个字符或一个字符系统之所以能被称为书面语，其必不可少的特征是语音体现。也就是说，书面语必须体现口语。

博尔茨认为口语是用来传达意义的，书面语次之，书面语之所以有交流的功能，只是因为它是口语传达意义这一事实的一种自然结果而已。另外，字符系统中单个字符能否传达意义取决于这个字符在哪个层面上体现这种语言。比如，字母表中的字母并不携带意义，只是可发音而已，因为在大多数字母语言中，大部分的单个音素并没有相关联的意义。比如，英语中的 n，e，g，l，s，h 通常情况下只代表声音，独立出现时并不能传达意义。但是若从字符的角度来考查，它们并不需要传达意义，只要能传递声音就可以。就像我们所说过的那样，字符中意义的传达完全是"书面语体现口语"这一事实的一种功能。尽管"语音中心主义"受到汉语理论与实践的挑战，但是，也从另一方面说明了语言内部音、形、义及口语与书面语的协同是客观存在的。

(二)中英文功能比较

受结构主义语言学影响，人们通常认为，英文属于表音文字，中文属于表意文字，二者之间有不可逾越的鸿沟。对此，雅各布森(Jakobson)确认了结构语言学面临的两个重要且相互关联的难题，即对"语言大一统假设"的修正与对"同一语言内不同结构的相互依赖"的担忧。他指出："毫无疑问，对于任何一个言语社区、任何一个说话者来说，都存在统一的语言。但是，这一整体代码是由相互联结的子代码构成的系统，即每一种语言都共存着几种功能各异的形式。"

我国学者顾明栋、郭建平认为，经过数千年发展，汉语构成了一个完整的自我体系，同时也具备着不断积累的特性。现在，汉语的发展被赋予了一个兼容的趋势，这一趋势可能会让汉语去包容一些新异特点。不管是将汉语定义为完全表音语言还是完全表意语言，都过于简单化。应该说，汉语既具表音因子又含表意因子，而后者更为优先。汉语不像拼音文字，没有明显的形音对应规则，那么是不是汉字阅读中就不存在家族效应？汉字虽然没有拼读规则，但是，又有某些因素对语音有提示或标注作用，如形声字的声旁。汉语中形声字很多，形声字是合体字，由表意和表音两个部件组成，表意的部件叫义符（形旁），表音的部件叫声符（声旁）。《说文解字》里的 9353 个字中，80% 以上是形声字，现行的汉字中 90% 以上是形声字。汉语形声字中的声旁与整字的读音关系和拼音文字中的发音规则有某些相似之处，这种认识得到了一些实验结果的支持，如汉字认知中的频率效应、规则性效应等。毕鸿燕等人提出，汉字在声旁的中介作用下，形成了一些形声字的家族，即包含了同一声旁的所有形声字，如"璜、潢、磺、簧、横"属一个家族，"炬、距、拒、讵、柜"属另一个家族。而不同家族的大小存在差异，即声旁的构字能力存在差异。根据《现代汉语用字信息分析》，5631 个现代汉语形声字中总共包含声旁 1325 个。其中，在《现代汉语通用字表》中成字的声旁有 1119 个，约占声旁总数的 84%；不成字的声旁有 206 个，约占声旁总数的 16%。汉语形声字的声旁构字范围为 1~23 个，平均构字 13 个。

同理，英语既具表音因子又含表意因子，而前者更为优先。近年来，我国学者在研究英语词根的表意功能上下了一番功夫。比如，李平武的专著《英语词根与单词的说文解字》使人们对英语的表意功能有了新的认识。英语的词根主要是表意成分，词根均有语义价值。黏附词根虽然在形体上不能独立，但可以用独立的对等词来表示其含义。在派生词中，词根的含义起决定性的作用，而词缀含义则起辅助性的作用。派生词的词义包容了词根与词缀等所有词素的全部语义信息。从理论上说，只要综合了词根与词缀的全部含义，就可以分析出派生词的基本含义。但是，实际上许多派生词的词义并不简单地等于词根与词缀含义之和，我们需要沿着词义产生与发展的路线，另作一番推究与理解。掌握了这种词义分析的本领，就可以对派生词进行解形释义，在英语中进行"说文解字"。英语常用词根共有 568 个，如 act＝to do(行动，做)，dens＝make thick (变浓厚)等。

五、中英文具身协同性的中国英语现象探析

(一)中国英语的界定

1980 年，葛传椝提出了"中国英语"(China English)的概念。他说，讲或写英语时都有我国所特有的东西要表达。比如，"科举"(imperial examinations)、"翰林院"(Hanlinyuan 或 Imperial Academy)、"五四运动"(May Fourth Movement)、"赛先生"(Mr. Science)、"德先生"(Mr. Democracy)、"白话文"(baihuawen 或 baihua)、"双百方针"(Two hundred policies)、"人民公社"(people's commune)、"四个现代化"(four modernizations)。这些不属于英语母语者所惯用的词语，应当被称作中国英语。这个提法肯定了中国英语现象，指出了这些是正确的英文表达。1991 年，汪榕培将中国英语定义为"它是中国人在中国本土上使用的、以标准英语为核心、具有中国特点的英语"。1993 年，李文中认为，中国英语是以规范英语为核心，表达中国社会文化诸领域特有事物，不受母语干扰和影响，通过音译、译借及语义再生诸手段进入英语交际，具有中国特点的词汇、句式和语篇。中国英语主要构成包括音译词、译借词以及独特的句式和语篇。1995 年，谢之君认为，中国英语以规范英语为基础，能够进入英语交际，其使用频度和交际效果与使用者的水平有关。1997 年，贾冠杰和向明友进一步指出，中国英语是操汉语的人们所使用的、以标准英语为核心、具有无法避免或有益于传播中华文化的中国特点的英语变体。1998 年，罗运芝将中国英语简单概括为"中国英语是载汉语语言特征的英语变体"。综合以上几家观点，可以得出如下结论。

第一，中国英语是汉语与英语语言文化交流过程中所产生的一种语言现象。

第二，中国英语是用不属于讲英语的人所惯用的词语表达中国社会文化诸领域特有事物，具有中国特点的英语。

第三，中国英语以规范英语为基础，能够进入英语交际，不受母语干扰。

第四，中国英语有益于传播中华文化，将随着中国人使用英语的普及和中国特色的形成而逐渐扩充，从而丰富和发展英语与世界文化。

第五，中国英语不同于一般所说的洋泾浜英语、过渡语。前者是一种被规范英语所接受的英语变体，对英语学习和国际交流具有积极意义；后者则是中国语言和文化对英语的干扰影响的产物，对英语学习和国际交流具有消极意义。洋泾浜英语形成于 18 世纪的广州，是中国人同英国商人进行贸易时使用的语言，词汇以英语为主，杂有葡萄牙语、马来西亚语、印地语以及汉语中的广东话，而语法结构依据的是广东话。1966 年，霍尔研究指出，中国人使用的洋泾浜英语于特定时期产生并发展，到 19 世纪末已基本消亡。中国学生在英语学习中，使用的"过渡语"与中国英语也不可混为一谈。前者具有个体语言特征，后者具有群体语言特征；前者有极大的不稳定性，后者在理论上是相对稳定的，其发展变化以社会文化的发展为前提；前者的汉语或汉语思维模式介入是无意识的，负迁移和正迁移相互抵消，后者汉语特点的反映是有意识的，负迁移始终被压到最低度，正迁移被发挥到最高度。

(二)中国英语的现状与趋势

1. 中国英语的现状

目前的中国英语有四种并存的状态。第一，按汉语习惯说出的英语，与英语本族语者的英语并没有区别。第二，有些中国英语虽然不符合或不完全符合英语本族语者的习惯，但符合语法。第三，有些中国英语虽然不符合语法，但是可能符合英语本族语者的习惯，能被接受。第四，有些中国英语目前确实还没有被所谓的"规范英语"接受，但是对于英语本族语者来讲意思十分清楚，理解不成问题，或者一经解释就会明白，并且对于中国人来讲学习起来不费功夫，用起来得心应手，能够发挥语言作为工具的功能。实际上我们应解决的是后两种状态中存在的问题，因为其中最能体现中国特有的、难以改变的语言思维习惯，最有中国的标记。

2. 中国英语的发展趋势

随着我国经济和文化的发展、国际地位的提高、对世界影响的不断扩大，必然会有更多的中国特有的"说法"被译成外语，从而使外语因受汉语的影响而不断丰富。据统计，牛津字典中以汉语为来源的英语词有一千多条，说明英语在不断吸收汉语。英语中已使用的从中文借用的单词、短语数量较多。如果从语义上划分，可具体分为 19 类：饮食（包括烹调器皿）、生物名称、地理名称、艺术名词、宗教和哲学名词、政府和政治名词、种族词汇、职业身份名词、度量和货币、语言写作、朝代名词、服装名词、娱乐名词、协会和秘密社团名称、武术名称、药品名称、经济学名称、地质学名称、颜色词汇等。这些词对应的英语都是"中国英语",可见受汉语影响的"中国英语"的出现和发展是一种客观必然。正如罗运芝所指出的那样,中国英语的语法比英语语法更趋灵活、自由。作为英语的一种变体,中国英语虽然还没有被广泛接受,但其发展已呈现出不可阻挡的趋势。

(三)中国英语与我国英语教材改革

1. 需考虑我国英语教材改革的民族特色

"让世界了解中国,让中国走向世界"是我国对外交流的目标,也是我国英语课程教材建设和教学改革的方向。因而,教材中应该在介绍英语国家文化的基础上,适当增加有中国特色的文章。1991年,汪榕培提出给中国学生编的英语教材不应该走极端,课文可以是简写的英语国家的作品(大学阶段当然可以直接选用原文),但也应该有中国背景的文章,以增加课本的实用性。介绍一点中国的文化特色还是必要的,外国人也想了解中国的特点。比如,汉语中的部分成语和谚语与英语中的成语和谚语相似,如英语的"kill two birds with one stone"和汉语的"一箭双雕"意义相同,因此可以将类似的表达方式介绍给外国人,从而使英语表达方式更加丰富。

2. 我国英语教材中可以借鉴的中国英语

下面从形成途径对中国英语的单词、短语和句子做一些简单归纳和介绍。

(1)音译

中国英语中有一部分单词或短语是根据中国普通话发音直接转化生成的。例如,有关历史文化的有"xiucai"(秀才),"yamen"(衙门),"putonghua"(普通话),"fenghuang"(凤凰)等;有关文体娱乐的有"pipa"(琵琶),"erhu"(二胡),"wushu"(武术),"gongfu"(功夫),"taichi"(太极拳),"yangko"(秧歌),"weiqi"(围棋),"mahjong"(麻将),"qigong"(气功),"sampan"(舢板)等;有关衣食住行的有"cheongsam"(旗袍)、"jiaozi"(饺子),"chowmein"(炒面),"wonton"(馄饨),"WuLiangYe"(五粮液),"Moutai/Maotai"(茅台酒),"longan"(龙眼),"kaoliang"(高粱),"litchi/lichee"(荔枝),"ginseng"(人参)等;有关自然及风土人情的有"kang"(炕),"kowtow"(叩头),"Cantonese"(广东话/广东人/广州的),"typhoon"(台风)等;有关度量单位的有"yuan"(元),"jiao"(角),"fen"(分)等。

（2）译借

译借是指将汉语词汇通过翻译手段逐词地借用英语表述形式来表达。

有改革开放、时代特色的中国英语单词或短语有"laid-off workers"（下岗工人），"four modernizations"（四个现代化），"One China policy"（一个中国政策），"construct clean politics"（廉政建设），"macro-economic control system"（宏观调控体系），"a collective-ownership employee"（集体所有制员工），"opening-up /open-door policy"（开放政策），"reform and opening-up program"（改革开放），"non-state industries"（非国有工业），"floating population"（流动人口），"vegetable basket project"（菜篮子工程），"planned commodity economy"（计划经济），"fairly comfortable standard of living"（小康水平），"iron rice bowl"（铁饭碗），"enterprise contracted production system"（企业承包经营责任制），"family-contract responsibility system"（家庭联产承包责任制），"township enterprises"（乡镇企业），"knowledge economy"（知识经济），"spiritual pollution"（精神污染），"one country, two systems"（"一国两制"）等。

有历史文化特色的中国英语单词或短语有"Confucianism"（儒家思想），"four books"（四书），"five classics"（五经），"eight-legged essay"（八股文），"Chinese herbal medicine"（中草药）等。

（3）语义再生

在翻译形象化语言时表现出明显的中华民族文化特色，这不但可以使外国人深感耳目一新，回味无穷，而且丰富了英语的表达方式。中国英语中有一部分单词、短语、句子根据汉语意思译成英语后生成了新的英语意思。比如，"birds nest"（燕窝），"work point"（工分），"beggars chicken"（叫花鸡），"hundred flowers"（百花齐放），"work one's heart out"（呕心沥血），"people mountains and people seas"（人山人海），"one arrow, two hawks"（一箭双雕）等。

参考文献

毕鸿燕，胡伟，翁旭初：《汉语形声字声旁家族大小对整字发音的影响》，《心理学报》2006 年第 6 期。

陈原：《现代汉语用字信息分析》，上海，上海教育出版社，1993。

戴曼纯：《普遍语法可及性三假说》，《外语教学与研究》1998 年第 1 期。

葛传椝：《漫谈由汉译英问题》，《中国翻译》1980 年第 2 期。

顾明栋，郭建平：《西方语言哲学理论是普适性的吗？——中西关于汉语汉字悬而未决的争论》，《北京大学学报（哲学社会科学版）》2013 年第 6 期。

黄金祺：《应当肯定"西译汉化"现象的积极面——兼论"汉化英语"的出现和发展》，《中国翻译》1988 年第 1 期。

贾冠杰，向明友：《为中国英语一辩》，《外语与外语教学》1997 年第 5 期。

李文中：《中国英语与中国式英语》，《外语教学与研究》1993 年第 4 期。

李燕，康加深：《现代汉语形声字声符研究》，《语言文字应用研究论文集（Ⅰ）》1995 年。

罗运芝：《中国英语前景观》，《外语与外语教学》1998 年第 5 期。

榕培：《中国英语是客观存在》，《解放军外语学院学报》1991 年第 1 期。

舒华，张厚粲：《成年熟练读者的汉字读音加工过程》，《心理学报》1987 年第 3 期。

谢之君：《中国英语：跨文化语言交际中的干扰性变体》，《现代外语》1995 年第 4 期。

尹洪山：《从普遍语法到认知科学——语言迁移研究的视角转换》，《语言教学与研究》2007 年第 5 期。

Boltz，W. G.，*The Origin and Early Development of the Chinese Writing System*，New Haven：American Oriental Society，1994.

Eubank，L.："Negation in early German-English interlanguage：more valueless features in the L2 initial state"，*Second Language Research*，12(1)，1996.

Hall，R. A. Jr.，*Pidgin and Creole Languages*，Ithaca and London：Cornell University Press，1985.

Jakobson，R.，Sebeok，T. A.，Closing Statement：Linguistics and Poetics. In T. A. Sebeok(Ed.)，*Style in Language*. Cambridge：The MIT Press，1960，pp. 350-377.

Leitch，V. B.，*The Norton Anthology of Theory and Criticism*，New York：W. W. Norton & Company，2001.

Schwartz，B. D.，Sprouse，R. A.："L2 cognitive states and the full transfer/full access model"，*Second Language Research*，12(1)，1996.

Thomas，K.，*Man and the Natural World：Changing Attitudes in England 1500-1800*，London：Penguin Books，1983.

Vainikka，A.，Young-Scholten，M.："Gradual development of L2 phrase structure"，*Second Language Research*，12(1)，1996.

Von Bertalanffy，L.，*General System Theory：Foundations，Development，Applications*，New York：George Braziller，Inc，1973.

第六章　中英文认知的具身协同效应

尽管中、英文分别属于表意和表音两大语系，但二者在产生和发展进程中，不仅存在客观的具身协同效应，也存在认知过程的主观的具身协同效应。手写对中英文文字视觉感知具有具身协同效应，中英文学习心理也具有跨语言具身协同效应，究其原因，都与人类语言认知进化所形成的镜像神经元及其 μ 波抑制的具身协同机理有关。从中英文认知具身协同论来看，上述现象的出现是自然的，但是透过现象看本质，又反过来证明中英文认知具身协同论的普遍适用性。

一、手写对早期文字视觉感知神经机制的具身协同效应

手写字符是人类文明发展的重大里程碑，在当前数字化字符输入较为普遍的情况下，研究手写时的脑机制对人类文化传承具有重要的时代推进意义。本研究选取了 9～10 岁的处于手写发展关键期的中国儿童和成人(各 24 个)进行了 4 个条件下的行为和脑电实验：手写运动与文字产出内容一致的强具身条件(手写汉字)、无手写运动的强离身条件(注视汉字)、手写运动与文字产出内容不完全一致的两个弱离身条件(画图汉字和画图英语)。研究发现，成人组和儿童组在手写汉字条件下的 N170 峰值均显著高于在注视汉字条件下，在画图汉字条件下的 N170 峰值均显著高于在画图英语条件下；手写运动对第二语言的认知也具有促进作用，但效果在儿童组中不明显，在成人组中更明显；成人组形成了手写具身感知的偏侧化效应，儿童组则没有。此研究重点对在两个弱离身条件下的结果进行了对比，结果表明：①具身手写的母语促进效应通过弱离身的手写运动验证了母语促进第二语言认知的协同效应，且具有可训练性和可塑性基础；②在具身手写的语言发展效应中，母语手写效应在先，第二语言手写效应在后，通过弱离身手写运动(即画图训练)可以促进第二语言手写协同效应的发挥。

(一)手写中英文文字的具身协同效应概述

相比于人类出现的数百万年的历史而言，手写字符技能的发展历史仅有几千年。[①] 但随着数字化字符输入的普及，人们用手写字已不再如之前频繁。对手写的忽视一定程度上导致了潜在的"手写危机"时代的来临[②]，尤其在未形成熟练的感知动觉统合能力的儿童群体中，减少手写的机会可能会大大降低儿童对中文和英文的阅读理解能力和写作能力[③][④][⑤]。此外，写作质量受手写流利程度的影响，手写流利程度高的儿童能够利用更多工作记忆进行整体构思，对书写质量进行监控。[⑥] 因此，手写有象征意义的字符对人类文明发展意义重大。

手写运动被视为一种特殊的具身认知，涉及动作、知觉和认知技能的复杂协调。[⑦] 手写运动可以提升认知效果，这体现了具身手写效应。具身认知的观点认为，"身体运动"与语言学习要紧密关联，学习内涵与具身运动形式要保持一致。这一观点在一定程度上挑战了离身认知对语言学习的作用。[⑧] 因为，身体不仅在感知和运动中极其重要，而且是信息、记忆、经验表征的媒介。

研究表明，手写各种符号跟人类的具身和弱离身认知密切相关。[⑨] 手写各种符号(字符和图形)是造成人类信息源出发点的差异的原因所在。信息感知从人类自身经验映射出来，这是"具身"感知的初始状态。而"离身"是指外界客观刺激诱导的信息直接传输到人体，并产生对应的预测机制。具身和离身的手写机制不同。具身手写是指在任务判断之前，个体

---

① Dehaene, S., Cohen, L.: "Cultural recycling of cortical maps", *Neuron*, 56(2), 2007.

② 梁蕾:《数字时代大学生汉字书写能力现状及影响因素》,《教育观察》2016 年第 7 期。

③ Guan, C. Q., Liu, Y., Chan, D. H. L., et al.: "Writing strengthens orthography and alphabetic-coding strengthens phonology in learning to read Chinese", *Journal of Educational Psychology*, 103(3), 2011.

④ James, K. H.: "Sensori-motor experience leads to changes in visual processing in the developing brain", *Developmental Science*, 13(2), 2010.

⑤ Tan, L. H., Xu, M., Chang, C. Q., et al.: "China's language input system in the digital age affects children's reading development", *Proceedings of the National Academy of Sciences* of the United States of America, 110(3), 2013.

⑥ 官群:《书写困难认定与书写质量评估》,《中国特殊教育》2013 年第 2 期。

⑦ Addy, L. M.: "A perceptuo-motor approach to handwriting", *British Journal of Occupational Therapy*, 59(9), 1996.

⑧ Barsalou, L. W.: "Perceptual symbol systems", *The Behavioral and Brain Sciences*, 22(4), 1999.

⑨ Tversky, B., Hard, B. M.: "Embodied and disembodied cognition: spatial perspective-taking", *Cognition*, 110(1), 2009.

就已根据字符表征信息形成了手写感知经验，比如被试先手写字符，然后对类似字符(真字或假字、已学或未学的字)进行感知判断(具身手写条件)；而强离身手写是指在感知判断之前没有任何手写运动的启动(注视条件)；弱离身手写是指在任务判断之前，个体未形成对具体字符的手写感知，虽然启动了具身运动机制，但是未通过字符和具体感知统合机制形成成熟经验(画图形再看字符)。

有关手写的脑机制研究发现，阅读时人类征用早期视觉指标，通过与听觉和动觉感知脑区融合的作用，形成了对文字独特的认知规律。具身手写对早期文字视觉感知神经机制的激发(以 N170 为代表)，是能够推进具身认知对有意义字符和涉身经验进行认知研究的。

N170 是早期视觉识别电位指标，是在呈现面孔刺激后 130～200 ms 在颞枕叶部位记录到，并在 160～170 ms 达到峰值的一种脑电负成分。有研究发现，N170 是信息加工的核心指标，并在注意力、工作记忆、长期记忆方面具有关键性作用。[1] N170 在汉字加工中含义深远。N170 会受到被试对主题熟悉度、训练程度的影响。对主题熟悉度高，被试在接触视觉刺激时引发的 N170 波幅更大[2]；对汉字接受过训练，引发的 N170 波幅更明显[3]。

汉字属于字符文字系统，吸收图形符号的汉字字形相对固定且呈方块状，是由 8 个基本笔画中的任何一个或全部笔画交织形成的二维方块。汉语书写使用方块字作为基本书写单元，涉及与书写有关的视觉和运动系统的结合，且汉语词是由大量不同的视觉符号(基本书写单元)来表征的，它们被称为"词语"。这种结合可能有助于建立笔画和部首的空间配置，以及与笔画结构相关的运动的时间序列。鉴于汉字的这些特点，在汉字教学中强调书写也是理所应当的。

拼音书写系统通常是由从语言中提取的若干有限音位符号(字母)形成的，以表征书面语言的音位结构。以"单词"为书写单位，一个英文单词的书面形式通常可以表示其发音。因此，与汉语词相比，英文

① Caharel, S., Courtay, N., Bernard, C., et al.: "Familiarity and emotional expression influence an early stage of face processing: an electrophysiological study", *Brain and Cognition*, 59(1), 2005.

② Rossion, B., Collins, D., Goffaux, V., et al.: "Long-term expertise with artificial objects increases visual competition with early face categorization processes", *Journal of Cognitive Neuroscience*, 19(3), 2007.

③ Li, S., Lee, K., Zhao, J., et al.: "Neural competition as a developmental process: early hemispheric specialization for word processing delays specialization for face processing", *Neuropsychologia*, 51(5), 2013.

单词的构成与其发音相联系，而且是由从左到右遵循单向扫描路径的字母组成的。

因此，书写汉语词和书写英文单词之间的区别在于，书写汉语词时，个体需要先提取词的视觉空间特征；而书写英文单词时，语音实体（如与/h/发音对应的字母）则更为重要。

目前，手写效应的实证依据主要集中在与早期视觉指标、中期注意力指标和后期记忆指标的相关性研究中。朗香（Longcamp）等人研究发现，手的运动在书写英文字母时会引起视觉处理区的变化。[①] 判断视觉单词也能激活与手的运动相关的脑区[②]，甚至有行为研究结果证明手写汉字和画简单的几何图形的质量能够影响阅读水平[③]。手写运动本身引发的具身感知机制促进了对字符的视觉、动觉感知统合。谭力海等人研究发现，画图同样能够提高中国儿童对汉语字符的阅读认知能力。官群等人的研究发现，美国的以英语为母语的成人对汉字的手写和笔画学习，促进了他们对中文和英文的认知；跟注视汉字相比，手写汉字能够激发早期感知能力并且能够预测后期长期记忆效果。同时，手写增加了对文字正字法形式的视觉注意，提供了更多的视觉空间信息，手写可以激活双侧运动皮层。

综上所述，前人的研究主要集中于通过手写确切的中英文文字来判断能否引发手写效应，且没有将儿童和成人进行对比。因此，本研究旨在探索具身（手写具体字符）与离身（只看不写的强离身、手写一般图形的弱离身）的语言认知是否并在何种程度上对文字视觉感知产生促进作用，以及如何影响成人和儿童的语言发展可塑性和跨语言差异性，尤其是弱离身手写能否促进中国儿童和成人对中英文字符的感知，他们之间是否存在差异。

---

① Longcamp，M.，Anton，J. L.，Roth，M.，et al.："Visual presentation of single letters activates a premotor area involved in writing"，*NeuroImage*，19(4)，2003.

② Siok，W. T.，Niu，Z. D.，Jin，Z.，et al.："A structural-functional basis for dyslexia in the cortex of Chinese readers"，*Proceedings of the National Academy of Sciences of the United States of America*，105(14)，2005.

③ Tan，L. H.，Spinks，J. A.，Eden，G. F.，et al.："Reading depends on writing, in Chinese"，*Proceedings of the National Academy of Sciences of the United States of America*，102(24)，2005.

(二)研究方法

1. 研究问题

本研究包括 3 个研究问题。

①儿童群体中是否且在何种程度上存在手写具身协同促进效应？N170 指标如何体现？

②成人群体中是否且在何种程度上存在手写具身协同促进效应？N170 指标如何体现？

③儿童与成人在具身手写语言发展 N170 效应上是否存在差异？

2. 被试

24 个正处于手写发展关键期的三、四年级的儿童（平均年龄为 9.5 岁）以及 24 个本科生（平均年龄为 20 岁）参加了实验。所有被试均为右利手，双眼视力正常或矫正正常。

3. 实验材料

所有的汉语词和英文单词都是从被试的中文和英文课本中选取的。实验材料包括启动词、目标词一、目标词二。

中文材料，启动词有"心、乙、人、飞、九、儿，口、工、日、王、十、田"，6 个曲线形文字和 6 个直线形文字。目标词一（共 32 个）的选择基于以下规则：①高频次出现；②易于嵌入目标词二（是复杂词或者复合词）中；③是包含启动词中曲线形或直线形文字的笔画的简单词。目标词二（共 32 个）的选择基于以下规则：笔画数、结构（左右、上下、内外）和熟悉度。要学习的汉字和目标词在文字的直曲特征上保持平衡。英文材料都是大写字母或单词。在学习条件下，启动词是英文大写字母。目标词一是 26 个大写字母。目标词二是包含 4～6 个字母的单词（共 32 个），熟悉度将被控制。

4. 实验过程

所有材料都呈现在电脑屏幕的中央。被试在实验前熟悉 4 个实验程序的要领。启动词呈蓝色，目标词一呈红色，目标词二呈白色。实验开始，屏幕先呈现一个固定星号 200 ms，之后出现黑色空屏 300 ms。紧接着进入 2000 ms 的文字学习阶段。此时，注视汉字条件下，被试仅注视蓝色字符的出现，不做任何手写或画图的动作；手写汉字条件下，被试在手写板上写下屏幕上呈现的蓝色字符；画图汉字条件下，被试在手写板上画出几何图形启动刺激；画图英语条件下，被试画图勾勒出英文字母启动刺激。随后是 1000～1500 ms 的随机黑色空屏，红色的目标词一会呈现给被试 500 ms，之后是 500 ms 的黑色空屏。对于随机黑色空屏的持续时间，此处根据以往的范式和中国儿童不同的认知机制进行了设计。最后呈现目标词二，如目标词一包含在目标词二中，被试将按下按钮 Y，否则按下按钮 N。按下按钮，屏幕就会消失，否则屏幕会持续显示 3500 ms。然后程序进入下一个试次。（实验流程见图 6-1）

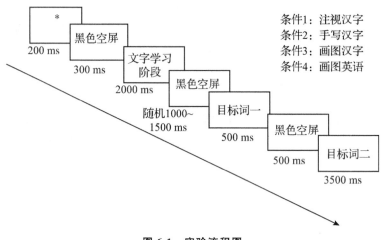

图 6-1　实验流程图

5. 行为数据和 EEG 采集

收集 EEG 数据的同时，行为数据反应时和判断正确率都被记录下来。

使用 NeuroScan 公司的 ESI-64 系统对 EEG 数据进行实时记录，电极安放位置符合国际 10-20 系统的电极分布标准。使用左侧乳突做参考电极。使用放置在右眼中线上方和下方的两个电极记录垂直眼电，使用放置在左右眼外侧与眼球处于同一水平线的电极记录水平眼电。所有电极使用导电膏与头皮接触，保证每个电极输入阻抗低于 5 kΩ。放大器型号为 SynAmps2，连接交流电源连续采样，采样率为 1000 Hz，带通为 0.05～100 Hz。

EEG 离线分析使用 CURRY 7.0 软件进行。将左侧乳突做参考电极转换为双侧乳突做参考电极。进行 Constant 基线校正。使用低通 30 Hz 进行滤波。去除眼电。将除眼电以外波幅超过一定范围的段视为伪迹片段进行排除，排除标准为 ±100 μV 之外。将连续的 EEG 数据进行分段，分段的时长为目标词一刺激前 200 ms 到刺激后 800 ms。最后，对事件相关电位（event related potential，ERP）波形进行叠加平均，并以刺激前 200 ms 为基线进行基线校正。

6. 脑电数据分析

对两组被试的总平均波形图进行观察可以看出，目标词一刺激时的

N170 成分主要出现在双侧颞枕区电极上。通过对脑电数据的观察和与以往研究的对比,本研究选取 PO7、PO8 电极对 N170 成分进行统计分析。使用 CURRY 软件收集每个被试在 PO7、PO8 电极上的 N170 峰值和潜伏期,采用 SPSS 17.0 软件对刺激诱发的 N170 峰值和潜伏期进行统计。

分别对成人、儿童的 N170 峰值和潜伏期进行 4(运动感知条件:注视汉字、手写汉字、画图汉字、画图英语)× 2(电极位置:左侧 PO7、右侧 PO8)双因素重复测量的方差分析。对于自由度大于 1 且不满足球形假设的情况,采用 Greenhouse-Geisser 校正,统计显著性水平为 0.05。

(三)研究结果

1. 行为数据结果

由于儿童和成人的行为数据组间对比差异主要是认知能力不同造成的,而不是实验材料造成的,因此数据分析不涉及儿童和成人行为数据的对比。数据采用单因素(4 种运动感知条件:注视汉字、手写汉字、画图汉字、画图英语)重复测量的方差分析。实验材料内部平衡设计,且没有项目层面的研究问题,所有分析在被试层面上处理。儿童和成人的反应时和正确率都探测出运动感知条件的主效应:儿童反应时$[F(2, 21) = 4.273, P = 0.033, \eta^2 = 0.206]$,儿童正确率$[F(2, 21) = 3.233, P < 0.01, \eta^2 = 0.401]$;成人反应时$[F(2, 21) = 5.634, P = 0.013, \eta^2 = 0.501]$,成人正确率$[F(2, 21) = 7.665, P = 0.047, \eta^2 = 0.211]$。因此,进行如下的 post-hoc 分析。

手写汉字和注视汉字对比,揭示出手写运动能够进一步激发汉字感知效应。儿童组中,手写汉字反应时(1734 ms)显著长于注视汉字反应时(1578 ms)$(P < 0.01)$,手写汉字正确率(0.98)显著高于注视汉字正确率(0.90)$(P < 0.01)$;成人组中,手写汉字反应时(779 ms)显著长于注视汉字反应时(711 ms)$(P < 0.01)$,手写汉字正确率(0.98)显著高于注视汉字正确率(0.88)$(P < 0.01)$。

手写汉字和画图汉字对比,揭示出手写运动的语言强具身效应。儿童组中,手写汉字反应时(1734 ms)显著长于画图汉字反应时(1628 ms)$(P < 0.01)$,手写汉字正确率(0.98)显著高于画图汉字正确率(0.94)$(P < 0.01)$;成人组中,手写汉字反应时(779 ms)与画图汉字反应时(759 ms)呈边缘显著$(P = 0.08)$,手写汉字正确率(0.98)显著高于画图汉字正确率(0.90)$(P < 0.01)$。

手写汉字和画图英语对比,揭示出手写运动的跨语言效应。儿童组中,手写汉字反应时(1734 ms)显著长于画图英语反应时(1708 ms)$(P <$

0.01)，手写汉字正确率(0.98)显著高于画图英语正确率(0.91)(P<
0.01)；成人组中，手写汉字反应时(779 ms)显著长于画图英语反应时
(763 ms)(P=0.03)，手写汉字正确率(0.98)与画图英语正确率(0.94)
呈边缘显著(P=0.08)。

画图汉字和画图英语两种弱离身对比，儿童组的画图汉字反应时
(1628 ms)与画图英语反应时(1708 ms)呈边缘显著(P=0.06)，正确率
无显著差异；成人组反应时无显著差异，正确率无显著差异(P>0.10)。

2. ERP 结果

(1)儿童组

在 PO7 和 PO8 电极上目标词—刺激锁时的 ERP 原始波形图见图 6-2
和图 6-3。可以看到，注视汉字、手写汉字、画图汉字和画图英语 4 种条
件下都出现了明显的 N170 成分。对儿童组的 N170 峰值进行 4(运动感知
条件：注视汉字、手写汉字、画图汉字、画图英语)×2(电极位置：左侧
PO7、右侧 PO8)双因素重复测量的方差分析。结果发现，运动感知条件
的主效应边缘显著[F(3, 36)=3.702, P=0.052, η^2=0.236]。进一步
比较发现，手写汉字条件下的 N170 峰值显著高于注视汉字(P=0.042)
和画图英语(P=0.024)条件下，与画图汉字条件下相比差异不显著(P>
0.05)；画图汉字条件下的 N170 峰值显著高于画图英语条件下(P=
0.004)。这一结果跟行为数据结果一致。其他条件下两两间差异均不显
著(P>0.05)。电极位置的主效应不显著(P>0.05)，运动感知条件和电
极位置的交互作用也不显著(P>0.05)。

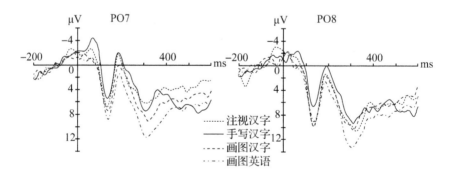

图 6-2　儿童组 4 种运动感知条件下 N170 波形图(PO7 左，PO8 右)

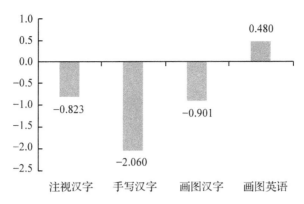

图 6-3　儿童组 4 种运动感知条件下 N170 峰值对比

（2）成人组

成人组在 PO7 和 PO8 电极上目标词—刺激锁时的 ERP 原始波形图见图 6-4 和图 6-5。可以看到，注视汉字、手写汉字、画图汉字和画图英语 4 种条件下都出现了明显的 N170 成分。对成人组的 N170 峰值进行 4（运动感知条件：注视汉字、手写汉字、画图汉字、画图英语）× 2（电极位置：左侧 PO7、右侧 PO8）双因素重复测量的方差分析。结果发现，4 种条件下的 N170 峰值差异显著 $[F(3, 45) = 4.139，P = 0.011，\eta^2 = 0.216]$，运动感知条件的主效应边缘显著 $[F(3, 48) = 3.177，P = 0.066，\eta^2 = 0.166]$。进一步比较发现，手写汉字条件下的 N170 峰值显著高于注视汉字（$P = 0.035$）和画图英语（$P = 0.010$）条件下，与画图汉字条件下的差异不显著（$P > 0.05$）；画图汉字条件下的 N170 峰值显著高于画图英语条件下（$P = 0.009$）。电极位置的主效应不显著（$P > 0.05$）。运动感知条件和电极位置的交互作用显著 $[F(3, 48) = 10.384，P < 0.001，\eta^2 = 0.394]$。

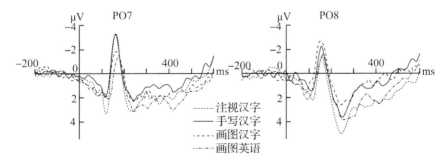

图 6-4　成人组 4 种运动感知条件下 N170 波形图（PO7 左，PO8 右）

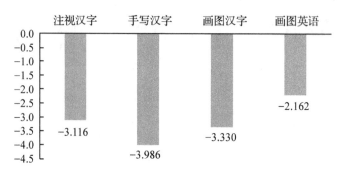

图 6-5 成人组 4 种运动感知条件下 N170 峰值对比

(3)儿童组和成人组对比

进一步对成人组和儿童组进行简单效应对比分析发现,成人组中,注视汉字[$F(1, 16)=9.208$, $P=0.008$, $\eta^2=0.365$]和手写汉字[$F(1, 16)=7.794$, $P=0.013$, $\eta^2=0.328$]条件下,PO7 电极的 N170 峰值都显著高于 PO8 电极,出现了 N170 的偏侧化效应;画图汉字和画图英语条件下,PO7 和 PO8 电极的 N170 峰值差异不显著($P>0.05$),没有偏侧化效应(见图 6-6)。儿童组中,PO7 和 PO8 的对比差异不显著,即没有偏侧化效应。

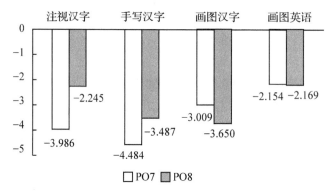

图 6-6 成人组 4 种运动感知条件下 N170 峰值的偏侧化效应

(四)讨论分析

通过强具身(手写汉字)、强离身(注视汉字)与两个弱离身(画图汉字和画图英语)条件下的对比实验,行为数据和脑电结果相互支撑,结果主要有 3 个。①行为数据表明强具身手写与强离身注视在对文字感知效果上差异显著,成人和儿童在手写汉字条件下均比在注视汉字条件下的认知正确率高且反应时长;②在弱离身(画图汉字和画图英语)条件下,儿童组中字符跨语言效应更明显,即画图使儿童对汉字的认知效果更强,画图能够促进中国儿童对本族语（汉语）的认知，使感知速度更快，但是成人组中这种跨语言效应消失；③偏侧化效应，成人组在手写汉字和注视汉字条件下均表现出 N170 的偏侧化效应，而在画图汉字和画图英语条件下未体现，儿童组在 4 种条件下均未产生 N170 的偏侧化效应。

1. 具身手写的 N170 指标效应——字形促进效应

本研究中成人组和儿童组的强具身（手写汉字）和强离身（注视汉字）均存在显著差异，验证了具身手写的字形促进效应，并以 N170 为指标。相比于注视汉字，手写汉字促进了成人和儿童对汉字的感知。手写汉字条件下的 N170 峰值显著高于注视汉字条件下的 N170 峰值。手写汉字字符很可能是诱发 N170 的具身文字启动指标之一。传统的 N170 研究与面孔有关，而中文汉字与面孔是有着高度相似性的视觉刺激，因此汉字适用于视觉文字处理。

本研究中，手写条件下 N170 效应最大（峰值最高），说明 N170 调节是由手写运动的物理特征所导致的，这是具身手写的物理属性表征。此外，本研究还对手写运动的生理特性有反映，在 N170 的条件下，儿童的手写效应最明显。同时，成人对文字的偏侧化效应明显，而对非文字（画图）的偏侧化效应不明显。这体现了具身手写的字形促进效应。

2. 手写跨语言的 N170 指标效应——母语促进效应

儿童组画图汉字条件下的 N170 峰值显著高于画图英语条件下（$P = 0.004$）；成人组画图汉字条件下的 N170 峰值也显著高于画图英语条件下（$P = 0.009$）。此外，手写运动对第二语言认知也具有促进作用，尤其在成人组中更明显。这一结果揭示了手写运动（弱离身）的跨语言效应。

探究其机理，很多研究认为，正字法刺激（如单词、假字和辅音串）比非正字法刺激（如符号）会产生更大的 N170 效应。[1][2][3] N170 可能反映的不是面孔识别再认的结果，而是结构编码再认的过程。[4] 中国成人和儿童对中文的熟悉度要远高于英文，会引发更多的注意和更大的网络表

[1]　Bentin，S.，Mouchetant-Rostaing，Y.，Giard，M. H.，et al.："ERP manifestations of processing printed words at different psycholinguistic levels：time course and scalp distribution"，*Journal of Cognitive Neuroscience*，11(3)，1999.

[2]　Pylkkänen，L.，Marantz，A.："Tracking the time course of word recognition with MEG"，*Trends in Cognitive Sciences*，7(5)，2003.

[3]　Simon，G.，Bernard，C.，Largy，P.，et al.："Chronometry of visual word recognition during passive and lexical decision tasks：an ERP investigation"，*International Journal of Neuroscience*，114(11)，2004.

[4]　郝晓晓，孙天义，许远理：《面孔识别的 ERP 早期成分 P100 和 N170》，《当代教育实践与教学研究》2015 年第 8 期。

征，从而产生更大的 N170 效应。

第一，手写集注意力于笔画构成，增加了表征的视觉—运动信息，从而促进视觉识别。对中国成年人学习汉语词的研究也表明了这样的结果。相关实证研究表明在词语识别时书写文字和阅读文字间存在关联。比如，官群等人发现在控制先前知识的前提下，手写质量的提高有益于预测阅读的获取量。此外，手写通过对母语的视觉—运动源，形成一个伴随着一种新的神经运动记忆的心理模型的书面形式。与其他形式的视觉—运动训练相比，包括文字追踪拟写和打字，手写字母时会更好地激活被称为"阅读路径"的相关脑区。感知动觉促进语言认知，且不因目的语的熟悉程度而变化。

第二，母语的 N170 效应要大于第二语言的 N170 效应。在已往的研究中，以英语为母语者的英文 N170 波幅大于第二语言（中文）N170 波幅。本研究中，以汉语为母语的成人和儿童，中文的 N170 效应均大于第二语言（英文）。这跟刘颖和佩尔费蒂①的发现一致。手写汉字能产生更强烈的运动启动效应，引起感知自动化。不论是成人还是儿童对汉字的熟悉度都要远高于对英语字母的熟悉度。成人对中文和英文已经形成了固化的认知机制，其作用力强于处于发展期的儿童的认知机制，且对母语的认知又强于英文。未来研究可进一步探讨处于二语具身认知关键期的儿童的长时具身启动和自动化特征。

3. 手写跨年龄的 N170 指标效应——语言发展效应

本研究中，成人和儿童的 N170 产生视觉差异，即在 N170 的条件下，儿童的手写效应强具身与强离身对比效应最明显，儿童群体中在弱离身的画图汉字条件下的 N170 效应显著大于在画图英语条件下。同时，成人对文字的偏侧化效应明显，而对非文字（画图汉字和画图英语）的偏侧化效应就不明显。

首先，手写汉字是早期视觉指标的特征诱因。成人由于手写运动已成熟，因此，产生了手写具身感知的偏侧化效应，而儿童由于手写运动尚未成熟，为此没有产生偏侧化效应。

其次，偏侧化只是针对左右电极的对比，不同条件下，人脑对早期视觉加工的指标 N170 会受人的信息加工的输入生理属性影响产生不同的偏侧化效果，说明偏侧化是人类因文字视觉加工经验而导致的生理属性。而 N170 的潜伏期大小，又说明该指标的调节具有动态的视觉—运

---

① Liu，Y.，Perfetti，C. A.："The time course of brain activity in reading English and Chinese：an ERP study of Chinese bilinguals"，*Human Brain Mapping*，18(3)，2003.

动双向作用，所以有些条件下 N170 效应最明显。

手写汉字很可能会诱发儿童群体的 N170 效应，作为其语言发展成熟型指标，语言视觉动觉早期发展的可塑性在儿童中明显。成人中这种视觉动觉关联的早期启动指标区域完善，虽然也有可塑性，但短期指标没有体现，日后的 ERP 长期和中期指标可以体现。成人的偏侧化最明显，说明成人的可塑性机制趋于成熟，这是神经机制（如镜像神经元反馈）长期形成的认知特点，因此有更明显的偏侧化，具身手写效应更明显；儿童中未体现，说明可塑性机制尚未固化。

因此，手写具身感知对文字属性可塑性指标的影响是后天经验的结果，也就是说，N170 偏侧化效应不是人类天生的，或者说不是在人类认知早期（儿童中）就存在的，而是后天具身手写感知作用的结果。这可能预示，如果不在儿童手写的关键期进行手写运动，人类可能失去上千年繁衍而形成的对文字偏侧化的生理属性，这是一个岌岌可危的现象。

（五）结论

综上，通过强具身（手写汉字）、强离身（注视汉字），与两个弱离身（画图汉字和画图英语）条件下的对比实验，行为数据和脑电数据结果吻合，验证了具身手写的字形促进效应、具身手写的母语促进效应以及具身手写的语言发展效应。研究发现具身手写这三个效应的关键机制是手写所确立的视觉—运动的双向机制，视觉和运动区域之间的双向交互提供了空间信息和神经运动记忆，但确切的机制仍有待进一步研究。成人对文字的偏侧化效应更明显，N170 偏侧化效应不是人类天生的，或者说不是在人类认知早期（儿童中）就存在的，而是后天具身手写感知作用的结果。手写在中文学习中发挥着越来越重要的作用，但对拼音文字，手写也起着一定的作用。相比于第二语言，手写运动更能促进对母语的认知，通过弱离身促进第二语言认知的假设是成立的。整体研究表明，如果儿童缺失任何一种强或弱的手写经验，均可能会造成部分具身协同经验消失，面临手写危机。如何运用手写促进字形认知、促进母语认知、进行语言发展尚待深入思考，值得具身协同论进一步关注。

二、中英文学习心理的跨语言具身协同效应

在跨语言学习测评研究中，目前尚未有学者探究中国学生的中英文学习心理的具身协同效应，以及其最终如何影响语言能力。为弥补这一空白，我们调查了北京 267 个初中生的中英文阅读动机，并同时测试了

他们的中英文阅读水平。对中文阅读动机和英文阅读动机的八个维度进行了量化对比。中文阅读动机在自我效能感、好奇心、投入感、消遣娱乐、学业成绩、社会伙伴态度六个维度上的表现优于英文阅读动机；而英文阅读动机在工具性、社会家庭态度两个维度上的表现优于中文阅读动机。同时，相关分析表明，工具性与英文阅读水平密切相关；自我效能感、好奇心、消遣娱乐与中文阅读水平密切相关。此外，多元线性回归分析显示，不同维度的阅读动机分别解释中英文阅读水平的差异。这些研究结果验证了阅读动机的跨语言具身协同效应，不同的阅读动机对中英文阅读水平起着不同作用。在此基础上，我们对中英文阅读教学提出了指导意见。

(一)学习心理的跨语言具身协同效应概述

在外语教学理论研究中，从行为主义到认知主义、从建构主义到社会文化主义，核心任务都是探究学习外语时的心理特点及规律。在英语作为外语的学习心理测评中，研究者往往过于关注学生的外语学习心理、母语学习心理，以及母语对外语学习心理的影响，却忽略了外语对母语学习心理的影响。跨语言学习迁移理论表明，不仅仅语言学能在母语和外语之间是互相作用的，学习心理也是具有跨语言特征的。①

1. 阅读动机与阅读水平是学习心理的主要指标

在学习心理中，学习动机是影响学习成功的重要因素。阅读行为极大程度上受动机的影响。事实上，一个人阅读技巧再高，如果缺乏阅读动机，也不能成功地完成阅读任务。因此，阅读动机与阅读水平密切相关。比如说，对感兴趣的题目的好奇心、在阅读有趣读物时获得的乐趣、面对复杂或有难度的知识时激发的挑战性，这些都是有效阅读的重要动机。

关于中国学生的阅读研究，有些学者关注的是阅读动机对中文阅读的影响②，还有些学者关注的是阅读动机对英文阅读的影响③。然而很少有学者同时对同一群体的中国学生的中文、英文阅读动机进行分析。因此，本研究试图弥补这一空白，在修订中文阅读动机量表、英文阅读动

---

① Jarvis, S., Pavlenko, A., *Crosslinguistic Influence in Language and Cognition*, New York: Routledge, 2008.

② Lau, K. L.: "Construction and initial validation of the Chinese reading motivation questionnaire", *Educational Psychology*, 24(6), 2004.

③ Chen, J. F., Warden, C. A., Chang, H. T.: "Motivators that do not motivate: the case of Chinese EFL learners and the influence of culture on motivation", *TESOL Quarterly*, 39(4), 2005.

机量表的基础上，直接对比同一群体的中国学生在中文阅读动机、英文阅读动机上的异同，并考查不同动机如何影响中英文阅读水平。

2. 中英文阅读动机对阅读水平的影响

在中国，教师和家长较为关注学生的中英文双语能力。虽然英语教育一直受到教师、家长乃至全社会的高度重视，但英语多在正规的课堂中被讲授、学习和使用。在日常生活中，交流载体主要还是中文。英文仅仅是一门外语，使用英文的情境还很有限。因此在当前这种语言背景下，研究和理解哪些因素能真正激发学生的语言学习动机，这些动机因素在中英文阅读上各自表现如何，是具有理论价值和实践意义的。

目前，学者对中文阅读动机的研究已从不同角度和方面进行。比如，刘洁玲调查了香港七年级学生的中文阅读动机，包括自我效能感、内部动机、外部动机、社会动机以及归因。[①] 研究发现，自我效能感、内部动机以及对能力和策略的归因与阅读水平密切相关。这与 Wang、Guthrie[②] 和宋凤宁等人[③]的研究结果相吻合。Wang 和 Guthrie 研究了在美国和中国的小学高年级学生在母语阅读时的动机，结果发现内部动机，如从阅读中获得的乐趣能正向预测阅读水平。相反，外部动机，如获得好的分数、得到外界的认可、获得一项必备技能等能负向预测阅读水平。宋凤宁等人对 353 个中国中学生的中文阅读动机及成绩进行了研究，发现内部动机对阅读成绩的影响大于其他因素。

然而，对英语阅读动机的研究结论则莫衷一是。比如，Pae 调查了学英语的韩国学生，发现其内部动机与英文阅读的愿望呈正相关。[④] 然而，Chen 等人对学英语的中国台湾学生的研究却发现，工具动机，如较好的工作和工薪，而不是内部动机影响了学生的英语阅读水平。[⑤] 魏冉对中国大学生英语阅读动机的研究发现，成就价值和社会因素与阅读成

① Lau, K. L. : "Construction and initial validation of the Chinese reading motivation questionnaire", *Educational Psychology*, 24(6), 2004.

② Wang, J. H. Y. , Guthrie, J. T. : "Modeling the effects of intrinsic motivation, extrinsic motivation, amount of reading, and past reading achievement on text comprehension between U. S. and Chinese students", *Reading Research Quarterly*, 39(2), 2004.

③ 宋凤宁，宋歌，余贤君，等:《中学生阅读动机与阅读时间、阅读成绩的关系研究》,《心理科学》2000 年第 1 期。

④ Pae, T. I. : "Second language orientation and self-determination theory: a structural analysis of the factors affecting second language achievement", *Journal of Language and Social Psychology*, 27(1), 2008.

⑤ Chen, J. F. , Warden, C. A. , Chang, H. T. : "Motivators that do not motivate: the case of Chinese EFL learners and the influence of culture on motivation", *TESOL Quarterly*, 39(4), 2005.

绩呈正相关。① 同样，Grosse、Tuman 和 Critz 也强调了工具动机对英文阅读的重要性。② 当然，不同社会文化的影响，可能造成了这些研究结论的差异性。

若想更好地了解中文阅读动机和英文阅读动机的异同，最好的办法就是对相同的被试进行研究，探测他们使用这两种不同语言进行阅读时的动机各是什么。以往的研究，对于此类问题，往往面向不同的被试，使用的动机量表也不一致。跨样本和跨量表导致了不同的结论和非系统性的分析。比如，刘洁玲以及 Wang 和 Guthrie 在有关中文（母语）阅读的动机调查中考查了自我效能感，但 Chen 等人在有关英语（外语）阅读的动机调查中就没有考查这一点。此外，利用相同的量表，能够让研究者直接比较和区分跨语言阅读动机的异同点。在当前背景下，了解激发学生中文学习和英文学习的动机因素是什么、跨语言学习的差异在哪里，对教学具有指导意义。

在众多的动机量表中，威格菲尔德（Wigfield）及其同事研制的阅读动机量表或许是当前调查阅读动机的比较全面、有效的量表。③④⑤⑥ 这是为以英语为母语的阅读者制定的量表，之后被改编用来测量以英语为第二语言的阅读者的阅读动机。2004 年，这份量表被刘洁玲重新修订成中文版，考查了以中文为母语的阅读者的动机情况。

此阅读动机量表包含了三个范畴。第一个范畴是能力和效能感，包含自我效能和挑战，即一个人为成功地阅读，自我认定的阅读意愿的大小和阅读能力的高低。第二个范畴是内部动机和外部动机，被称为阅读的目标，即一个人对阅读的投入感、重视阅读的内部信念，以及获得成功后（如取得优异成绩等）可能得到他人认可的外部信念。第三个范畴被称为阅读的社会态度，即承认阅读是一种社会活动，如满足同父母或伙

---

① 魏冉：《英语阅读动机与阅读成绩、性别之相关性实证研究》，《徐州师范大学学报（哲学社会科学版）》2011 年第 6 期。

② Grosse, C. U., Tuman, W. V., Critz, M. A.: "The economic utility of foreign language study", *The Modern Language Journal*, 82(4), 1998.

③ Baker, L., Wigfield, A.: "Dimensions of children's motivation for reading and their relations to reading activity and reading achievement", *Reading Research Quarterly*, 34(4), 1999.

④ Wigfield, A.: "Reading motivation: a domain-specific approach to motivation", *Educational Psychologist*, 32(2), 1997.

⑤ Wigfield, A., Guthrie, J. T.: "Relations of children's motivation for reading to the amount and breadth or their reading", *Journal of Educational Psychology*, 89(3), 1997.

⑥ Wigfield, A., Children's Motivations for Reading and Reading Engagement. In J. T. Guthrie & A. Wigfield (Eds.), *Reading Engagement: Motivating Readers Through Integrated Instruction*. Newark, NJ: International Reading Association, 1997, pp. 14-33.

伴一起阅读的要求等。

本研究利用此阅读动机量表对中文、英文阅读动机的八个维度进行了探索。这八个维度分别是自我效能感、好奇心、投入感、消遣娱乐、学业成绩、工具性、社会家庭态度和社会伙伴态度。这八个维度符合当前中国语言使用的文化背景，并且有利于探讨跨语言使用的不同。消遣娱乐、工具性、社会家庭态度和社会伙伴态度维度的题目在原量表的基础之上有所扩充；自我效能感、好奇心、投入感和学业成绩维度则直接使用原量表中的内容。

本研究的目的有三。第一，通过验证性因素分析，揭示量表的结构效度；第二，从八个维度上比较学生中文阅读动机和英文阅读动机的异同；第三，考查这些动机对于中、英文阅读水平的预测情况。我们假设自我效能感、好奇心、投入感、消遣娱乐与中文阅读水平具有较大的相关，同时，好奇心、投入感、消遣娱乐可以解释中文阅读水平的差异，而工具性可以解释英文阅读水平的差异，具体哪种动机的解释作用更大不是本研究的重点。

(二)研究方法与流程

1. 被试

北京某中学全体七年级学生参加了本次实验(共 267 个学生，其中 130 个女生、137 个男生，平均年龄为 11.82 岁，标准差为 0.68)。被试同时汇报了性别、是否订阅中英文报刊等方面的情况。绝大多数学生的家庭经济状况较好。在所有的被试中，75％的学生订阅了中文报纸或杂志，27％的学生订阅了英文报纸或杂志。

2. 阅读动机量表

此量表包含了有关阅读动机的八个维度的 50 个题目，其中自我效能感 4 个题目，好奇心 6 个题目，投入感 6 个题目，消遣娱乐 8 个题目，学业成绩 4 个题目，工具性 9 个题目，社会家庭态度 6 个题目，社会伙伴态度 7 个题目。采用 4 级计分(1＝非常不像我，2＝有点不像我，3＝有点像我，4＝非常像我)。此量表只用中文呈现给学生，分为两个版本，一个版本考查学生阅读中文材料的动机情况(以下称中文阅读动机量表)，另一个版本考查学生阅读英文材料的动机情况(以下称英文阅读动机量表)。所有题目在两个版本中的呈现次序和内容完全一样。

3. 中英文阅读测试

选取 Leong 等人的八篇文章，包括说明文和记叙文。八篇文章的句法复杂度相当，每篇文章包含 6～12 个句子，内容都是初中生感兴趣的。

具体而言，《诺贝尔》一文，一共有 8 个句子，介绍了发明家诺贝尔的贡献以及他给后人带来的影响；《矛和盾》一文，一共有 8 个句子，讲述了受到矛和盾的进攻和防御作用的启发，发明家创造了坦克。八篇文章分别以中文和英文的方式呈现。测试采取平衡式顺序设计：一半被试先完成中文阅读和中文阅读动机量表，两个星期后完成英文阅读和英文阅读动机量表；另外一半被试先完成英文阅读和英文阅读动机量表，两个星期后完成中文阅读和中文阅读动机量表。

阅读完每篇文章后，学生被要求回答三个开放式问题，以检验阅读水平。得分 0，1，2，3 分别对应着回答不正确、有点正确、大部分正确和完全正确。因此，每篇文章的总得分最低是 0 分，最高是 9 分。一共阅读八篇中文文章，总得分最高是 72 分。同样，一共阅读八篇英文文章，总得分最高也是 72 分。

4. 实验流程

全部利用下午的自习时间，学生需在教师的监督下进行。测试时，统一用广播喇叭，由研究者宣读测试指导语，每个班级的班主任和另外一名受过培训的测试者负责发卷并解答学生提出的疑问，确保每个学生独立并按时完成所有的测试。一半的学生首先进行中文阅读（60 分钟）和量表填写（15 分钟），另外一半的学生进行英文阅读（60 分钟）和量表填写（15 分钟）；两周之后，学生再进行另外一种语言的文章阅读和量表填写。

(三) 结果

结果分为两个部分进行汇报。第一部分是通过验证性因素分析，揭示量表的结构效度，然后呈现各个维度的相关性。第二部分是揭示动机的几个维度和中英文阅读水平之间的关系。

1. 验证性因素分析

验证性因素分析是利用 AMOS 6.0 软件进行的。根据 CFI、NNFI 和 GFI 接近 0.9，RMSEA 小于 0.6 的要求，这些具体指数（见表 6-1）属于可以被接受的范围。因此，两个版本的量表都可接受。中文阅读动机量表和英文阅读动机量表的各个维度上的负载系数（factor loadings）都在 $P < 0.001$ 的水平上显著。

表 6-1　中、英文阅读动机量表拟合度指标

量表名	CMIN	DF	CFI	NNFI	GFI	RMSEA
中文阅读动机量表	241.28	142	0.94	0.92	0.87	0.05
英文阅读动机量表	200.80	142	0.93	0.91	0.84	0.04

表 6-2 列出了中文阅读动机量表和英文阅读动机量表的内部一致性系数。如果内部一致性系数大于等于 0.7，那么这个量表就应该属于有效的量表。表 6-2 显示，所有的动机维度中，内部一致性系数都大于或接近 0.7。此外，从学生在自我效能感、好奇心、投入感、消遣娱乐维度上的得分来看，中文阅读动机明显高于英文阅读动机，这一点符合预测。在学业成绩维度上，中文阅读动机高于英文阅读动机。在工具性维度上，英文阅读动机高于中文阅读动机。在社会家庭态度维度上，英文阅读动机高于中文阅读动机。在社会伙伴态度维度上，中文阅读动机高于英文阅读动机。

表 6-2 中、英文阅读动机量表八个维度的均值(标准差)及内部一致性系数

维度	中文 ($N=267$)		英文 ($N=267$)		t
	均值(标准差)	Cronbach (α)	均值(标准差)	Cronbach (α)	
自我效能感	2.84 (0.65)	0.74	2.50 (0.78)	0.78	5.04**
好奇心	3.05 (0.53)	0.75	2.78 (0.77)	0.83	4.82**
投入感	3.00 (0.55)	0.66	2.65 (0.72)	0.75	5.65**
消遣娱乐	3.05 (0.62)	0.84	2.74 (0.76)	0.86	5.39**
学业成绩	2.30 (0.69)	0.87	2.23 (0.81)	0.75	0.95*
工具性	2.63 (0.62)	0.74	2.70 (0.67)	0.81	−1.76*
社会家庭态度	2.08 (0.54)	0.67	2.97 (0.62)	0.77	0.26*
社会伙伴态度	2.44 (0.60)	0.65	2.19 (0.66)	0.78	4.75**

注：* $P<0.05$，** $P<0.01$。

2. 阅读动机和阅读水平之间的关系

数据分析是用 SPSS 16.0 软件进行的，主要包括以下两个方面：①阅读动机的各个维度之间的相关性(见表 6-3)；②八个维度对中、英文阅读水平的多元回归模型(见表 6-4、表 6-5)。

表 6-3 列出了阅读动机的各个维度之间的相关系数。对于中文阅读动机，各个维度之间的系数都在 $P<0.01$ 的水平上显著，系数范围 0.21～0.72，中等相关。对于英文阅读动机，各个维度之间的系数都在 $P<0.01$ 的水平上显著，系数范围 0.37～0.81，中等到高度相关。此外，表 6-3 还列出了阅读动机和阅读水平之间的相关关系。自我效能感、好奇心、消遣娱乐与中文阅读水平相关；与英文阅读水平相关的唯一因素是工具性。

表 6-3 阅读动机量表八个维度、阅读水平之间的相关系数

维度	1	2	3	4	5	6	7	8	9
1. 阅读水平	—	0.22*	0.28**	0.14	0.36**	0	0.15	0.08	0.10
2. 自我效能感	0.21	—	0.50**	0.42**	0.53**	0.27**	0.58**	0.37**	0.42**
3. 好奇心	0.19	0.69**	—	0.53**	0.72**	0.28**	0.53**	0.36**	0.45**
4. 投入感	0.11	0.67**	0.78**	—	0.58**	0.21**	0.28**	0.30**	0.31**
5. 消遣娱乐	0.13	0.64**	0.81**	0.72**	—	0.23**	0.47**	0.38**	0.42**
6. 学业成绩	0.02	0.43**	0.43**	0.37**	0.45**	—	0.54**	0.39**	0.30**
7. 工具性	0.29**	0.52**	0.52**	0.54**	0.55**	0.37**	—	0.41**	0.41**
8. 社会家庭态度	0.12	0.49**	0.49**	0.49**	0.57**	0.40**	0.37**	—	0.60**
9. 社会伙伴态度	0.13	0.58**	0.58**	0.52**	0.57**	0.51**	0.45**	0.51**	—

注：* $P < 0.05$，** $P < 0.01$。左下方各系数为英文阅读动机量表各维度、阅读水平之间的相关系数，右上方各系数为中文阅读动机量表各维度、阅读水平之间的相关系数。

表 6-4 和表 6-5 分别列出了八大维度的动机因素是如何预测中文或英文阅读水平的高低的，两个回归分析的结果揭示了这个问题。表 6-4 表明，17.6%的中文阅读水平被这八个维度所解释，$F_{(8, 95)} = 2.19$，$P < 0.05$。在回归分析的方程式中，只有消遣娱乐这个维度被探测成为显著因子，对中文阅读水平起到显著性的预测作用（$t = 2.56$，$P < 0.05$）。表 6-5 表明，11.3%的英文阅读水平被这八个维度所解释，但是效果不显著，$F_{(8, 95)} = 1.60$，$P > 0.05$。在回归分析的方程式中，只有工具性这个维度被探测成为显著因子，对英文阅读水平起到显著性的预测作用（$t = 2.31$，$P < 0.05$）。

表 6-4 阅读动机的八个维度预测中文阅读水平的回归系数

变量	beta	t	F 值	R^2
自我效能感	0.08	0.66		
好奇心	0.10	0.66		
投入感	−0.12	−1.01		
消遣娱乐	0.38	2.56*		
学业成绩	−0.07	−0.60	2.19*	0.176
工具性	−0.03	−0.22		
社会家庭态度	−0.02	−0.18		
社会伙伴态度	−0.05	−0.40		

表 6-5　阅读动机的八个维度预测英文阅读水平的回归系数

变量	beta	t	F 值	R^2
自我效能感	0.19	1.31		
好奇心	0.12	0.58		
投入感	−0.19	−1.13		
消遣娱乐	−0.08	−0.43	1.60	0.113
学业成绩	−0.13	−1.15		
工具性	0.29	2.31[*]		
社会家庭态度	0.04	0.33		
社会伙伴态度	−0.01	−0.01		

(四)讨论

本研究探讨同一群体的中国初中生的阅读动机的跨语言特征，及其对中英文阅读水平的影响。首先，使用验证性因素分析证实了八个维度的阅读动机量表在中、英文两种语言测试的背景下可被接受。其次，本研究揭示了英语阅读动机与中文阅读动机在八个动机维度上存在着显著差异。其中，在六个动机维度上，中文阅读动机得分较高；在两个动机维度上，英文阅读动机得分较高。此外，综合八项动机因素可以解释中文阅读水平 17.6% 的差异，可以解释英文阅读水平 11.3% 的差异。最后，在八个动机维度中，消遣娱乐维度与中文阅读水平密切相关，且能够正向预测中文阅读水平；而工具性维度与英文阅读水平密切相关，且能够正向预测英文阅读水平。

具体而言，在自我效能感维度上，中文阅读动机的得分比英文阅读动机要高。究其原因，可能是与英文阅读相比，中文阅读遇到的阅读困难和障碍较少。尽管中英文阅读在正规教学中同样受到重视，但是大部分的语言交流和学习的媒介主要是中文。因此，学生对运用中文技能更加自信，对中文阅读的自我效能感更高，这一结果是不足为奇的。

另外，在好奇心、投入感和消遣娱乐三个内部动机维度上，中文阅读动机的得分比英文阅读动机要高。究其原因，可能是学生更喜欢从中文阅读中寻找乐趣、获取知识，并答疑解惑。进行中文阅读，更能满足学生的阅读兴趣。回归分析结果表明，在中文阅读而不是英文阅读中，消遣娱乐能预测阅读水平。高效的阅读者倾向于把阅读当成一种乐趣。[①]
那些把阅读当成乐趣的人，同样更愿意进行阅读，因此母语阅读水平就
会提高得更快。也就是说，把阅读当成消遣娱乐行为和阅读水平的提高，
这二者是相辅相成的。

除了内部动机，阅读动机量表还包含了两个外部动机。一是工具性
维度的动机。在这个维度上，中文阅读动机得分低于英文阅读动机得分，
工具性动机的强弱与英文阅读水平的高低相关，而与中文阅读水平的高
低不相关。此外，回归分析结果表明，在所有维度的动机中，只有工具
性动机能够预测英文阅读水平。二是学业成绩维度的动机。在这个维度
上，中文阅读动机得分稍高于英文阅读动机得分。而在回归分析中，该
维度没有出现明显的、有意义的结果。

如何解释工具性动机有助于英语的学习呢？实际上，在全世界，
学习作为外语的英语时都注重工具性动机因素。在中国，学好英语，
提高英语读写能力一直被看作找工作过程中的一个加分项，尤其对于
中国的大学毕业生而言，这一工具性动机尤为突出。此外，本研究还
有一个有趣的结果，阅读水平与学业成绩动机没有关系，也就是说分
数本身对学生而言，并不是造成阅读水平差异的主要因素。

本研究探讨的阅读动机的最后一个范畴是阅读的社会态度，包括社
会伙伴态度和社会家庭态度。在社会伙伴态度维度，中文阅读动机得分
要高于英文阅读动机得分，因为日常阅读内容主要为中文，所以跟英文
阅读材料相比，同学伙伴们更愿意分享中文阅读材料。有意思的一点是，
在社会家庭态度维度，中文阅读动机得分要低于英文阅读动机得分。

(五)结论及对阅读教学的启示

1. 结论

本研究系统而全面地探究了中国学生中英文阅读动机的跨语言特征。
我们制定的阅读动机量表可以分别测定出使用两种语言阅读时的动机表
现情况。此外，我们明确了阅读动机和阅读水平之间的跨语言预测关系。
最关键的发现是，消遣娱乐动机是唯一预测中文阅读水平的因素，而工
具性动机是唯一预测英文阅读水平的因素。这些研究发现表明了在中文
母语阅读和英文外语阅读中，有必要重视阅读动机的影响，并且要不断
深化它们对教学的指导作用。

---

① Anderson, M. A., Tollefson, N. A., Gilbert, E. C.: "Giftedness and reading: across-sectional view of differences in reading attitudes and behaviors", *Gifted Child Quarterly*, 29(4), 1985.

2. 对阅读教学的启示

综上所述，本研究对语言阅读和教学具有三点启示。第一，学生的自我效能感在母语阅读中显示了重要的作用，因为较高的自我效能感可以提高学生对语言学习的自信心，形成积极的学习态度。第二，作为内部动机，消遣娱乐动机显示出学生对阅读的真正兴趣，是影响母语阅读的关键因素。来自阅读的乐趣，或许对母语阅读尤为重要。学生把阅读当作一种消遣娱乐，能够促进自己的有效阅读。第三，当前的研究强调了母语学习中内部动机的重要性，语言教育者有必要考虑到对诸如为了消遣娱乐而读书、阅读中的好奇心等学习动机的培养。这些内部动机对母语阅读尤为重要。相比之下，对英语作为外语的阅读而言，这些动机因素就不那么重要了。如果内部动机对英文阅读水平没有预测性，那么对英文阅读的教学就应该考虑其他的方法。在未来的研究中，工具性动机能否对英语学习具有长远性帮助意义，有待进一步探讨。

三、跨语言具身协同效应的镜像神经元活动机理

跨语言认知之间之所以具有具身协同效应，与人脑的进化有关。正如乔姆斯基的普遍语法一样，大脑内部加工不同的语言时依赖着相同或相似的神经机理，这就是镜像神经元活动及其 μ 波抑制。

(一)镜像神经元及其 μ 波抑制的发现和机理

1954 年，Gastaut 和 Bert 观察到当被试休息时，感觉运动皮层会诱发一种很强的 EEG 振荡，而每当被试看拳击比赛并把自己看作屏幕上能动的主体之一时，这种 EEG 振荡便会受到阻断。Gastaut 和 Bert 将这种感觉运动节律称为"拱形节律"。最初的有关 EEG 的文献中将这种振荡现象命名为"中央区 α 节律"，这是因为它与中央沟周围的感觉运动皮层有关，并与 α 节律的频率范围相同。近年来，研究者把这种 EEG 振荡称为"μ 节律"或"μ 波"。

尽管 μ 节律和 α 节律的频率范围相同，但二者并不相同，主要表现在以下几个方面。第一，α 节律主要分布在后部脑区(顶枕区)，而 μ 节律的脑区分布通常更靠前(主要在额顶网络记录到，反映感觉运动加工)。第二，α 波反映的是视觉中枢的静息，睁眼后大脑后部的 α 节律会出现去同步化和衰减，而 μ 节律则并不受睁眼或闭眼的影响，它的基本潜在生理意义和躯体感觉加工过程有关，即 μ 节律的出现反映了感觉系统中神经加工的静息或衰减。具体而言，当执行抓握等外显动

作、对目标导向的动作进行观察或想象时，感觉运动区的皮层振荡受到强烈的抑制。而且，关键的是，在观看其他人执行动作时，μ 节律的功率也会降低，但在观看非生物体动作时则不会出现功率降低的去同步化现象。

实际上，从猕猴的单细胞记录研究到在人类中的研究均表明，静息时，感觉运动区域神经元的同步激活会引起频率更大、波幅更明显的 EEG 振荡；而当被试执行、想象或者观察某项活动时，这些神经元的不同步激活降低了 μ 波的功率。也就是说，μ 节律反映了通过镜像神经元活动的初级感觉运动区的下行调节，被认为是一种将感知转化为行动的关键信息处理功能。μ 波抑制是感知与行为相匹配的神经机制，使对行为的识别与理解成为可能。

（二）μ 波抑制研究体现从静息到功能的认识飞跃

对 μ 波的研究始于静息。建立在 μ 节律是一种静息节律概念的基础上，一系列研究在特定的任务状态下探讨了人类的 EEG 阻断现象。EEG 阻断现象指的是某一特定的 EEG 振荡（如 μ 节律）的衰减或波幅降低。阻断反映了人脑对如睁眼、突然警觉或精神集中这样的刺激的反应。研究表明，正常人的节律会因随意运动、观察运动甚至是想象运动而被阻断或衰减。

从 α 节律的静息概念到 μ 波抑制的功能概念的认识飞跃是具有里程碑意义的。以前人们关注静息时的神经加工的机制，现在关注 μ 波抑制的功能意义，它是镜像神经元活动的一个指标。皮内达（Pineda）针对 μ 波抑制的作用提出了一个统一性理论，认为 μ 节律的激活模式代表信息加工模型，μ 节律反映了大脑中将知觉转化成行动的功能性"门控"机制。[1] μ 节律不仅仅代表一种"静息"状态，而且还与涉及额顶网络的感觉运动加工的复杂模式有关。普尔特席勒（Pfurtscheller）同样提出，μ 波作为静息节律这一概念在某些情况下可能是误称。[2] 特别是，μ 节律中与任务相关的变化更加精确地反映了皮层的激活或失活。通过这种方式，μ 波抑制的功能意义被认为具有信息加工网络的特征，这一系统对认知和情感变量都敏感。因此，μ 波抑制的功能意义产生了从静息到功能的飞跃。

（三）μ 波抑制作为镜像神经元活动指标的证据

随意运动、观察运动、执行运动、想象运动或者进行目标导向的行

　　[1]　Pineda, J. A.: "The functional significance of mu rhythms: translating 'seeing' and 'hearing' into 'doing'", *Brain Research Reviews*, 50(1), 2005.

　　[2]　Pfurtscheller, G.: "Induced oscillations in the alpha band: functional meaning", *Epilepsia*, 44(s12), 2003.

为时，μ 波衰减被认为反映了运动皮层中的镜像神经元活动。感觉运动皮层的频率波段（8～13 Hz）的 EEG 振动抑制与镜像神经元活动有关。比如，当一个镜像神经元功能完好的个体在进行观察、执行和倾听行为时会出现频率波段的 EEG 脑节律的抑制。但当被试观察非人类执行的物体运动时，则不会出现这一抑制现象。许多研究的证据一致表明当成人在执行行动或观察他人执行行动时，μ 波的功率会降低（出现 μ 波抑制），也就是说，这种抑制反映了与镜像神经元有关的观察和执行系统的作用。

近年来，μ 波抑制逐渐成了人类直接或间接的动作和知觉联结活性的参考指标。μ 波抑制是去同步化，当完成肌肉活动时功率会降低，当观看别人执行行动时功率也会降低。Cheng 等人采用 EEG 范式来考查人类镜像神经元的性别差异，发现女性被试动作和知觉间的联结比男性被试更强。[1] 这一系列发现可以为人类动作和知觉的研究提供神经特异性机制的参考指标。

（四）语言信息加工时的 μ 波抑制证据

μ 波抑制在语言理解中也会发生。有趣的是，在语言研究领域几乎没有研究关注作为运动激活功能测量的 μ 波去同步化。Van Elk 等人最早发现 μ 波抑制在阅读谈及人类动作的内容（如"The athlete jumped over the fence"）时会发生，而且要强于阅读谈及动物本身的动作的内容时。[2] 这说明动觉响应（motor resonance）在语言的信息处理中是同时存在的，受到名词和动词搭配的完形填空概率控制，或受到词语的空间、时间、数量语义隐喻象征意义所决定的空间动觉一致性效应影响。因此，动觉效应的发生会伴随着语义整合的 EEG 的 N400 效应，这个效应的强度表示动觉激活的程度，通过 μ 波抑制的表征，体现了词语—语义信息回溯和整合的语言信息加工机制。

已有研究揭示了语言和行动系统在人脑中的功能连接也是通过 μ 波抑制体现的。被试描述运动的行为或理解跟运动相关的语言时，都会激活人脑中的动觉系统。与此同时，动觉系统的激活还对理解行为动词和句子产生促进作用。比如，手脚运动会影响对与手脚相关的词语的工作

---

① Cheng, Y., Yang, C. Y., Lin, C. P., et al.: "The perception of pain in others suppresses somatosensory oscillations: a magnetoencephalography study", *NeuroImage*, 40(4), 2008.

② Van Elk, M., van Schie, H. T., Zwaan, R. A., et al.: "The functional role of motor activation in language processing: motor cortical oscillations support lexical-semantic retrieval", *NeuroImage*, 50(2), 2010.

记忆加工，这个过程会伴随着人体不同区域的 μ 波抑制现象。① 研究表明，手部运动会强烈破坏对有关手部运动的词语和句子的理解，腿部运动会强烈破坏对有关腿部运动的词语和句子的理解。这个抑制机制反映了镜像神经元的活动与人类实际行为的具身协同机制。

参考文献

高一虹，程英，赵媛，等：《英语学习动机类型与动机强度的关系——对大学本科生的定量考察》，《外语研究》2003 年第 1 期。

官群：《具身语言学——人工智能时代的语言科学》，北京，科学出版社，2019。

官群：《神经语言学研究新趋势：从病理迈向生理——兼论对优化外语教学的启示》，《外语教学理论与实践》2017 年第 2 期。

官群：《书写困难认定与书写质量评估》，《中国特殊教育》2013 年第 2 期。

官群：《行动为基础的语言观及其对语言学习机制的诠释：一个有关语言习得、理解以及生成的理论》，《山东外语教学》2014 年第 2 期。

郝晓晓，孙天义，许远理：《面孔识别的 ERP 早期成分 P100 和 N170》，《当代教育实践与教学研究》2015 年第 8 期。

李明芳，张烨，张庆林：《面孔识别中脑电成分 N170 的研究概述》，《心理科学进展》2010 年第 12 期。

梁蕾：《数字时代大学生汉字书写能力现状及影响因素》，《教育观察》2016 年第 7 期。

宋凤宁，宋歌，佘贤君，等：《中学生阅读动机与阅读时间、阅读成绩的关系研究》，《心理科学》2000 年第 1 期。

魏冉：《英语阅读动机与阅读成绩、性别之相关性实证研究》，《徐州师范大学学报（哲学社会科学版）》2011 年第 6 期。

文秋芳：《英语学习者动机、观念、策略的变化规律与特点》，《外语教学与研究（外国语文双月刊）》2001 年第 2 期。

叶浩生：《具身认知：认知心理学的新取向》，《心理科学进展》2010 年第 5 期。

Abu-Rabia, S.："The influence of culture and attitudes on reading comprehension in SL：the case of Jews learning English and Arabs learning Hebrew"，*Reading Psychology*，17(3)，1996.

Addy, L. M.："A perceptuo-motor approach to handwriting"，*British Journal of Occupational Therapy*，59(9)，1996.

---

① Shebani, Z., Pulvermüller, F.："Moving the hands and feet specifically impairs working memory for arm- and leg-related action words"，*Cortex：a Journal Devoted to the Study of the Nervous System and Behavior*，49(1)，2013.

Allison, T. , Ginter, H. , McCarthy, G. , et al. : "Face recognition in human extrastriate cortex", *Journal of Neurophysiology* , 71(2), 1994.

Anderson, M. A. , Tollefson, N. A. , Gilbert, E. C. : "Giftedness and reading: a cross-sectional view of differences in reading attitudes and behaviors", *Gifted Child Quarterly* , 29(4), 1985.

Baker, L. , Wigfield, A. : "Dimensions of children's motivation for reading and their relations to reading activity and reading achievement", *Reading Research Quarterly* , 34(4), 1999.

Barsalou, L. W. : "Perceptual symbol systems", *The Behavioral and Brain Sciences* , 22(4), 1999.

Bastiaansen, M. , Hagoort, P. , Oscillatory Neuronal Dynamics During Language Comprehension. In C. Neuper, W. Klimesch (Eds.), *Progress in Brain Research* , Vol. 159. Amsterdam: Elsevier, 2006, pp. 179-196.

Bentin, S. , Allison, T. , Puce, A. , et al. : "Electrophysiological studies of face perception in humans", *Journal of Cognitive Neuroscience* , 8(6), 1996.

Bentin, S. , Mouchetant-Rostaing, Y. , Giard, M. H. , et al. : "ERP manifestations of processing printed words at different psycholinguistic levels: time course and scalp distribution", *Journal of Cognitive Neuroscience* , 11(3), 1999.

Caharel, S. , Courtay, N. , Bernard, C. , et al. : "Familiarity and emotional expression influence an early stage of face processing: an electrophysiological study", *Brain and Cognition* , 59(1), 2005.

Castiello, U. : "The neuroscience of grasping", *Nature Reviews Neuroscience* , 6 (9), 2005.

Chen, J. F. , Warden, C. A. , Chang, H. T. : "Motivators that do not motivate: the case of Chinese EFL learners and the influence of culture on motivation", *TESOL Quarterly* , 39(4), 2005.

Cheng, Y. , Yang, C. Y. , Lin, C. P. , et al. : "The perception of pain in others suppresses somatosensory oscillations: a magnetoencephalography study", *NeuroImage* , 40(4), 2008.

Cheung, G. W. , Rensvold, R. B. : "The effects of model parsimony and sampling error on the fit of structural equation models", *Organizational Research Methods* , 4 (3), 2001.

Cochin, S. , Barthelemy, C. , Roux, S. , et al. : "Electroencephalographic activity during perception of motion in childhood", *European Journal of Neuroscience* , 13 (9), 2001.

Dapretto, M. , Davies, M. S. , Pfeifer, J. H. , et al. : "Understanding emotions in others: mirror neuron dysfunction in children with autism spectrum disorders",

Nature Neuroscience, 9(1), 2006.

Dehaene, S., Cohen, L.: "Cultural recycling of cortical maps", *Neuron*, 56(2), 2007.

Fecteau, S., Lepage, J. F., Théoret, H.: "Autism spectrum disorder: seeing is not understanding", *Current Biology*, 16(4), 2006.

Gastaut, H. J.: "The electrical activity of the brain", *Annual Review of Physiology*, 13, 1951.

Gastaut, H. J., Bert, J.: "EEG changes during cinematographic presentation; moving picture activation of the EEG", *Electroencephalography and Clinical Neurophysiology*, 6, 1954.

Grosse, C. U., Tuman, W. V., Critz, M. A.: "The economic utility of foreign language study", *The Modern Language Journal*, 82(4), 1998.

Guan, C. Q., Liu, Y., Chan, D. H. L., et al.: "Writing strengthens orthography and alphabetic-coding strengthens phonology in learning to read Chinese", *Journal of Educational Psychology*, 103(3), 2011.

Guan, C. Q., Meng, W. J, Yao, R., et al.: "The motor system contributes to comprehension of abstract language", *PloS One*, 8(9), 2013.

Guan, C. Q., Perfetti, C. A., Meng, W. J.: "Writing quality predicts Chinese learning", *Reading and Writing: An International Journal*, 28(6), 2015.

Hamamura, T., Heine, S. J., Approach and Avoidance Motivation Across Cultures. In A. J. Elliot (Ed.), *Handbook of Approach and Avoidance Motivation*. New York: Psychology Press, 2008, pp. 557-570.

Hamamura, T., Heine, S. J., The Role of Self-Criticism in Self-Improvement and Face Maintenance among Japanese. In E. C. Chang(Ed.), *Self-Criticism and Self-Enhancement: Theory, Research, and Clinical Implications*. Washington, DC: American Psychological Association, 2008, pp. 105-122.

James, K. H.: "Sensori-motor experience leads to changes in visual processing in the developing brain", *Developmental Science*, 13(2), 2010.

James, K. H., Engelhardt, L.: "The effects of handwriting experience on functional brain development in pre-literate children", *Trends in Neuroscience and Education*, 1(1), 2012.

Jarvis, S., Pavlenko, A., *Crosslinguistic Influence in Language and Cognition*, New York: Routledge, 2008.

Lau, K. L.: "Construction and initial validation of the Chinese reading motivation questionnaire", *Educational Psychology*, 24(6), 2004.

Leong, C. K., Tse, S. K., Loh, K. Y., et al.: "Text comprehension in Chinese children: relative contribution of verbal working memory, pseudoword reading, rapid automatized naming, and onset-rime phonological segmentation", *Journal of Educational Psychology*, 100(1), 2008.

Lepage, J. F., Théoret, H.: "EEG evidence for the presence of an action observation-execution matching system in children", *European Journal of Neuroscience*, 23 (9), 2006.

Li, S., Lee, K., Zhao, J., et al.: "Neural competition as a developmental process: early hemispheric specialization for word processing delays specialization for face processing", *Neuropsychologia*, 51(5), 2013.

Liu, Y., Perfetti, C. A.: "The time course of brain activity in reading English and Chinese: an ERP study of Chinese bilinguals", *Human Brain Mapping*, 18 (3), 2003.

Longcamp, M., Anton, J. L., Roth, M., et al.: "Visual presentation of single letters activates a premotor area involved in writing", *NeuroImage*, 19(4), 2003.

Lorch, R. F. Jr., van den Broek, P.: "Understanding reading comprehension: Current and future contributions of cognitive science", *Contemporary Educational Psychology*, 22(2), 1997.

Maurer, U., Brem, S., Bucher, K., et al.: "Emerging neurophysiological specialization for letter strings", *Journal of Cognitive Neuroscience*, 17(10), 2005.

Molnar-Szakacs, I., Kaplan, J., Greenfield, P. M., et al.: "Observing complex action sequences: the role of the fronto-parietal mirror neuron system", *NeuroImage*, 33(3), 2006.

Mori, S.: "Redefining motivation to read in a foreign language", *Reading in a Foreign Language*, 14(2), 2002.

Muthukumaraswamy, S. D., Johnson, B. W., McNair, N. A.: "Mu rhythm modulation during observation of an object-directed grasp", *Brain Research, Cognitive Brain Research*, 19(2), 2004.

Oberman, L. M., Hubbard, E. M., McCleery, J. P., et al.: "EEG evidence for mirror neuron dysfunction in autism spectrum disorders", *Brain Research, Cognitive Brain Research*, 24(2), 2005.

Oberman, L. M., Ramachandran, V. S., Pineda, J. A.: "Modulation of mu suppression in children with autism spectrum disorders in response to familiar or unfamiliar stimuli: the mirror neuron hypothesis", *Neuropsychologia*, 46(5), 2008.

Pae, T. I.: "Second language orientation and self-determination theory: a structural analysis of the factors affecting second language achievement", *Journal of Language and Social Psychology*, 27(1), 2008.

Pfurtscheller, G.: "Induced oscillations in the alpha band: functional meaning", *Epilepsia*, 44(s12), 2003.

Pfurtscheller, G. , Brunner, C. , Schlögl, A. , et al. : "Mu rhythm (de) synchronization and EEG single-trial classification of different motor imagery tasks", *Neuro-Image*, 31(1), 2006.

Pineda, J. A. : "The functional significance of mu rhythms: translating 'seeing' and 'hearing' into 'doing'", *Brain Research Reviews*, 50(1), 2005.

Pylkkänen, L. , Marantz, A. : "Tracking the time course of word recognition with MEG", *Trends in Cognitive Sciences*, 7(5), 2003.

Qi, Z. Y. , Wang, X. L. , Hao, S. , et al. : "Correlations of electrophysiological measurements with identification levels of ancient Chinese characters", *PloS One*, 11 (3), 2016.

Rizzolatti, G. , Craighero, L. : "The mirror-neuron system", *Annual Review of Neuroscience*, 27 (1), 2004.

Rizzolatti, G. , Fogassi, L. , Gallese, V. : "Neurophysiological mechanisms underlying the understanding and imitation of action", *Nature Reviews: Neuroscience*, 2 (9), 2001.

Rossion, B. , Collins, D. , Goffaux, V. , et al. : "Long-term expertise with artificial objects increases visual competition with early face categorization processes", *Journal of Cognitive Neuroscience*, 19(3), 2007.

Schweinberger, S. R. , Pickering, E. C. , Jentzsch, I. , et al. : "Event-related brain potential evidence for a response of inferior temporal cortex to familiar face repetitions", *Brain Research, Cognitive Brain Research*, 14(3), 2002.

Shadmehr, R. , Holcomb, H. H. : "Neural correlates of motor memory consolidation", *Science*, 277(5327), 1997.

Shebani, Z. , Pulvermüller, F. : "Moving the hands and feet specifically impairs working memory for arm- and leg-related action words", *Cortex: a Journal Devoted to the Study of the Nervous System and Behavior*, 49(1), 2013.

Simon, G. , Bernard, C. , Largy, P. , et al. : "Chronometry of visual word recognition during passive and lexical decision tasks: an ERP investigation", *International Journal of Neuroscience*, 114(11), 2004.

Siok, W. T. , Niu, Z. D. , Jin, Z. , et al. : "A structural-functional basis for dyslexia in the cortex of Chinese readers", *Proceedings of the National Academy of Sciences of the United States of America*, 105(14), 2005.

Steiger, J. H. : "Tests for comparing elements of a correlation matrix", *Psychological Bulletin*, 87(2), 1980.

Tan, L. H. , Spinks, J. A. , Eden, G. F. , et al. : "Reading depends on writing, in Chinese", *Proceedings of the National Academy of Sciences of the United States of America*, 102(24), 2005.

Tan, L. H. , Xu, M. , Chang, C. Q. , et al. : "China's language input system in the digital age affects children's reading development", *Proceedings of the National Academy of Sciences* of the United States of America, 110(3), 2013.

Tung, P. , Lam, R. , Tsang, W. K. : "English as a medium of instruction in post-1997 Hong Kong: what students, teachers and parents think", *Journal of Pragmatics*, 28(4), 1997.

Tversky, B. , Hard, B. M. : "Embodied and disembodied cognition: spatial perspective-taking", *Cognition*, 110(1), 2009.

Van Elk, M. , van Schie, H. T. , Zwaan, R. A. , et al. : "The functional role of motor activation in language processing: motor cortical oscillations support lexical-semantic retrieval", *NeuroImage*, 50(2), 2010.

Vogt, S. , Buccino, G. , Wohlschläger, A. M. , et al. : "Prefrontal involvement in imitation learning of hand actions: effects of practice and expertise", *NeuroImage*, 37(4), 2007.

Wang, J. H. Y. , Guthrie, J. T. : "Modeling the effects of intrinsic motivation, extrinsic motivation, amount of reading, and past reading achievement on text comprehension between U. S. and Chinese students", *Reading Research Quarterly*, 39 (2), 2004.

Watkins, M. W. , Coffey, D. Y. : "Reading motivation: multidimensional and indeterminate", *Journal of Educational Psychology*, 96(1), 2004.

Wigfield, A. : "Reading motivation: a domain-specific approach to motivation", *Educational Psychologist*, 32(2), 1997.

Wigfield, A. , Children's Motivations for Reading and Reading Engagement. In J. T. Guthrie & A. Wigfield (Eds.), *Reading Engagement: Motivating Readers Through Integrated Instruction*. Newark, NJ: International Reading Association, 1997, pp. 14-33.

Wigfield, A. , Guthrie, J. T. : "Relations of children's motivation for reading to the amount and breadth or their reading", *Journal of Educational Psychology*, 89(3), 1997.

Wong, A. C. N. , Gauthier, I. , Woroch, B. , et al. : "An early electrophysiological response associated with expertise in letter perception", *Cognitive, Affective and Behavioral Neuroscience*, 5(3), 2005.

Wu, X. C. , Li, W. L. , Anderson, R. C. : "Reading instruction in China", *Journal of Curriculum Studies*, 31(5), 1999.

Yoncheva, Y. N. , Blau, V. C. , Maurer, U. , et al. : "Attentional focus during learning impacts N170 ERP responses to an artificial script", *Developmental Neuropsychology*, 35(4), 2010.

第七章　具身协同视域下的英语学习

本章从具身协同论出发来审视中国人的外语学习，并试图对以下问题进行探讨：何时开始学习英语效果最佳？能像学习母语（汉语）一样学习英语吗？如何学习英语更有效？基于具身协同论的英语学习模式如何？

一、何时开始学习英语效果最佳？

2001 年发布的《教育部关于积极推进小学开设英语课程的指导意见》第一条"积极推进小学开设英语课程"明确规定，"推进小学开设英语课程的基本目标是：2001 年秋季始，全国城市和县城小学逐步开设英语课程；2002 年秋季，乡镇所在地小学逐步开设英语课程。小学开设英语课程的起始年级一般为三年级"。

国外对二语习得的年龄效应进行了大量研究。研究者普遍认为，年龄是影响二语学习效果的重要因素。由于大脑的可塑性更强，所以儿童在语言学习上比成人更具有优越性。那么到底何时开始学习二语效果最好？下面对认知神经科学相关证据加以系统分析和考查，力图从中得出对我国外语教学有益的启示。

(一)二语习得的关键期

通常认为，有一段时期，学习者能容易地习得二语，并且取得类似母语的能力，这段时期也就是二语习得的关键期。

勒纳伯格(Lenneberg)提出人类具有潜在的语言结构，即自动性语言习得认知结构，该结构的功能在人脑成熟后，或者说在青春期人脑单侧化完成时就终止了。[①] 他以神经心理因素为基础，证实了彭菲尔德(Penfield)和罗伯茨(Roberts)最初提出的关键期假说，解释了青春期以后习得母语的困难。与无意识状态下的母语习得特点不同，二语习得更加困难，过了关键期很少有人能完全成功地习得二语。塞林克(Selinker)把这

---

① Lenneberg, E. H.："The biological foundations of language"，*Hospital Practice*，2(12)，1967.

种现象叫作"僵化"（fossilization）。① 许多二语学习者学不好二语，并且形成了自己内化的规则系统，产生了"中间语言"。Ellis 指出，年龄是导致"僵化"的内部因素之一，到达一定年龄，大脑会失去可塑性，某些语言特征就无法掌握了。②

在二语习得中，一些研究者认为年龄分界线应该是青春期或者说 12岁。也有人提出把更小的年龄，如 6 岁看作关键期的最后界限。实际上，对关键期的年龄界定依赖于所习得二语的具体成分是哪些，到底学习的是发音，还是句法语法。有关发音学习的年龄效应的研究表明，越早学习发音越好。关于句法语法学习的年龄效应也同样得到了证实，只不过该关键年龄比发音学习的关键年龄晚。根据一些研究的观点，习得二语纯正的发音直到 6 岁还是有可能的，而掌握纯正的句法语法能力直到 15岁还是可能的。Selinger 指出语言不同方面的习得存在多元关键期，二语纯正语音习得的关键期要早于语法习得关键期。③ Pinker 对此进行了详细的解释：正常语言（语音）的习得在儿童 6 岁前是有保证的，之后就不断退化，青春期结束后就很少能习得了。④

Ellis 进行了年龄与二语习得的相关研究，提出在 6 个领域存在关联：感觉的敏锐性、神经学因素、情感动机因素、认知因素、输入、储存。就感觉的敏锐性而言，儿童或年轻的学习者在对二语的感知能力和语音切分能力上表现较好，这使得年轻学习者的二语发音更纯正；从神经学来讲，研究已经证明大脑可塑性的丧失、单侧化完成或者大脑已经成熟，都会影响学习者习得语音和语法的能力，神经结构可以影响到发音和语法两个方面；就情感动机因素而言，儿童学习二语的情感动机较弱，多为自然可得，相比较而言，成人学习二语的优势条件是学习目的性明确，学习动机比较强烈；在认知领域，学习二语时儿童利用他们的语言习得机制，而成人依靠归纳学习能力；在语言信息输入过程中，儿童的输入效率比成人更高，因为成人可能对语言信息的意义给予更多斟酌；在储

---

①　Selinker，L.："Interlanguage"，*International Review of Applied Linguistics in Language Teaching*，10(3)，1972.

②　Ellis，R.，*The Study of Second Language Acquisition*，Oxford：Oxford University Press，1994.

③　Selinger，H. W.，Implications of A Multiple Critical Periods Hypothesis for Second Language Learning. In Ritchie，W. C. (Ed.)，*Second Language Acquisition Research：Issues and Implications*. New York：Academic Press，1978，p. 11.

④　Pinker，S.，*The Language Instinct：How the Mind Creates Language*，New York：Harper Collins，2007.

存表现上，年龄小的儿童分开储存母语和二语信息，成为并列型双语者，而成人将母语和二语知识储存在一起，成为复合型双语者，并列型双语者能够自动化地使用两种语言，而复合型双语者则不能。

(二)二语习得关键期的提出和两种观点的争鸣

1. 语言习得关键期假说的提出

关键期假说这一概念起源于生物学，指对特定技能或行为模式的发展最敏感的时期或为此做准备的时期。在这段时期内，环境因素能够最大限度地影响个体发展。

大量的生物实验证明，个体在养成某种行为习惯上存在关键期。劳伦兹(Lorenz)通过观察发现，刚出生的小鹅有"认母"行为，即在出生后的最初 20 小时内将其看到的第一个移动生物认作母亲，无论这个生物是母鹅、人类还是其他物种。但若在这 20 小时中把小鹅同一切移动生物隔离开，再将其释放后，小鹅不会再出现"认母"行为。劳伦兹将这一现象称为"印刻"，并且将这段时间看作个体发育的敏感期。

1959 年，哈佛医学院教授休伯尔(Hubel)和威泽尔(Wiesel)两人观察了幼猫的神经系统发育与视觉刺激的关系。幼猫自出生之日起便被佩戴上眼罩。两个月后，除掉眼罩，猫的眼睛的生理结构仍然完好，但是猫对视觉信号并没有反应。即使在此后相当长的时间里不佩戴眼罩，也并未因此恢复视觉。动物的感觉不仅来自感受器官，也取决于对应的大脑皮层。大脑皮层发育的早期存在一个发育的关键期。必须有足够的感觉刺激，皮层才能正常发育。在没有获得视觉刺激的情况下，原来对应视觉的大脑皮层会被挪作他用，且无法复原。

1987 年，古尔德(Gould)和马勒(Marler)对白冠雀的研究也为关键期假说提供了生物学依据。研究发现，成年雄雀的鸣叫声中有一种特殊的音符信号，这种信号能够自动触发幼年雄雀的鸣叫学习。然而，幼年雄雀只有在其刚出生的 50 天内接受成年雄雀的鸣叫刺激后才能学会鸣叫，如果在这段时间内将幼年雄雀同这种鸣叫刺激隔离开，它们之后将无法学会鸣叫。这段时期被称作白冠雀的鸣叫习得的敏感期或关键期。

彭菲尔德和罗伯茨最早将关键期假说引入语言习得领域。他们通过对失语症患者的临床观察提出了"大脑的可塑性假说"，认为人类的语言能力同大脑发育密切相关，并且提出语言习得的最佳时间是 10 岁之前。这段时期大脑的可塑性强，人们在没有指导和干预的情况下能够在自然情境中轻松习得并且熟练掌握一门语言。随着青春期的到来，"大脑偏侧化"出现，大脑的可塑性逐渐减弱，语言习得的关键期也随之消失。

　　勒纳伯格继承并发展了上述观点，提出了语言习得关键期假说，认为语言是大脑的产物，由于生理机制的制约，儿童在语言学习方面更具优势。在 2 岁至青春期这段时间内，大脑两侧同时参与语言习得，此时对语言输入敏感并且能够及时做出反馈，同时能够灵活控制相应生理机制；进入青春期后，大脑偏侧化出现；之后，模块认知机制出现，对人类的语言理解产生影响。勒纳伯格不但从神经语言学的角度为语言习得提供了理论基础，而且将人们的视线引向了对关键期起始及终止时间的探究。

　　从 20 世纪 60 年代开始，乔姆斯基所代表的生成语法派是语言学领域的主流学派，其目的之一是解释为何儿童能在短短数年之内掌握一门复杂的语言。乔姆斯基不仅将语言看作心理客体，而且还将其看作生物客体，认为不同的语言能力就像是人体上的器官，这些器官的生物属性都是由人类基因所决定的。他提出人类大脑存在"语言习得机制"，这种机制遵循所有人类语言的普遍规则，即普遍语法，能够帮助儿童积极主动地学习母语。随着年龄的增长，这种机制逐渐消失或者不能被触发，因此，语言习得的最佳时期是在青春期之前。从语言的生物属性来看，乔姆斯基和勒纳伯格的语言习得机制与关键期假说相吻合。

　　狼孩的故事似乎也支持一语习得存在关键期。这些孩子在七八岁以前没接触过语言，从而丧失了学习语言的能力。此外，患失语症的儿童和成人的差异也被用于证明语言习得关键期的存在。首先，患失语症的儿童的语言恢复能力要远远高于成人。其次，患韦尼克氏失语症的成人表现出典型的流利型失语症的特点，说话滔滔不绝，语音语调基本正常，句子结构相对完整，词语缺乏实质性意义，用赘语或新语；但患韦尼克氏失语症的儿童却表现出布洛卡氏失语症患者的症状，如发音与节奏受到影响，说话费力，有严重的语法缺失现象。这似乎表明，儿童的大脑功能偏侧化尚未完成，语言功能在大脑中的定位尚不确定，他们的韦尼克区和布洛卡区还没有发展到像成人那样具有明确的语言功能的分工。

　　研究表明，一语习得的关键期为 0～6 岁。在 6 岁以前，儿童能成功地掌握一门语言；从 6 岁开始，儿童学习语言的能力逐渐衰退，这种衰退一直持续到青春期结束，此后他们就很难再成功地学会一门语言了。

2. 二语习得关键期的研究综述

　　从彭菲尔德和罗伯茨最早将关键期假说引入语言习得领域至今，已有 60 多年。不同学科的研究者开展了多种多样的理论探究及实证研究，其中大部分学者得出母语习得有关键期，那么二语习得是否也有关键期呢？对此，不同学者提出了不同的观点及结论，对其起止时间的探究也层出不穷。

(1)支持观点：二语习得存在关键期

有研究者对美国移民学生的英语口音进行了考查，发现移民时年龄越小，英语的水平测试成绩越高，外来口音越不明显，语言使用也越接近母语使用者。1978 年，Oyama 以 6～20 岁移民至美国并且在美国居住了至少 5 年的意大利母语者为被试进行研究，结果发现在英语听力理解方面有显著的年龄效应：11 岁前移民至美国的被试在英语听力理解任务上获得了与英语母语者一样的成绩，16 岁以后移民至美国的被试的听力成绩显著低于英语母语者。

1978 年，Genesee 等人用双耳分听技术测量了早期掌握英法双语者和晚期掌握英法双语者的反应，结果显示早期双语者左脑的神经反应时间快于右脑，而晚期双语者右脑的神经反应时间则快于左脑。Genesee 等人将这一结果解释为早期双语者很可能利用左脑完成这一语言测试，而晚期双语者则用右脑完成。1979 年，Belisle 和 Milner 采用双耳分听技术对被试进行单词测试，结果显示，当单词是右耳听到的时，被试较多做出正确反应。他们还发现，4 岁的双语者在处理母语与第二语言时，左脑呈现相同的活动模式，这一模式与 4 岁的单一母语者一样。1979 年，Vaid 等人采用 Stroop 任务研究早期双语者和晚期双语者的语言处理过程。实验发现，早期双语者的反应与单一母语者相同，而晚期双语者的反应则不同。实验还发现测试中单一母语者及早期双语者的左脑活动异常活跃，而晚期双语者的右脑较左脑活跃得多。二语学习开始得越早，双语使用者的大脑分工结构就越接近单一母语者；二语学习开始得越晚，大脑分工结构就越不同于单一母语者。

Seliger 认为各层面语言能力(句法、语音、词汇、语义、语用)的发展都与年龄有关，可能存在多个关键期，某些层面的能力可能超过 12 岁就很难习得。Ruben 的研究显示，二语语音习得关键期是 6 个月至 1 岁，句法习得关键期延后至 4 岁，语义习得关键期延后至 16 岁。

Granena 和 Long 开展了首例针对同一个体在语言学习方面的三种不同关键期的研究。这三种关键期分别为语音习得关键期、词汇搭配关键期及形态句法习得关键期。研究对象为 65 名来自中国的西班牙语学习者，另外选取 12 名以西班牙语为母语者作为对照，研究者将被试分为 3～6 岁、7～15 岁和 16～29 岁三组，被试需接受一系列西班牙语的语音、词汇搭配及形态句法能力测试。研究证明，语音习得、词汇搭配及形态句法习得均存在关键期，起始及终止时间分别为 6～12 岁、6～9 岁或 12 岁、6 岁至青少年中期。

Cochrance 提出在二语的语音学习方面，孩子要好于成人。Patkowski 以年龄为 5～50 岁的二语习得者为被试，发现在口音等级和年龄之间存在显著的负相关。他指出 15 岁是一个重要的转折点，在此之前，移民者口语中基本上都没有明显的外来口音。Collier 在总结前人研究基础上得出结论，青春期过后学习的第二语言中一般都带外来口音。Flege 继而研究指出学习英语的初始年龄和口音问题高度相关。在 12 岁以后开始学习英语的人不容易消除口音。少儿时期(6～7 岁)到达美国的华人的发音很接近本地人的发音，而成人的语言习惯已经"石化"。Mike Long 针对关键期对于二语习得的影响开展了多种研究，研究结果表明，6 岁前开始学习二语的学习者在使用第二语言时不带口音，6～12 岁开始学习二语的学习者中有一部分会带有口音，而 12 岁之后开始学习二语的学习者往往都会带有口音。Whitaker 认为没有必要把所谓的最佳年龄和大脑偏侧化联系起来，并且最佳年龄只针对语音，而非语言能力整体。Tahta 等人对学习者的口音进行了研究，认为在自然环境下，学习者的年龄越小越好。Snow 和 Hoefnagel-Hohle 调查了 136 名 5～31 岁的英语母语者，结果发现，在学习荷兰语的发音上，年龄大的学习者有初始优势，但是一年后年龄小的儿童的优势开始超过年龄大的学习者。这表明年龄较大的二语学习者的优势是短暂的。

1989 年，Johnson 和 Newport 调查了 46 名在不同年龄移民至美国的中国人和朝鲜人，英语作为他们的第二语言，其使用时间均超过了 5 年。研究者根据移民年龄将被试分为四组，判断其英语口语是否合乎语法，以此来测试其英语句法和词法知识水平。测试结果表明，移民时的年龄同测试分数显著相关，其中，8～10 岁组和 11～15 岁组移民的测试分数随着移民时年龄的增加而降低。1991 年，Newport 对伊利诺伊大学的出生于中、韩两国的学生和教师进行了考查，这些人至少在美国待了 10 年。研究者呈现了一份包含 276 个简单句子的列表，其中一半的句子存在语法错误，如"The farmer bought two pig"和"The little boy is speak to a policeman"。研究者要求他们进行改正。结果显示，3～7 岁移民到美国的被试在得分上与在美国出生的人不相上下，8～15 岁移民至美国的被试则随着抵达时间越晚而得分越低，16～39 岁移民至美国的被试表现最差。这表明，年龄越小，习得的语言越纯正。

　　Perani 等人发现，第二语言获得年龄晚而且熟练程度低的被试在加工第二语言时表现出很大的脑活动个体差异，从完全的左侧化到完全的右侧化，这意味着大脑的发育成熟对第二语言的获得产生了一定的影响。Kim 等人运用 fMRI 发现第二语言学习年龄早（从婴儿期开始）的被试在使用母语和第二语言时，激活了重叠的大脑区域布洛卡区，而第二语言学习年龄晚（青春期后）的被试在使用母语和第二语言时激活了布洛卡的分隔区域，这表明开始学习第二语言的年龄是影响皮质表征的一个重要因素。Weber-Fox 和 Neville 将行为主义同电生理学相结合，探究年龄因素是否会影响二语习得，并且关注其以何种方式影响习得过程。研究对象为不同年龄的来自中国的英语学习者，他们需自我报告其二语水平，研究者对其语法水平进行分析，并且将他们的行为同测得的脑电活动（ERP）相对比。结果表明，学习者二语习得的起始年龄越大，其语义处理能力越低。随着学习者年龄的增加，其左脑的专门化程度减弱，而右脑参与句法处理的程度加大。研究还表明，二语习得开始较晚的学习者不擅长学习开放性词汇。乌尔曼（Ullman）用脑电和核磁实验证明，二语成人学习者词汇在大脑中储存的位置或者词汇通达的脑电成分和母语使用者是一致的。也就是说，词汇学习是可以达到与母语使用者一致的水平的。但词汇运用离不开语法和语音，所以如果想要学好英语，还是要抓住各个语言模块的习得关键期。Halsband 等人对在 5 岁以下和 10 岁以上学会外语的人，分别用正电子发射断层扫描（positron emission tomography，PET）进行脑扫描发现，5 岁以下学会外语的人使用母语和外语时，激活的是同一个语言区。而 10 岁以上才学会外语的人，在使用外语时，除了激活语言区之外，还激活了大脑的其他部分。Wartenburger 等人使用 fMRI 探查了第二语言获得年龄和熟练程度对双语被试进行语法和语义判断的大脑皮质活动的影响。结果发现，获得年龄主要影响第二语言语法加工的皮质活动，学习年龄早（6 岁前）的被试在加工母语和第二语言语法时大脑活动没有明显差异，而学习年龄晚（12 岁后）的被试在加工第二语言语法时比加工母语语法时激活了更广泛的脑区。在对不同年龄学会外语，以及外语程度不同的人使用外语的具体情况进行进一步的脑扫描研究后发现：学会外语的年龄不同，使用外语时，大脑处理语法时激活的部位也不同，但处理词语含义时激活的部位都比较接近。

　　库尔关于婴幼儿语言发展关键期的研究发现：世界上的语言一共由800 个因素组成，新生儿的大脑具备解码所有因素的能力，即每个婴儿刚生下来都可以分辨世界上所有语言的发音。而大脑在同时进行母语和外语的双语处理时，大脑中的灰质会明显增多。大脑中的灰质越多，智力水平就越高，也越发能够调动孩子的反应力和创造力。换言之，每个新生儿都是学语言的天才，学英语从一出生就开始无疑是最好的。1 岁以前是母语敏感期，婴儿可以迅速为一种或多种语言解码，这时若同时接触英语，可以同时为英语打下母语模块基础。1～3 岁掌握的语音会达到母语水平；如果有足够多的接触，学到的语言都将达到母语级别。7 岁以前，儿童可以迅速学会第二语言，发音、感觉、流畅度都接近母语。

Van de Noort 进行的功能与结构磁共振成像研究发现，双语者和单一母语者之间，大脑的神经结构确实存在差异。就大脑顶下叶皮质的灰质密度而言，双语者大于单一母语者，且在左半球或语言优势半球更为明显。双语群体内部，与较晚开始学习二语的双语者相比，关键期之前开始学习二语的双语者，顶下叶皮质的灰质密度更大。研究表明，二语习得早晚都会引发神经结构改变，且关键期前接触二语所触发的改变更为明显。

Stein 使用磁共振扩散张量成像方法，研究了二语习得对负责语言处理的白质通道微观结构的影响。研究者将 40 个 8～11 岁的小学生分为 3 组：15 个同时双语者为第一组，15 个先后双语者为第二组，10 个单一母语者为第三组。结果发现，在连接额叶下缘、背缘及颞枕叶后区的左下枕额纤维束的数量上，同时双语者的平均值高于单一母语者及先后双语者。研究者认为，人类大脑中与二语习得相关的白质通道微观结构具有可塑性，并因习得二语的年龄不同而存在差异。

国内学者也有类似的论断。陈宝国、彭聃龄指出，第二语言的学习存在关键期，这突出表现在，学习者年龄越小，越容易习得第二语言的正确发音。从儿童的生理和心理发展阶段来看，0～6 岁的儿童听觉敏锐，模仿力强，求知欲旺盛，这是语言和智力发展的关键期。顾嘉祖、马撘华认为学外语的关键期在小学阶段，外语教学的重点应在中小学而不是大学，而小学的外语教学则应通过抓习得训练来带动学生的主体性素质培养。陆效用对自己所教的两个研究生班学生（A 班 42 人，B 班 39 人）的英语水平，结合其中小学及大学的英语课程开设情况，进行了对比分析。结果发现，凡是研究生阶段英语成绩优秀的学生，基本上都是从小学四五年级开始学英语的；而那些从初中一年级才开始学英语的学生，绝大多数英语水平都处于中等或中等以下，优秀生比例很小。① 于是他提出两点建议：第一，基础阶段英语教育应从小学开始，不宜推迟到初中；第二，小学开设英语课不是越早越好，三年级可以作为英语课程开设的起点，但四五年级作为起点可能更好。辛柯和周淑莉通过大量的语言测试指出，2~3 岁是口头语言发展的关键期，2~4 岁是语音学习关键期，4~5 岁是书面语言学习的敏感期，5~6 岁是词汇能力发展关键期。Wang 从内蒙古民族大学选取了 69 名非英语专业在校生（7 名从幼儿园开始学习英语，32 名从初中开始学习英语，30 名从高中开始学习英语），以其高考英语成绩和大学英语四级考试成绩为参考，结果发现从幼儿园和初中开始学习英语的学生的英语成绩比从高中开始学习英语的学生要好。这项研究证实了学习外语的起始年龄越小，学习者的成绩越好的观点。

从以上研究中可以发现，儿童第二语言学习存在口语和语音方面的关键期已被普遍证实和认可。综合来说，二语习得存在最佳时机，可概括为 2 岁至青春期前后是儿童学习第二语言的最佳时机。

（2）反对观点：二语习得关键期不存在

虽然大量实证研究已经证明和解释了二语习得过程中确实存在关键期，但仍有许多学者反对关键期假说。他们认为二语习得不存在关键期。他们提出了三大理由来否定关键期的存在。第一，有实验显示，晚学者一样能够成功习得二语，并且能够达到接近母语使用者的水平；第二，输入、社会、心理、认知等因素影响年龄对学习的作用，它们甚至是导致最终水平出现差异的主要决定因素；第三，各年龄段的学习者有各自的优势和劣势，如幼儿更容易在交际情境中习得语言，而年纪较长的学生则更容易通过认知和课堂学习，从任何年龄开始习得任何一种语言。

Burstall 选取了两组英格兰和威尔士学生，他们均受过 5 年的学习指导，其中一组学生 8 岁开始学法语，另一组 11 岁开始学。研究发现年龄大的学生一直领先。在 16 岁时对两组学生进行听、说、读、写方面的比较，结果仍是年龄大的学生在说、读、写方面表现突出，仅在听的方面表现逊色。Snow 和 Hoefnagel-Hohle 针对以母语为英语的荷兰语习得者在自然语言环境下学习语言的情况进行了纵向研究。结果发现，在最初的几个月，12~15 岁的实验对象对荷兰语的掌握最快；学习了一年以后，8~10 岁、12~15 岁的实验对象对荷兰语的掌握较好，而 3~5 岁的实验对象在所有的测验中成绩最差。克拉申（Krashen）发现在习得速度方

---

① 陆效用：《语言习得"关键期假说"和"一条龙"英语教学》，《外语界》2004 年第 1 期。

面，成人优于孩子，而且年龄大的孩子优于年龄小的孩子。Birdsong 和 Molis 选取了 12 岁后开始学习第二语言的双语者和母语使用者，使用语法性判断任务探查双语者在句法获得上能否达到与母语使用者一样的水平。他们发现，5%～31%的双语者的成绩达到了与母语使用者一样的水平，落在后者成绩正负两个标准差的范围内，表明在青春期之后开始学习第二语言的个体仍有可能在句法方面达到与母语使用者一样的水平。Song 对 34 个在美国居住了 10 年以上的韩国人进行了冠词测试。结果发现，先去和后去美国的韩国人在测试成绩上没有多大差别，从而否定了年龄在英语冠词习得中的作用。Nikolov 发现一些以匈牙利语为母语的成年英语学习者在关键期后，其英语水平也达到了英语母语者的水平。Marinove Todd 调查了来自 25 个国家以英语为二语的 30 个被试，结果显示 2 个被试的英语语音达到了英语母语者的水平，6 个被试在演讲中的语言表现与英语母语者相差无几。

Bongaerts 以成绩优秀的英文和中文专业的丹麦大学高年级学生为被试开展了研究。研究者提前准备好短语和句子，要求他们念出，其中一些发音难度较大。被试的优异表现使研究者感到震惊，这些学生的二语发音水平已经达到了母语使用者的水平。因此，Bongaerts 推翻了二语语音习得关键期的存在，认为二语学习的失败另有原因。

Birdsong 等人以母语为西班牙语的英语学习者为被试，重复了 Johnson 和 Newport 的研究，结果却发现，即使错过了关键期，第二语言最终达到的程度依然与获得年龄呈负相关，而母语与第二语言的相似程度和对第二语言的熟练度对第二语言获得有重要的作用。

Peraniet 等人通过 PET 脑局部血流测定，研究了学习外语的年龄与脑电活动的关系。在听声的过程中，相对于外语，母语的确能激发更大范围的大脑皮层的活跃。但是，大脑皮层的活跃水平更多与外语学习的最终效果相关，而与年龄的关系不大。同时，不同语言带来的脑电反应总体还是集中在相似区域。这意味着，从听觉的角度看，学习的"硬件"的条件已经具备。虽然有一定的学习难度，但这和猫的失明不同，并非不可逾越的障碍。

Flege 发现，二语学习者初学年龄与外语口音之间存在线性关系，但这种线性关系并没有如关键期理论所预测的在某个年龄阶段出现明显的转折点，之后学习者学习能力便急剧下降。由此，Flege 认为二语水平的降低并不是由错过关键期引起的，而是母语发音控制能力的不断增强和二语学习者使用母语程度的不断增大导致的结果。

McDonald 探究了较晚开始学习二语的学习者失败的原因，该研究从认知角度为二语习得失败总结了新原因。实验结果表明，二语学习者的工作记忆力、解码能力和二语加工速度都不如母语使用者，但其语言加工过程同接受紧张刺激的母语使用者相似，因此，研究者认为二语习得的不足不能仅仅归因于错过了关键期，工作记忆力与解码能力等认知能力对于二语习得的影响更为深远。

Chee 等人的 fMRI 研究在词汇加工和句子生成任务中均发现，较晚习得第二语言但熟练度很高的双语者在加工第二语言时的脑激活模式与加工第一语言时脑激活模式没有差异。这些说明即使获得年龄晚于关键期，只要被试加以足够练习，第二语言仍可达到类似于母语的水平。

Hakuta、Bialystok 和 Wiley 认为，语言输入和认知发展等因素是导致最终水平出现差异的主要决定因素。

Tan 等人以及 Pallier 的 fMRI 研究发现二语习得失败并不是因为错过了关键期，而是因为习得过程受到了母语的影响。成年人之所以感到学习二语困难是因为他们比儿童储备了更多母语知识，其母语的防御能力比二语的竞争力更强大。浮现理论认为只要加强练习，提高二语的熟练程度并且合理运用母语与二语之间的联系，成年二语学习者就可以达到母语使用者的水平。

MacWhinney 认为，因为神经元在不断地消亡和产生，所以没有所谓的大脑发育期。他更愿意把第二语言习得缺陷（如"石化"）解释为母语迁移。具体来说，他认为母语学习会带来"鸿沟"现象。鸿沟就是指第一语言在学习者的认知网络里形成了根深蒂固的概念和意义的连接，建立的和语言符号有关的线索均指向第一语言的特征，因此当出现第二语言时，第一语言的特征就会影响第二语言的学习和使用。而这个现象在语音上表现得最明显，在词汇上表现得最不明显。

国内学者也有类似的论断。刘振前认为第二语言习得不存在所谓的关键期，起码没有足够的科学证据来验证这一假设。从表面上看，年龄对第二语言习得的影响主要表现在语音方面，但这并非由年龄本身造成的，而是由与年龄相关的其他因素造成的。王蓓蕾使用问卷、统计等方法，通过对我国外语界 30 多位知名学者、部分成功的外语学习者及同济大学德语强化班（一年）学生的外语学习情况的调查和分析，证明了在中国的外语环境下，学习外语的起始年龄并非决定外语学习成效的一个重要因素，外语学习并非越早越好，20～30 岁开始学语言的人同样能取得不错的效果，外语教学可以从任何年龄开始。[①] 王勃然从母语对外语的干扰方面质疑了关键期假设，他认为年龄并不是影响我国学生学好外语的主要因素。

（三）二语习得年龄效应的 PET、fMRI、ERP 研究

早期研究表明，二语早学者与晚学者之间在完成语言生成性任务时大脑皮层激活存在差异，晚学者的大脑活动模式不同于母语使用者。[②] 然而，这一结论没有得到后来控制或操纵二语熟练程度的研究的支持。

有关理解性任务的研究相对较少，如听故事的任务，但有两项经典研究值得专门一提。一是 Perani 等人的正电子发射断层扫描技术实验；二是迪昂等人的 fMRI 实验。研究发现，母语使用者和低熟练度的二语晚学者之间存在不同的激活。但 Perani 等人在对高熟练度的二语晚学者和早学者在听故事异同方面的研究中发现了大脑活动的重叠模式。

另外，两个涉及先理解后判断的 fMRI 研究也不容忽视。Chee 等人对高熟练度和低熟练度的双语者进行了 fMRI 研究，发现高熟练度的被试（开始习得二语年龄≥12 岁）在大脑左前额和顶叶区的活动相对减少。[③] Wartenburger 等人的 fMRI 研究涉及语义和语法判断。[④] 他们将意大利—德语双语者按开始习得二语的年龄和熟练度分成三组（早期习得/高熟练，晚期习得/高熟练，晚期习得/低熟练）展开研究。结果发现，二语的语法判断激活与开始习得二语的年龄有关，开始习得二语年龄不同的两个高熟练组表现出大脑不同的区域被激活，晚学者更广泛的跨布洛卡区和其他区被激活。在二语的语义判断任务上，两个高熟练组都发现了类似的激活。在完成语法任务上，对两个晚学组来说，加工二语时要比加工母语时，有更多的布洛卡区和皮层下区域被广泛激活。在完成语义任务上，早期习得/高熟练组在加工母语和二语上没有表现出差异。然而，在这项任务中，两个晚学组加工二语时与加工母语时相比，额下回区均显示出更多的双侧激活。

关于"字词层面的意义和所指"的研究显示出母语和二语激活区域的

---

① 王蓓蕾：《外语学习有最佳起始年龄吗》，《外语界》2003 年第 3 期。

② Kim, K. H. S., Relkin, N. R., Lee, K-M, et al.: "Distinct cortical areas associated with native and second languages", *Nature*, 388(6638), 1997.

③ Chee, M. W. L., Hon, N., Lee, H. L., et al.: "Relative language proficiency modulates BOLD signal change when bilinguals perform semantic judgments", *NeuroImage*, 13(6), 2001.

④ Wartenburger, I., Heekeren, H. R., Abutalebi, J., et al.: "Early setting of grammatical processing in the bilingual brain", *Neuron*, 37(1), 2003.

相似性。在 Xue 等人的个案研究中，被试被要求判断各对词是否有关联。① 被试为相对较晚学习英语的华人(8～10 岁开始学英语)，其英语熟练程度很低(有 2 年的英语学习经历，没有其他接触英语的机会或训练)。研究结果显示，加工母语和英语时，梭状回、布洛卡区以及左顶叶都有被激活。熟练程度高的二语晚学者在母语和二语加工时也存在普遍的一致性激活脑区，只是激活的程度不同而已。

具体来说，与母语加工相比，二语加工时特定区域有时会出现更多的神经活动，这会诱发特定区域更多的体素(voxels)，或者得到这些体素更多的信号变化的标示。这一模式已在二语早学者和二语晚学者身上被观察到。这些标示与特定区域神经活动的增加相对应，这些额外的活动可以被视为二语加工需要更多努力的证据。

概括而言，涉及语言加工时机的 ERP 研究文献与针对语言加工区位的 fMRI 和 PET 研究文献是一致的。也就是说，对于高熟练度的二语使用者来说，在习得的总时间上大体类似于母语使用者，即便二语习得开始于 12 岁或以后。ERP 研究和 PET 研究中似乎总有对 Green 提出的"趋同假说"的支持。"趋同假说"认为随着二语熟练程度的提高，对二语材料的加工越来越像对母语的加工。

研究表明，在成人二语学习的过程中，与母语学习"相似性"的出现要比以前预期的早。例如，McLaughlin 等人发现，二语学习仅 4 个月时，句法错误就出现了 P600 效应；仅仅 14 小时的教学后，就出现了类似母语的单词对假词的 N400 效应。② 可见，以往有关被试的行为结果与母语使用者不同，暗示着在行为数据中二语的学习量被低估了。然而，Sabourin 的研究提出，行为测评可能夸大了相似之处，而 ERP 研究则更侧重差异，至少对母语背景不同的中等熟练程度二语学习者的研究如此。③ 他研究的被试为二语晚学者(开始学习二语时＞12 岁)，二语为荷兰语，母语背景分别为德语、罗马语和英语。在完成关于动词一致性的语法判断时，所有三组学习者都达到约 90％的准确性(母语控制的准确性＝97.4％)。但是，不同的群体做出的判断在 ERP 信号的记录里表现出不同。德语组大致显示出类似母语的 P600 和 N400 效应，而罗马语组

① Xue, G., Dong, Q., Jin, Z., et al.: "An fMRI study with semantic access in low proficiency second language learners", *NeuroReport*, 15(5), 2004.

② McLaughlin, J., Osterhout, L., Kim, A.: "Neural correlates of second-language word learning: minimal instruction produces rapid change", *Nature Neuroscience*, 7(7), 2004.

③ Sabourin, L. L., *Grammatical Gender and Second Language Processing: An ERP Study*, PhD dissertation, University of Groningen, 2003.

和英语组没有显示出早期负波，P600 也延迟出现且与母语控制的联系相对较小。

(四)二语习得与老化、脑量的研究

很多研究对几个认知老化的一般模式达成了共识。在开发工作记忆和情节记忆任务中，可以观察到从成年初期开始，记忆成绩随年龄增长而下降。联想记忆的下降和增量学习也似乎开始于成年初期。在涉及短时记忆、程序记忆和语义记忆的任务中，可以观察到与年龄有关的效应相对温和。在与词语有关的回忆任务中，与外显记忆相比，内隐记忆的年龄效应也相对温和。

研究人员已经确定了认知老化的三个主要组成部分：加工速度下降、工作记忆缺失、抑制能力(即将注意力聚焦于与工作记忆相关的材料的能力)降低。这些能力中每一种都参与到二语习得和常规语言(母语和二语)使用的一些阶段。随着年龄增长，这些领域语言加工能力的下降对母语和二语使用都会产生影响。在二语使用中，由于二语加工自动化程度相对较低，这些领域的年龄效应要比母语使用中更加明显。在完成需要速度和效率的任务时，并且当包含相对新异信息时，年龄坡度的两个特点就显现出来。第一，成绩开始下降发端于成年早期(大约 20 岁)；第二，这种跨越整个成年期的下降一般是线性的，并且在所有情况下是持续的。值得注意的是，在认知成绩的一般趋势中，个体之间存在一定范围的差异。这些差异在二语习得中表现为最终成绩的人与人之间的差异。

下面专门探讨脑量随老化而下降与二语习得和加工之间的关联。脑量下降开始于 20 多岁，这表明，如果脑量与二语习得有关联，其本质明显是生理性的而不是成熟性的。利用磁共振成像脑内实验研究揭示出脑量随老化而下降的一般规律。在所有研究的个案中，下降一旦开始，就具有典型的线性特点，并且一直是持续的，到末尾也不会平稳下来。

从最浅显的脑内实验研究就可以发现，童年时代就开始了线性方式的灰质量的减少。白质量呈线性增加直到 20 岁出头，紧跟着一个高原期，持续到 60 多岁，之后直线减少。该倒 U 形轨迹模型已得到许多研究的重复证实。并且，该倒 U 形轨迹模型的下降趋势在健康的被试身上得到了缩小，而在患心血管疾病被试身上得到了放大。Raz 在他的相关研究中提供了一个区域脑量随老化而下降的合理清晰的描述。[1] 横断研

---

[1]　Raz，N.，The Aging Brain Observed in Vivo：Differential Changes and There Modifiers. In Cabeza，R.，Nyberg，L.，Park，D.(Eds.)，*Cognitive Neuroscience of Aging*：*Linking Cognitive and Cerebral Aging*. New York：Oxford University Press，2005，pp. 19-57.

究的结果显示，最受年龄影响的是前额叶皮质、脑的豆状壳核、尾状核、海马和颞叶皮层；纵向研究发现四个区域脑量最容易下降，它们是内嗅皮质、海马、尾状核、额叶。除此之外，Raz 等人对年龄为 20～77 岁的 53 个健康成人的研究发现，尾状核每年萎缩 0.83%，脑的豆状壳核每年萎缩 0.73%，而苍白球每年萎缩 0.51%。萎缩开始于成年初期。[①] 这些纹状体区域脑量的下降与该区域多巴胺释放量的下降是一致的。

Raz 通过有关研究筛选出几个对下降时间和下降的几何形状的概括：第一，尾状核和小脑以及皮层结构以线性方式萎缩，开始于青春期并持续一生；第二，内嗅皮质和海马比其他脑区似乎每年都经受更大的萎缩。一些 PET 研究考查了与年龄有关的多巴胺释放量和认知能力的下降，基本共识是：下降开始于 20 多岁，呈线性且持续一生。

由于多巴胺参与语言学习和加工的多个方面，其变化——随年龄增长而下降，构成了二语习得与加工的年龄效应的机制之一。二语习得效果随老化、脑量下降而下降。

总之，语言学习的联想记忆和增量学习元素随年龄增长而不断走下坡路，如同语言加工和表达中的工作记忆、语言成分的加工速度随年龄增长而下降一样。这些下降是线性或似线性的，它们在成年早期开始并持续一生。

至少在非二语优势人群中，使用二语时自动化程度和效率都赶不上使用母语时。由于对有限容量的脑功能系统需求的不断增加，成绩下降是可以预料的。基于这个原因，加工能力缺失有可能提早出现，并在二语使用中比在母语使用中表现更加突出。从某些脑区，我们看到了一些证据，证明因年龄引起的脑区形态改变与调节二语学习、表达和加工的认知过程之间存在联系。比如，在工作记忆、注意力、加工速度方面因年龄引起的下降大致与额叶和前额叶皮层脑量下降呈正相关，前额叶皮层特别容易受衰老的影响。可以进一步断定因年龄引起的多巴胺下降与削弱二语加工和习得的多种认知缺失相联系，因为这些研究结果比那些与脑量有关的研究更能得到直截了当的解释。

习得二语最合适的年龄标准建立在语音发音和句法语法习得效率最大化的基础之上。与年龄相关的研究观点主张，习得二语句法语法的过程实质上并不受年龄的影响，但是习得二语语音发音则受年龄影响。起源于母语习得的关键期建立在神经心理因素之上，其中最重要的就是大

---

① Raz, N., Rodrigue, K. M., Kennedy, K. M., et al.: "Differential aging of the human striatum: longitudinal evidence", *American Journal of Neuroradiology*, 24(9), 2003.

脑的成熟。众所周知，儿童自动化语言习得的认知结构随着人脑的成熟
而退化。二语习得，如果关键期存在，成人学习者或青春期之后的学习
者，由于神经学和生理学因素，不论如何努力，都会遭遇语音和句法的
僵化。

　　所有会母语的人都肯定能习得一定程度的二语，但在许多情况下，
成人学习二语赶不上学习母语那样成功。尽管有些研究者已经指出，年
龄大的学习者不再有机会获得包含普遍语法和特定语言学习程序的内在
语言习得机制，但是也有研究发现，成人学习者可以通过使用程序性记
忆系统（语言规则）而不是使用陈述性记忆系统，以及在使用语言时通过
使用内在语法结构、十足的训练直到该结构内化到学习者头脑之中并且
成为自动化行为来启动这种装置。乌尔曼提出，二语训练量（练习）的增
加能导致程序性记忆，从而更好地学习语法规则，进而达到对该语言的
高熟练度。[①] 虽然成人的二语学习通常通过母语知识而获得，所谓的普
遍语法有可能参与成人的二语学习，但是二语的最后习得只有在鼓励他
们使用程序性记忆系统，而不是陈述性记忆系统时才能实现。

　　因此，小学三年级开设英语课程，是符合二语习得的认知神经特点
和规律的。但这并不意味着越早学习二语，学习效果就一定越好，还有
其他诸多制约因素。比如，课程教学重心应体现二语习得年龄效应的特
点和规律，即年龄越小，越要侧重语音和自动化陈述性学习，年龄越大，
越要发挥母语知识的桥梁作用和程序性（语言规则）学习优势等。这涉及
如何发挥具身协同效应以优化学习二语效果的问题，我们将另做详细
探讨。

二、能像学习母语（汉语）一样学习英语吗？

（一）高科技为人类打开语言认知的大脑"黑匣子"

　　揭开人脑活动的奥秘是 20 世纪末留给人类的一项伟大科学探索任
务。美国政府将 20 世纪 90 年代命名为"脑的十年"。心理学家、神经科
学家、临床医生和有关工程技术人员，都在探讨如何利用无损伤的方法
来观察人脑进行思维加工时的特征性变化。随着计算机技术、电子技术
和认知心理学的发展，研究人脑活动的技术取得了长足进展，研究者找
到了 ERP 这一可以观察脑活动过程的窗口。ERP 是指与一定心理活动

---

　　① Ullman，M. T.；"The neural basis of lexicon and grammar in first and second language：
the declarative/procedural model"，*Bilingualism：Language and Cognition*，4(2)，2001.

（即事件）相关联的脑电位变化，科学家发现了与注意、信号感知、分析判断、决策，以及工作记忆内容更新等认知过程相关联的 ERP 成分，为研究者提供了研究人脑行为的前所未有的途径。其结果是形成了重新认识学习、认知、发展、情绪、动机的潮流。这在心理学、发展神经科学和社会神经科学领域得到了最大限度的体现，这标志着认知神经科学的诞生。

《科学》杂志收集了未来 25 年研究的关键问题，其中之一就是有关二语学习的脑活动调节时所显示的生物学基础。该研究问题源于这样的事实，即"小孩学习语言轻而易举，而成人学习外语很吃力"。对学习第二语言感兴趣的语言学、心理学和教育学研究人员试图找到科学答案。在过去的十几年中，研究人员已经开始从神经认知角度出发解决这个问题，他们采用了一种特定的神经认知方法，即 ERP 来研究第二语言学习，尤其是研究那些已经获得了充分的母语技能以后开始学习二语的人，即处于儿童中期（8～10 岁）或更晚阶段的二语学习者。

目前我国实行了课程改革，从小学三年级开始开设英语课。到底何时开始学习英语效果更好？二语学习与母语学习有何异同？国外采用 ERP 先进技术所取得的有关研究成果值得我们在英语教学改革中借鉴和创新。下面首先讨论 ERP 的基本原理及其在语言学习研究中的运用；其次通过分析针对二语学习者的 ERP 研究成果，破解二语学习者能否用学母语的方式学习二语的难题。

（二）ERP 的基本原理和语言学习研究

大量的人脑细胞产生的各种脑电活动可以用放在头皮上的电极测量出来。电压随时间变化的记录被称为脑电图，即 EEG。ERP 源于 EEG，在脑电活动中代表着电压变化，该脑电活动锁定在某外在事件（如一个单词的呈现）的发生时间里。ERP 提供了随着时间展开的心理加工过程中脑电活动记录。因此，ERP 可以用来标志语言理解和产生过程中所涉及的感觉和认知过程。

典型的 ERP 信号包括一系列正负峰值，被称为组成成分，与刺激过程有关。根据 ERP 成分的特点，可分为极性、潜伏期（潜伏时间）、振幅、头皮上的形态分布，还有这些成分所标志的实验效应的功能描述。一个成分或具有正极性（正向波，以 P 标记）或具有负极性（负向波，以 N 标记）。潜伏期记录反映出信号的时间过程，包括潜伏期的开始及其峰值。成分往往以"极性"及其"潜伏期"来标记，"极性"出现时它们的振幅达最大值（如 P600）。一个成分的相对振幅反映着相关的认知过程参与程度。头皮上的形态分布与典型的 ERP 成分头皮分布相称。在头皮分布上，不同的两个在极性和潜伏期相似的成分被用来反映不同的过程。

成人母语加工的一些特定指标体现在 ERP 的主要成分上，包括早期左前负波（the early left anterior negativity，ELAN），左前负波（the left anterior negativity，LAN），N400 和 P600。ELAN 在 150～250 ms 延迟范围内出现，往往在大脑单侧左半球，通常被认为反映极其迅速发生的句法结构构建过程。LAN 也是左侧的负极性波，但它发生在稍晚些时候，在 300～500 ms 范围，反映句法加工过程，很有可能与形态句法错误相关。经典的 N400 是一个大振幅的负向波，始于刺激出现后的约 300 ms，最大值在刺激出现后约 400 ms 的时间范围内。虽然 N400 发生在与 LAN 相同的时间窗口内，但是 N400 通常被发现在中央和后顶叶电极点位区，标示着语义和常识知识的整合，其波幅随着目标词和之前的语句之间的语义关系的递减而增加。P600 是一个正向波，持续出现在刺激后的 500～600 ms 的时间范围内，甚至会再延长几百毫秒。它在头皮后部具有广泛的分布并在中后部头皮区更为明显。P600 对于形态句法处理颇为敏感，因此通常在处理句法错误或复杂的语法结构时被探测到。

这些不同的 ERP 成分已被归因于语言加工过程中不同的功能阶段。ELAN 标志着初始的、首次通过的自动化结构构建过程（即文字类识别）；LAN 和 N400 标志着形态句法信息和语义的整合，目标是完成主题任务；P600 标志着后来整合"重新分析"和"修复句法"的控制过程。因此，ELAN 用以反映高度自动化的、首次通过的分析，而 P600 用以反映更多控制性的、第二次通过的分析。

请注意这些成分的极性特点、潜伏期、峰值振幅和头皮分布是建立在以英语为母语的成人研究基础之上的。越来越多的针对语言不熟练的人的研究，包括二语学习者和儿童，表明 ERP 成分的典型特征在不同的群体可能略有不同。

大多数关于词形句法加工的研究都使用违规词形变化。其中许多 ERP 研究对"关键词"或违规词的呈现规定了时间，比如，在句子"The man walk on the beach"中，关键字是"walk"，因为这是被试可以检测到违规的最早的地方。将当这一词（目标词）出现在这句话中时被试的反应与当同一个词正确地出现在另一句话中时被试的反应加以对比。尽管这不太容易达到，但我们通常更习惯于对同一目标词在两种不同环境下进行脑活动的对比。在这种情况下，重要的是尽可能将目标词与影响词的其他具体文字特征（如词率、词长）进行匹配。

使用 ERP 研究第二语言学习有什么优势？随着语言加工展开时间的推移，ERP 在研究第二语言学习和加工中更有优势，因为 ERP 不要求做出外显反应，即使在没有外显行为的时候也能显示学习效果。

此外，ERP 能从定性和定量的角度显示出第二语言学习者与母语使用者之间的不同或第二语言各种类型的错误之间的不同。特别是 ERP 成分的出现或缺失显示着质的差别（发现 N400 而不是 P600 成分）。与此相反，对一个具体效应绝对大小的测量（例如，是否第二语言学习者表现了与母语使用者相同程度的 P600）或者 ERP 成分的出现时机（比如，学习者是否有延迟的 P600 出现或峰值潜伏期）可以显示出量的不同。

(三)能用学习母语的方式学习英语吗?

下面我们通过回顾 ERP 针对二语学习者句法加工的研究，力图回答：二语迟学者能像学习母语一样学习二语吗？在叙述 ERP 研究前，简要地描述构成这些研究理论背景的几种观点。

1. 理论观点

关于什么年龄开始学习二语，已有研究提出了二语习得的关键期假说。正常语言习得的效果取决于脑容量，这也影响着第二语言的成功习得。关键期假说认为，二语迟学者达不到与使用母语一样的熟练程度，而且语音和句法被认为比词汇更容易受关键期影响。按照这种观点，在习得年龄和最终成就之间的关系上有一个拐点。比如在关键期，习得年龄与最终成就存在强烈的负线性关系，也就是说，年龄越大，二语学习效果越差，年龄越小，二语学习效果越好；过了关键期，习得年龄与最终成就之间的关系就比较弱了。还有一种观点认为，二语学习效果与年龄的关系取决于脑发育处于什么时期。这种观点强调随着学习二语年龄的升高，二语学习的最终效果呈直线下降，这可以归因于整体认知机制的衰退。按照这种观点，可能只有因成熟程度而引起二语学习效果开始下降的年龄起点，而没有二语学习效果下降的年龄终点。

第二语言的学习竞争模型对母语根深蒂固后开始学习二语时年龄越大、效果越差的现象做了具体解释。该模型强调在语言加工时所使用的提示的力量，这种提示力量部分地建立在输入给学习者的线索的可获得性和有效性上。对一种语言接触得越多，相关提示就会变得越强。较强的提示在学习时将先被使用。因此，当母语根深蒂固后，第二语言的学习将更加困难，当然，对两种语言相似的地方的学习除外。这是因为当两种语言相似时，就没有第二语言与母语之间提示的竞争，从而使二语学习者能将母语知识迁移到学习第二语言时，即正迁移。然而，当两种语言不同时，它们就会竞争，这就会导致负迁移。可见，第二语言线索的可获得性和有效性将决定第二语言学习的效果。

其他研究用第二语言加工的自动性描述了第二语言熟练程度的发展。乌尔曼的陈述/程序性模型提出，母语使用者运用陈述性学习系统加工词汇信息，运用程序性学习系统加工基于规则的句法信息。扩展到第二语言的学习，程序系统被认为具有非常有限的适用性，特别是对低水平或初学者而言。从这个角度来看，第二语言熟练程度的提高会导致语言加工类型质的转变，以及服务于语言加工的大脑系统质的转变。

这些不同的观点分别对哪些因素影响二语的终极学习效果做出了预测。这些因素的影响程度随着二语熟练程度而变。比如，关键期假说预测在关键期内开始学习二语与关键期后开始学习二语之间存在质的差别。竞争模型预测，开始学习二语的年龄越大，学得越慢，竞争越强，终极效果越差。陈述/程序性模型预测如果一个人使用二语变得非常熟练，句法加工就会发生质的转变，变得更加隐形、更加程序化。

2. ERP 研究回顾

现在回顾 ERP 的研究，聚焦二语迟学者能否像学习母语一样学习二语。值得专门讨论的是第一个聚焦二语学习者句法加工的 ERP 研究，即 Weber-Fox 和 Neville 对汉英双语者在不同年龄开始学习以英语为二语的研究。[①] 该研究的目的是探讨二语学习者语义和句法加工的关键期效应。测试时二语学习者为成人，但是最早开始学习英语的年龄不同：1～3 岁，4～6 岁，7～10 岁，11～13 岁和 16 岁以上。被试阅读带有语义错误和两个关键类型句法错误的句子：词组结构错误（如"The scientist criticized Max's of proof the theorem"）和特征限定错误（如"What did the scientist criticize Max's proof of?"）。

所有二语学习者对语义错误的 ERP 反应与英语作为母语者的反应都是类似的，尽管 11 岁以后开始学习英语的二语学习者（以下简称初学英语者）表现出稍微延迟的 N400 峰值潜伏期。然而，不论初学英语时年龄的大小，所有二语学习者对句法错误的 ERP 反应，都与英语作为母语者的 ERP 反应不同。对英语作为母语者来说，词组结构错误诱发早期的左单侧负波（标记为 N125），接着呈现 300～500 ms 的左单侧负波和 500～700 ms 的 P600。相比之下，没有二语学习者表现出早期的左单侧负波。

① Weber-Fox, C. M., Neville, H. J.: "Maturational constraints on functional specializations for language processing: ERP and behavioral evidence in bilingual speakers", *Journal of Cognitive Neuroscience*, 8(3), 1996.

二语学习者的确呈现出 300～500 ms 的较迟的负波，尽管该负波对 11 岁或以上初学英语者来说是双侧化分布的。1～3 岁、4～6 岁、7～10 岁初学英语者与英语作为母语者一样，表现出 P600；11～13 岁初学英语者表现出延迟的正波增长，大约从 700 ms 开始；而 16 岁后初学英语者显示无任何效应。

对于句法错误的第二个类型，也就是特征限定错误来说，11 岁前初学英语者的 ERP 反应与英语作为母语者的 ERP 反应类似：出现早期（N125）和持续性的 300～500 ms、500～700 ms 的左单侧负波（1～3 岁初学英语者例外，奇怪的是没有出现 N125）。相比之下，11～13 岁初学英语者表现出早期双侧负波（N125），接着是 300～500 ms 的弱性晚期左单侧负波。16 岁以后初学英语者并没有表现出早期（N125）或晚期（N125）提高的负波。11～13 岁初学英语者也表现出 500～700 ms 的弱性 P600，但是 16 岁以后初学英语者就没有表现出 P600。

总结可见，Weber-Fox 和 Neville 的结果表明，汉语为母语的二语学习者对语义错误的 ERP 反应大体上与英语作为母语者的 ERP 反应类似。然而所有二语学习者对句法错误的 ERP 反应，不论开始学习英语时年龄的大小，都与那些英语作为母语者的 ERP 反应不同。这些不同在二语晚学者身上表现得最明显，他们学习二语的年龄在 11 岁或更大。他们完成语法判断任务的成绩也显著低于英语作为母语者，表明其二语熟练程度也较低。重要的是要注意到，该研究中，由于熟练程度与初始学习年龄具有相关性，所以研究结果也可能归因于熟练程度而不单纯是初始学习英语年龄本身。

现有的证据表明，对于回答"二语迟学者能否像加工母语一样加工二语"这一问题，语义加工是有别于词汇句法加工的。二语学习者对于语义异常句子的 ERP 反应类似于母语加工过程中的反应。具体而言，对于不同水平的二语学习者，即使在学习第二语言的最初阶段，对语义异常的刺激都会显示出 N400。

相比之下，二语学习者在进行句法加工过程中相关的 ERP 模式有时是不同于母语加工过程的。如上文中所述，当违反了词组结构时，母语加工过程中会引起双相 ERP 的格局：首先是早期左前负波（ELAN，反映一次通过，早期的自动句法结构建构过程），其次紧接着是 P6TO（反映对句子层面进行重新分析和再修复时迟到的控制过程）。对于第二语言学习者，ELAN 并不一定能被发现。在后来的一些研究中，只有当词组结构被违反时，如简单的强制性成分或主动语态，ELAN 才会被探测出来。然而，我们很难把这些因素与语言能力的高低区分开来，因为不同的研究之间考虑的多重因素不同。尽管如此，总体研究结论表明，早期自动结构构建的过程取决于被测试的特定句法结构，更可能在当学习者能够对即将出现的词汇类别产生预期时发生。同时，第二语言和母语在句法结构之间的重叠程度也很重要。这正如竞争模型所预测的一样。如果两种语言具有不同的句法结构，第二语言给学习者提供的线索就较弱。因此，在第二语言加工过程中，学生将不会对即将出现的词汇类别产生很高的期望，那么早期的自动结构构建将可能不会发生。

现有的证据表明，二语学习者对于违规词汇句法结构的 ERP 反应有时也不同于母语加工过程。需要再次强调的是，这一差异，又似乎与两种语言的相似程度和第二语言能力相关。在第二语言句子加工时，只有二语结构类似于母语且二语学习者的语言水平熟练到一定程度时，学习者才会显示出类似母语使用者的双相 ERP 格局。相反，如果第二语言结构不同于母语，只有高水平的二语学习者会显现这一双相 ERP 格局，尤其是早期左前负波（ELAN）反映出自动的词形内部加工过程。如果两种语言不同，且学习者二语语言水平只达到中等熟练程度，遇到违规词汇句法结构不会引发句法相关的 ERP 主成分。最后，探讨成人初学二语的研究发现一些违规词汇句法结构被认为是词汇层面的，引发了 N400 而不是语法相关的 ERP 成分。二语初学者只有在对第二语言结构被违反做出反应时才显示出与句法相关的 ERP 成分，这种结构被违反要类似母语结构情况。

关键是，有一些研究中，早期 ERP 成分（早期左前负波 ELAN 和左前负波 LAN）即使在母语使用者中也没有被观察到。因此，观察到早期成分的可能性似乎取决于违规的类型或者是具体的实验参数（演示模式、时机等）。

总之，二语学习者是否显示类似母语加工中出现的（形态）句法 ERP 格局，部分取决于以下互相关联的因素：跨语言的（形态）语法结构相似性，对特定的违规语言现象产生的预期，二语的熟练程度。本章对一些研究的综述表明：最明显的质的差异产生于中度熟练和高度熟练的二语学习者或母语使用者。中等熟练者二语加工往往缺乏早期的自动化结构构建和文字内部词形加工过程，或缺乏重新分析和修复句子的后续过程。在大多数研究中，对于熟练的二语学习者和母语使用者来说，同样的一句话会引起相似的 ERP 成分。

与句法加工有关的 ERP 成分的定性和定量的差异似乎与第二语言熟

练程度相关。Rossi 等人观察到一个推迟的并减少幅度的 P600，它反映出中等熟练程度的二语学习者在加工词组结构和主谓语一致遇到违规时的 ERP 成分。[1] 不过，Hahne 也观察到一个峰值延迟的 P600，它是精通二语学习者在加工词组结构遇到违规时的 ERP 成分。显然需要更多的研究阐明这些语言水平不同者之间有时极为微妙的定量的不同。

由上可以得出如下结论：①ERP 是用来标志语言理解和产生过程中所涉及的知觉和认知过程的先进技术。②使用 ERP 研究第二语言学习具有独特优势，即不要求做出外显反应，即使在外显行为没有显示学习的时候也能揭示内在学习特点和规律。③二语学习者能否用学习母语的方式学习二语取决于以下互相关联的因素：初学二语的年龄、跨语言的（形态）语法结构相似性、对特定的违规语言现象产生的预期、二语的熟练程度。

三、如何学习英语更有效？

从具身协同论来看，正常人都有学会英语的天赋。其主要学习方式应该是习得为主、学习为辅，善用多元智能。

（一）正常人都有学会英语的天赋

根据乔姆斯基的观点，人天生具有语言习得机制，包含学习原则、加工原则、触发算法等，它能使人不以简单习惯养成的方式习得语言。其中，乔姆斯基提出的普遍语法后来被认为是语言习得的内在系统，即语言习得机制的重要组成部分。普遍语法是关于语言能力的理论，即关于语法表征本质的理论。尽管乔姆斯基并未提到将这一理论性的脑内装置运用到二语习得上，但是，测量学习者普遍语法的"语法判断测试"却广泛运用于二语习得研究。这些"语法判断测试"包括构词题目，揭示出"普遍语法"究竟是如何使学习者组织目的语的构词系统的。

当代脑科学研究证明，脑内确实存在类似语言习得机制的语言加工神经生理系统。失语症和影像学研究发现，语言使用必不可少的区域包括布洛卡区和韦尼克区，分别位于左额下回和左颞叶后部。额叶和颞叶区，在语言感知和产生以及大量的具体语言的使用时都会被激活。研究中左下顶叶也经常被激活，因为需要该区保持言语信息的活跃状态以进

行加工。其他领域已被证明也参与具体的语言处理，如分管发音过程的左脑岛和颞叶的其他区域。

有关华人学英语的研究也从某个维度证明，汉语和英语加工时都存在类似的脑内神经生理系统。Chee 等人[①]、Xue 等人[②]、Ding 等人[③]分别对华人加工汉语与英语时脑激活区域做了对比研究，结果如下。

结果一，在 6 岁前学习英语和汉语，每天都使用两种语言，两种语言都熟练掌握的被试，左侧额叶和颞叶区都能被两种语言激活。这表明，早期（6 岁前）熟练掌握双语者使用相同的脑区进行语义加工。

结果二，在 8～10 岁学习英语、英语熟练程度稍差（学习英语不到 2 年）的被试，两种语言激活的脑区实质上相同，被激活的区域包括梭形回、左额下回（布洛卡区）以及左顶叶的两个区域。与结果一相比，虽然结果二中被激活的区域稍有不同（可能是由于任务不同而导致的），但是它与结果一中汉语和英语激活同一脑区的结论是一致的。

结果三，对于熟练掌握英汉的成人双语者（大学生）来说，两种语言激活的脑区也相同。使用母语时更多激活左侧颞中回（毗邻下颞区），使用英语时额外的右下额叶被激活。对英语早学者的研究证实，两种语言都使用该脑区。但是，英语迟学者在加工英语时该脑区的激活程度没有在加工母语时那么强，此外，母语激活区以外的脑区被激活。这说明，迟学英语会导致一些母语加工脑区使用不足，而为熟练使用语言，需要使用额外的（非语言）加工区。

由此可见，正常人都具有母语和外语加工神经生理系统（类似语言习得机制），都具有习得母语和外语的天赋。只要后天条件具备、方法得当，学好英语应当是不成问题的。可是，为什么会有大批学生掉队呢？显然不是先天原因导致的。

根据克拉申的观点，外语能力倾向和态度都与二语成绩有关。其中，外语能力倾向是指学习外语的成功程度，通过《当代语言能力倾向测试》（*Modern Language Aptitude Test*，MLAT）和《语言能力倾向量表》（*Language Aptitude Battery*，LAB）标准化测验来测评。《当代语言能力

---

① Chee，M. W. L.，Weekes，B.，Lee，K. M.，et al.："Overlap and dissociation of semantic processing of Chinese characters，English words，and pictures：evidence from fMRI"，*Neuro-Image*，12(4)，2000.

② Xue，G.，Dong，Q.，Jin，Z.，et al.："An fMRI study with semantic access in low proficiency second language learners"，*NeuroReport*，15(5)，2004.

③ Ding，G. S.，Perry，C.，Peng，D. L.，et al.："Neural mechanisms underlying semantic and orthographic processing in Chinese-English bilinguals"，*NeuroReport*，14(12)，2003.

倾向测试》包括三个主要成分：第一个成分是语音编码能力，指在记忆中储存新语言声音的能力。第二个成分是个体对语言的句法句式的敏感能力。卡罗尔（Carroll）清楚地说，尽管该成分不需要个体实际知道语法术语，但它确实涉及对语法的元意识，影响外语学习的成功程度，因为当学生试图学习语法规则和将语法规则用以构建和理解那种语言中的新句子时就用到这种能力。第三个成分是演绎能力，用于审查语言材料以注意和发现语言的意义或语法形式。在卡罗尔看来，测评这项能力的经典方法就是呈现人工语言的材料，看个体能否从中归纳出支配那种语言的语法和语义规则。外语能力倾向对成为高水平外语专业工作者至关重要，而对一般使用者并不产生根本影响。也就是说，一般正常人都具备学会英语的普通天赋，只要后天努力、方法得当，都应该能学会英语。

（二）习得为主，学习为辅

"二语学习"包含两个不同的含义：一是培养与外国人交流的技能，理解他们，说他们的语言；二是获得语言的信息，通过智力加工把它们转换成知识，储存于记忆之中。前一个含义即"语言习得"（language acquisition），后一个含义即"语言学习"（language learning）。

1. 语言习得

语言习得是指自然同化的过程，包括直觉和潜意识学习，这是学习者作为主动参与者的真实人际互动的产物，与儿童学习母语的方式相似，是一个不需要理论知识就能获得使用口语的功能性技巧的过程，它使学习者逐步了解语音特点、语言结构和词汇，获得创造性交流能力和对文化价值的认同。教与学被看作发生在个人心理层面的活动。语言习得倡导相互交流和开发学习者的自信心。这是克拉申倡导的自然法的基础。

2. 语言学习

语言学习的概念与传统学习语言的方法有关，该法至今在全世界广为使用，其注意力集中在语言的书写形式，其目标是通过智力和逻辑的演绎推理使学生理解语言的结构和规则，主张掌握语言形式比交流更重要。由于有预先确定的教学大纲，教与学不得不受正规教学计划的支配，重视研究远离实践的理论，强调正确，抑制错误，几乎没有自发性，教师是权威人物，学生的参与基本上是被动的，学生被传授如何造疑问句和否定句、如何记忆不规则动词、如何学习情态动词等。之后，学生学会了用正确时态造句，但很少熟练掌握它们的真正用途。这是个不断进步和积累的过程，通常受制于包含词汇记忆的现行教学大纲。它寻求将语言的知识和功能、不规则的语法结构、与学生母语的不同以及理解和生成语言的实际技巧性知识传授给学生。这种积累知识的过程是令人沮丧的，因为缺乏对语言的亲近和体验真正使用语言所带来的成就。这样学习出来的学生，即使对英语结构和规则可能非常明白，也很难熟练运用英语交流。这就是高分低能、"聋哑英语"现象出现的根本症结所在。

3. "习得"与"学习"之间的关系及其启示

我们应该考虑到，一般而言，语言是复杂的、随意的、不规则的现象，充满含糊之处，处在随机和难以控制的不断进化之中。因此，一种语言的语法结构可能很复杂、很抽象，无法用规则完全分类和定义。即使掌握了语言的一些局部性功能知识，也很难将其转化成沟通技巧。

启示1："习得"与"学习"对应的年龄和效率。大多数研究表明，年龄越低，习得外语就越容易、越快和越完整。一般而言，年龄是影响外语学习的决定因素，也是影响习得和学习外语效率的决定因素。不考虑性格、动机等个别差异，以正常学习者为样本，年龄越小，习得就会比学习越有效。同时证明，学习只在智力成熟时才会在一定程度上发挥效用。

启示2：语言学习中的内向与外向性格。语法知识对一个人的语言行为的影响在很大程度上取决于这个人的性格。英语本来就充满非规则性，在中学几年的英语学习中，我们把英语的自然偏差列为错误，并及时纠正和压制。若内向学生从经验中意识到出错的高概率性，会抑制其学习的自发性和主动性。外向学生擅长即兴自发说话，他们的监控功能几乎不起作用，而是受冲动个性的驱使，并不十分关注语言形式本身。从学习中受益的只是那些性格介于内向与外向的人，他们试图运用温和的、有效的监控功能。但是，这一监控功能的运用需要3个同步条件。①关注形式：学习者必须在关注内容的同时还要关注语言形式的正确性。②规则知识：必须有一条规则适用于该情况，学习者知道这条规则和存在的例外。③时间准许：当产生语言时，学习者必须有足够的时间来评估那些适用规则的候选词汇。

启示3：浸泡（immersion）是习得的有效保证。从良好的语言学习者的角度来看，二语习得过程包含下列含义：仅仅学习语法是不够的，正式和非正式地接触二语会促进成功，正式和非正式的浸泡环境是可取的。浸泡是影响二语成功习得的关键要素。一个不容置疑的现实是，在目的语国家学习语言，并经常结合自学，保证了习得的成功。我们可以考虑三类不良的语言学习者：①既无习得能力也无学习能力者，专家们认为这可能归因于负面的情感、态度（对目的语和讲该语的人缺乏兴趣以及自我意识强、高焦虑等）和对语法的能力倾向低。课堂上或自然环境中对二语一无所获的学生可能属于此类。②缺乏使用监控者,他们的进步跟随自己的态度走。③过度使用监控者,他们局限于自己意识到的知识,苦于缺乏自发性。实践已经证明,各类学习者在低焦虑情境的课堂习得是有益的。没有必要刻意避免有意识的学习,只要保持适当就好。其他人随着越来越多地使用该语言,矫正会自然发生,他们为此可获得满足感。这就像儿童学习说母语会逐渐达到成人标准一样。毫无疑问,习得是二语达到真正熟练的核心和必不可少的,学习只是在一定条件下的有效补充。

启示4:科学预留"沉默期"。大多数学生是从"沉默期"开始习得过程的,在"沉默期"他们很少讲目的语。对一些人来说,这是一段语言休克期,这期间,学习者主动拒绝新语言的不可理解的输入。然而,研究表明,许多"沉默"的学习者会从事私人言语活动("自我谈话")。尽管表面上沉默,但实际上他们在隐性训练那些重要的、刚记住的短语和词群。这些短语以后会用于语言生成中。其他人,不论是自愿的还是被强迫的,没有沉默期而将学到的东西直接转化成语言,这种语言里使用一些机械规则以达到目的,因此他们很少偏离二语句法结构,但像鹦鹉学舌,无法建构起内在的语言,因而最终止步于习得的尝试阶段。在该阶段,目的语的语义和语法得到简化,学习者开始建构真正的内在语言。反思现在的英语教学,最典型的就是听说训练,随听随说,几乎根本没有"沉默期"。即时的模仿很难内化成熟练的言语系统,所以,"哑巴英语"在所难免。可见,只有在"听"上给予足够的输入,在此基础上再激发"说",才自然有话可说。

与"习得"和"学习"紧密相关的就是内隐和外显学习。母语习得,至少是母语语法习得,主要依赖于内隐学习,而二语习得经常依赖内隐和外显学习。长期以来,英语教学尤其是中学及以上的英语教学,主要以学习为主导,缺乏习得成分,因而直接导致高分低能,语言知识掌握比较扎实,但是交流能力严重不足。幸运的是,新课程已经开始转向习得导向,但还远不够明确、系统。因此,要有意识地构建适合习得的课程、氛围和习惯,如此才能彻底摘掉"聋哑英语"的帽子。

(三)善用多元智能

有些人善于创作美丽的画卷;有些人在运动方面极具天分,可以轻松、优雅地做出一系列复杂的动作;有些人演奏乐器如此之好,会触动听者的内心;有些人极乐于寻求数学精确度;有些人则会对自然世界有特殊的领悟能力;有些人热爱写作,并且已经享受了故事或诗歌出版的喜悦;有些人或许就是天然的领导者,为周围的人树立榜样,并提供可靠的指导;还有些人具有敏锐的洞察力,在实现重要的人生目标时清醒地知道自己是谁、自己代表什么。在以上提及的人中，谁是最聪明的？这个问题没有答案，因为每个人都有不同的优势智能。每个人都是独特的，并以各自不同的方式为人类学习做出宝贵的贡献。这就是哈佛大学心理学家霍华德·加德纳提出的多元智能理论在起作用。多元智能是人类可以使用的学习、解决问题和进行创造的工具。如果每个人都能够利用自己的优势智能学习英语，每个人都能找到自己的兴奋点和最佳学习途径，那么所有人都不会掉队。这需要对课程、教材、教法、学法和考评进行系统设计。

由此可见，正常人都有学习外语的天赋，只要努力、方法得当，都应该能学会用外语交流；习得为主、学习为辅，是克服英语学习高分低能，防止出现"聋哑英语"的有效途径；发挥个人优势智能是保证每个人学习英语不掉队的最好办法。

四、基于具身协同论双脑全能英语学习模式

具身协同论视域下，英语高效学习模式即"双脑全能"模式，指"左脑＋右脑""大脑＋小脑""智能脑＋情感脑""人脑＋电脑""八项智力全能""七个信息通道全能""四种脑波段全能"的具身协同教育模式。

(一)"左脑＋右脑"教育

"左脑＋右脑"教育指在教学和学习过程中，在保持原有左脑积极加工的基础上，充分开发右脑潜能，优化左右脑协同作业。左脑是以语言为主的分析、判断和抽象概括的中枢，是科学脑，主要分管逻辑思维、意识、来自身体右侧的信息、机械记忆及与语言、逻辑、数字、顺序和拼音文字等有关学术性的活动，俗称"学术性"左脑。右脑以形象思维为主，是直觉思维的中枢，是艺术脑，主要分管整体感知、创造力、皮肤触摸感、潜意识、风景的映象、音乐韵律、自然声、来自身体左侧的信息、情感、新颖性学习以及空间、图画、想象、图案和汉字等涉及创造性的活动，俗称"创造性"右脑。科学家预言，两脑相比，右脑的潜力约为左脑的 10 万倍，如果左脑加右脑协同活动，其效果不是 $1+1=2$，而是会增大 5 倍、10 倍甚至更多，即 $1+1 \geqslant 5$。

外语教学改革要开发右脑参与学习的巨大潜能，可试用以下一些方法。

想象法：表象联想可使需要经过左脑才进入右脑的信息，从一开始就直接记忆在右脑里，如记 eye(眼睛)，可将两个 e 想象成两只眼，把 y 想象成中间的鼻子。

大声法：对声音和韵律的加工主要是右脑的功能，大声的言语刺激可强化右脑对言语活动的参与。

过度学习法：可使左脑里的信息变得重要而向右脑传递。

音乐入静冥想法：利用轻音乐、心理暗示或冥想，可使身心入静，从而诱导右脑活跃，如可伴随轻音乐记单词或配乐朗读等。

活动表演法：尤其是左肢动觉法可使右脑兴奋。

(二)"大脑＋小脑"教育

"大脑＋小脑"教育指在教学和学习过程中，在保持原有大脑积极加工的基础上，充分开发小脑潜能，优化大小脑协同作业。

大脑(有人泛称大脑皮层)是人所具有的智能中心。研究发现，大脑是用映象、概念或观念之类的东西进行认识、思考的中枢，与小脑相比，其最大特点是具有智能性和创造性。小脑是指本能脑，是用身体进行记忆的中枢，其最大特点是具有适应性，分管塑造大脑活动的模型、反射行为、动作调控、自动化、无意识化、类型化、控制误差、迁移等。学习时"由生到熟"再到"熟能生巧"，是由大脑功能向小脑功能的过渡。研究发现，小脑在说话时发挥着重要作用。思考问题就是在大脑联合区形成思考模型的过程，如果该过程反复到一定程度，就会在小脑中形成思考模型的模型，以后遇到类似问题，小脑就可以用这种模型的模型自动地、无意识地进行思考了。这样小脑就能分担大脑日常的工作，有效地减轻大脑的负担，让大脑处于自由状态。所以，大小脑协调教育能有效地培养适应与创新能力，减轻学习负担。

外语教学过程中，激活小脑参与大脑学习最有效的方法，莫过于模拟交流及实地与外国人交流。在活动中学英语，不仅可激活右脑，更重要的是体现了语言的工具功能的实质。

(三)"智能脑＋情感脑"教育

"智能脑＋情感脑"教育指在教学和学习过程中，在保持原有智能脑积极加工的基础上，强化情感脑，充分开发情感脑潜能，优化智能脑与情感脑协同作业。智能脑主要指大脑智能中心；情感脑又叫边缘系统，它控制着许多情感反应，与大脑中处理记忆存储的部分连接得很紧，是学习活动的兴奋和抑制中心，起催化剂和抑制剂作用。通常所说的"智商"和"情商"就是对"智能脑"和"情感脑"水平的测量。非智力因素的主要成分，如需要、兴趣、动机、情绪、情感等与情感脑密不可分。离开了情感脑的参与，学习活动会变得枯燥乏味，人则容易疲劳、效率低下、记忆不牢。

外语教学首先要充分发挥情感脑对智能脑的积极促进作用，使学生体验成功的欣喜，增加积极的自我暗示，强化未来成功的吸引力，激发成功的欲望和学习的激情。尽可能使英语学习趣味化和游戏化。许多英语学习者掉队大多从丧失兴趣开始。所以，外语教学要保证学生有成就性体验，保证课程、教材、教法令人愉悦。

(四)"人脑＋电脑"教育

"人脑＋电脑"教育，一是指借鉴电脑信息加工原理，优化大脑信息加工机制和加工程序，改变脑内的信息结构，并使其具有在信息化环境中学习、工作和生活的能力；二是指运用电脑多媒体技术及网络技术优化教学内容、教材结构、教学手段、教学方法，改善学习活动和学习环境，使之更加符合全脑学习的科学规律。

信息高速公路、虚拟现实等为开发人脑潜能、彻底改变传统教育模式提供了优越的条件。所以，人脑、电脑协调教育能使人类的学习、生活和工作发生彻底的革命。

以电脑为代表的信息技术手段运用到外语教学，如多媒体技术、网络教学、人机对话等将取代"一本教材、一支粉笔和一块黑板"的传统教学。人们已开始借鉴电脑信息输入、分类、储存、检索原理来设计教学和学习程序。比如，我们设计出的"英语心理词典""英语语法脑地图"等，对外语教学都有极大促进作用。另有证据表明，仅采用多媒体技术就能使学习效率提高30％。所以，如果外语教学能与电脑有机结合起来，其效果肯定会有较大改观。

(五)八项智力全能

八项智力全能指将人的八种不同类型的智力全部用到学习上。八种不同类型的智力是语言智力、数理—逻辑智力、音乐智力、空间智力、身体—运动智力、人际智力、内省智力、自然探索智力。其中，前两种在传统教育中受到高度重视，而对后几种智力的忽视却造成了极大的浪费。

外语教学要充分调动人脑的八项智力的积极因素，采用尽量适合各项智力的特点的方法，如通过游戏、猜谜、旅游、活动、符号、图画、表演、身体语言、实际情境等进行外语教学。

(六)七个信息通道全能

七个信息通道分别为视觉通道、听觉通道、味觉通道、触觉通道、嗅觉通道、动觉通道和思悟通道(思考、悟性)，也就是说，我们通过所看、所听、所尝、所触、所嗅、所做和所想所悟来学习。一般学习方式主要可以概括为如下三种。动觉学习：动觉学习者占37％，擅长通过移动、触摸、行动学习，当他们能亲身运动、体验和实践时，会学得最好。视觉学习：视觉学习者占29％，擅长通过图片和阅读来学习，尤其当他们看到学习内容以图像形式出现时，会学得最好。听觉学习：听觉学习者占34％，擅长通过声音、音乐进行学习。当我们把三种方式以不同的途径加以组合时，会学得更好、更快。

遗憾的是，传统英语教学大多依靠视觉来学习，而忽视了动觉学习和听觉学习，只能保证少部分人（29％）的学习效果，还有37％的动觉学习者及34％的听觉学习者学习英语的最佳通道没有得到应有的开发和利用。外语教学若能将视觉、听觉、味觉、触觉、嗅觉、动觉和思悟功能全部调动起来，根据各信息的特点分别打开合适、对应的通道，全面发展，提高听、说、读、写能力，学习效果会明显提高。通常所说的眼到、耳到、口到、手到、心到、全身到，就是通道全能法的具体体现。

第一，配以音像教材。将语言材料拍摄成影视片，配以文字教材，提供给爱动手操作的外语学习者，使他们置身于特定环境中，增强学习兴趣，提高学习效率。

第二，角色扮演。模拟真实语言环境，指导爱活动的外语学习者扮演不同角色，体验语言的具体用法。

第三，运用游戏、跳舞、手势语、绘画、实地考察等不同方式。

（七）四种脑波段全能

四种脑波段全能指将人脑四种工作波段尽量全部用到学习上。四种工作波段分别如下。β波：完全清醒状态——清醒的大脑在13～25 Hz的波段上工作。α波：放松警觉状态——理想的学习状态，大脑在8～12 Hz的波段上工作。θ波：睡眠的初期状态——瞌睡的大脑在4～7 Hz的波段上工作。δ波：深度睡眠状态——深睡的大脑在0.5～3 Hz的波段上工作。一般认为，β波（很快的脑电波）对度过白天很有好处，但抑制了信息进入大脑的更深层面。在α波、θ波状态下，信息可以进入更深的层面，此时以放松、注意力集中和舒适等主观感受为特征。在这种状态下，非凡的记忆力、高度专注和不同寻常的创造力都可以取得。研究表明，仅有30％的学生记得其在标准的课堂时间（β波状态）所听到的内容的75％，所以，开发全波段的学习功能大有潜力可挖。

外语教学要注意引发放松警觉状态。可以通过某些类型的音乐节奏放松身体、安抚呼吸、平静β波震颤，引发极易于进行新信息学习的、舒缓的放松警觉状态。也可以通过每天的静心或放松性活动，特别是深呼吸来实现。晚上入睡前复习学习内容，放恰当的音乐会极大地增强回忆能力。重温脑图、回忆白天主要学习内容时所出现的平静、放松状态，会打开通向潜意识记忆库的大门，甚至做梦也会促进外语信息的加工与储存。

参考文献

陈宝国，彭聃龄：《语言习得的关键期及其对教育的启示》，《心理发展与教育》2001 年第 1 期。

顾嘉祖，马揆华：《试析临界期假设的理论与实践》，《解放军外国语学院学报》2000 年第 3 期。

官群：《ERP 与二语学习：能像学习母语一样学习二语吗?》，《中国特殊教育》2010 年第 4 期。

官群：《认知神经科学证据：何时开始学习二语效果最好?》，《中国特殊教育》2010 年第 5 期。

黄燕飞：《小学开设英语是否值得》，《小学教学研究》2001 年第 1 期。

刘振前：《第二语言习得关键期假说研究评述》，《当代语言学》2003 年第 2 期。

辛柯，周淑莉：《年龄因素对二语习得的影响：临界期假说实证》，《外语教学》2006 年第 4 期。

Ainsworth-Darnell, K., Shulman, H. G., Boland, J. E: "Dissociating brain responses to syntactic and semantic anomalies: evidence from event-related potentials", *Journal of Memory and Language*, 38(1), 1998.

Bellisle, F., Milner, P. M.: "Brain stimulation reinforcement: Implications of an electrode artifact", *Science*, 204(4398), 1979.

Birdsong, D., Molis, M.: " On the evidence for maturational constraints in econd-language acquisition", *Journal of Memory and Language*, 44, 2001.

Birdsong, D., *Second Language Acquisition and the Critical Period Hypothesis*, Mahwah, NJ: Lawrence Erlbaum Associates, 1999.

Birdsong, D.: "Ultimate attainment in second language acquisition", *Language*, 68 (4), 1992.

Cacioppo, J. T., Visser, P. S., Pickett, C. L., *Social Neuroscience: People Thinking About Thinking People*, Cambridge, MA : MIT Press, 2006.

Carroll, J. B.: "Implications of aptitude test research and psycholinguistic theory for foreign language teaching", *Linguistics*, 11(112), 1973.

Chee, M. W. L., Hon, N., Lee, H. L., et al.: "Relative language proficiency modulates BOLD signal change when bilinguals perform semantic judgments", *NeuroImage*, 13(6), 2001.

Chee, M. W. L., Weekes, B., Lee, K. M., et al.: "Overlap and dissociation of semantic processing of Chinese characters, English words, and pictures: evidence from fMRI", *NeuroImage*, 12(4), 2000.

Chomsky, N., *Syntactic Structures*, The Hague: Mouton, 1957.

Dehaene, S., Dupoux, E., Mehler, J., et al.: "Anatomical variability in the cortical representation of first and second language", *NeuroReport*, 8(17), 1997.

Ding, G. S., Perry, C., Peng, D. L., et al.: "Neural mechanisms underlying semantic and orthographic processing in Chinese-English bilinguals", *NeuroReport*, 14(12), 2003.

Ellis, R., *The Study of Second Language Acquisition*, Oxford: Oxford University Press, 1994.

Friederici, A. D.: "Towards a neural basis of auditory sentence processing", *Trends in Cognitive Sciences*, 6(2), 2002.

Gazzaniga, M. S., Ivry, R. B., Mangun, G. R., *Cognitive Neuroscience: the Biology of the Mind*. 4th, New York: W. W. Norton & Company, 2014.

Genesee, F., Hamers, J., Lambert, W. E., et al.: "Language processing in bilinguals", *Brain and Language*, 5(1), 1978.

Granena, G., Long, M. H.: "Age of onset, length of residence, language aptitude, and ultimate L2 attainment in three linguistic domains", *Second Language Research*, 29(3), 2013.

Green, D. W., The Neurocognition of Recovery Patterns in Bilingual Aphasics. In J. F. Kroll & A. M. B. de Groot (Eds.), *Handbook of Bilingualism: Psycholinguistic Approaches*. New York: Oxford University Press, 2005, pp. 516-530.

Hagoort, P., Brown, C. M., Groothusen, J.: "The syntactic positive shift (SPS) as an ERP measure of syntactic processing", *Language and Cognitive Processes*, 8(4), 1993.

Hagoort, P., Hald, L., Bastiaansen, M., et al.: "Integration of word meaning and world knowledge in language comprehension", *Science*, 304(5669), 2004.

Hahne, A., Friederici, A. D.: "Electrophysiological evidence for two steps in syntactic analysis. Early automatic and late controlled processes", *Journal of Cognitive Neuroscience*, 11(2), 1999.

Hahne, A.: "What's different in second-language processing? Evidence from event-related brain potentials", *Journal of Psycholinguistic Research*, 30(3), 2001.

Hakuta, K., Bialystok, E., Wiley, E.: "Critical evidence: a test of the critical period hypothesis for second language acquisition", *Psychological Science*, 14(1), 2003.

Johnson, J. S., Newport, E. L.: "Critical period effects in second language learning: the influence of maturational state on the acquisition of English as a second Language", *Cognitive Psychology*, 21(1), 1989.

Kaan, E., Harris, A., Gibson, E., et al.: "The P600 as an index of syntactic integration difficulty", *Language and Cognitive Processes*, 15(2), 2000.

Kennedy, D., Norman, C.: "What don't we know? ", *Science*, 309(5731), 2005.

Kim, K. H. S., Relkin, N. R., Lee, K-M, et al.: "Distinct cortical areas associated with native and second languages", *Nature*, 388(6638), 1997.

Krashen, S. D., *Second Language Acquisition and Second Language Learning*, Oxford: Pergamon Press, 1981.

Kutas, M., Hillyard, S. A.: "Reading senseless sentences: brain potentials reflect semantic incongruity", *Science*, 207(4427), 1980.

Lenneberg, E. H.: "The biological foundations of language", *Hospital Practice*, 2(12), 1967.

MacWhinney, B., Second Language Acquisition and the Competition Model. In A. M. B. de Groot & J. F. Kroll (Eds.), *Tutorials in Bilingualism: Psycholinguistic Perspectives* . Mahway, JN: Lawrence Erlbaum Associates Publishers, 1997, pp. 113-142.

McDonald, J. L.: "Sentence interpretation in bilingual speakers of English and Dutch", *Applied Psycholinguistic s*, 8(4), 1987.

McLaughlin, J., Osterhout, L., Kim, A.: "Neural correlates of second-language word learning: minimal instruction produces rapid change", *Nature Neuroscience*, 7(7), 2004.

Ojima, S., Nakata, H., Kakigi, R.: "An ERP study of second language learning after childhood: effects of proficiency", *Journal of Cognitive Neuroscience*, 17(8), 2005.

Osterhout, L., Holcomb, P. J.: "Event-related brain potentials elicited by syntactic anomaly", *Journal of Memory and Language*, 31(6), 1992.

Osterhout, L., McLaughlin, J., Pitkänen, I., et al.: "Novice learners, longitudinal designs, and event-related potentials: a means for exploring the neurocognition of second language processing", *Language Learning*, 56(s1), 2006.

Oyama, S.: "The sensitive period and comprehension of speech", *NABE Journal*, 3(1), 1978.

Park, D. C., The Basic Mechanisms Accounting for Age-Related Decline in Cognitive Function. In D. C. Park & N. Schwarz (Eds.), *Cognitive Aging: A primer*. Philadelphia, PA: Psychology Press, 2000, pp. 3-22.

Patkowski, M. S.: "The sensitive period for the acquisition of syntax in a second language", *Language Learning*, 30(2), 1980.

Patkowski, M. S.: "Age and accent in a second language: a reply to James Emil Flege", *Applied Linguistics*, 11(1), 1990.

Penfield, W., Roberts, L., *Speech and Brain-Mechanism*, NJ: Princeton University Press, 1959.

Perani, D. , Dehaene, S. , Grassi, F. , et al. : "Brain processing of native and foreign languages", *NeuroReport*, 7(15-17), 1996.

Perani, D. , Paulesu, E. , Galles, N. S. , et al. : "The bilingual brain. Proficiency and age of acquisition of the second language", *Brain: A Journal of Neurology*, 121 (10), 1998.

Pinker, S. , *The Language Instinct: How the Mind Creates Language*, New York: Harper Collins, 2007.

Raz, N. , The Aging Brain Observed in Vivo: Differential Changes and There Modifiers. In Cabeza, R. , Nyberg, L. , Park, D. (Eds.), *Cognitive Neuroscience of Aging: Linking Cognitive and Cerebral Aging*. New York: Oxford University Press, 2005, pp. 19-57.

Raz, N. , Rodrigue, K. M. , Kennedy, K. M. , et al. : "Differential aging of the human striatum: longitudinal evidence", *American Journal of Neuroradiology*, 24(9), 2003.

Rossi, S. , Gugler, M. F. , Friederici, A. D. , et al. : "The impact of proficiency on syntactic second-language processing of German and Italian: evidence from event-related potentials", *Journal of Cognitive Neuroscience*, 18(12), 2006.

Ritchie, W. C. , *Second Language Acquisition Research: Issues and Implications*, New York: Academic Press, 1978.

Snow, C. , Hoefnagel-Hohle, M. : "The critical period for language acquisition: evidence from second language learning", *Child Development*, 49(4), 1978.

Tahta, S. , Wood, M. , Loewenthal, K. : "Age changes in the ability to replicate foreign pronunciation and intonation", *Language and Speech*, 24(4), 1981.

Tokowicz, N. , MacWhinney, B. : "Implicit and explicit measures of sensitivity to violations in second language grammar: an event-related potential investigation", *Studies in Second Language Acquisition*, 27(2), 2005.

Ullman, M. T. : "The neural basis of lexicon and grammar in first and second language: the declarative/procedural model", *Bilingualism: Language and Cognition*, 4(2), 2001.

Vaid, J. , Lambert , W. E. : "Differential cerebral involvement in the cognitive functioning of bilinguals", *Brain and Language*, 8(1), 1979.

Wartenburger, I. , Heekeren, H. R. , Abutalebi, J. , et al. : "Early setting of grammatical processing in the bilingual brain", *Neuron*, 37(1), 2003.

Weber-Fox, C. M. , Neville, H. J. : "Maturational constraints on functional specializations for language processing: ERP and behavioral evidence in bilingual speakers", *Journal of Cognitive Neuroscience*, 8(3), 1996.

Xue, G. , Dong, Q. , Jin, Z. , et al. : "An fMRI study with semantic access in low proficiency second language learners", *NeuroReport*, 15(5), 2004.

第八章　英语教学中的具身协同效应

如前所述，中英文认知中存在的具身协同效应既包括人为的主观成分，也包含语言本身的客观成分。在英语教学中发挥具身协同效应可以有效提高教学效果，反过来也能进一步证明中英文认知与教育具身协同论的科学合理性。下面从语言产出训练、人格因素、句法启动、人机系统四方面论证英语教学中的具身协同效应，以窥一斑而知全豹。

一、语言产出训练对二语习得的具身协同效应

语言输入与产出是语言习得的两个方向相反的活动过程，二者之间必然存在具身协同效应。如何通过训练语言产出达到二语习得最佳状态是亟待研究的问题。传统的二语习得理论一直注重语言输入的作用，但最新研究关注语言产出的作用，并发展出五个假说。通过逐一验证这些假说，我们可以揭示何种语言产出对二语习得最有效。实验一验证了语言产出是一种高认知负荷干扰；实验二验证了听说交互式的语言产出能提升注意力，是一种高效的语言技能训练手段。在此基础上，讨论语言产出训练如何达到准确性和流利度的双赢，实现二语习得从输入到输出、从概念形式到语义内容、从知识到技能的飞跃，以及何种语言产出训练最有效。

(一)语言输入与产出的具身协同效应

1. 语言的输入与产出之间的具身协同效应

语言的产出对于二语知识和技能的习得起着至关重要的作用。克拉申的"输入假设"一直强调接受、处理语言输入信息可以促进二语知识的习得，但他对语言产出的作用始终持怀疑态度。[①] Swain 和 Lapkin 却认为，语言产出虽不是唯一重要的手段，但能对二语习得起到积极的促进作用。[②] 还有一些观点认为，语言习得是通过一系列具体的练习，使得

[①]　Krashen, S. D., *Principles and Practice in Second Language Acquisition*, Oxford: Pergamon Press, 1982.

[②]　Swain, M., Lapkin, S.: "Interaction and second language learning: two adolescent French immersion students working together", *The Modern Language Journal*, 82(3), 1998.

各项语言技能不断成形并达到熟练的过程化[①]；在现实情境中高效地回溯各种语言知识和技能，进行迅速而准确的语言产出训练是语言成功习得的关键[②]。那么，语言产出训练在二语习得中的作用到底是怎样的？如何训练语言产出才能达到二语习得的最佳状态呢？

国外有关语言产出对二语习得的典型研究，当数 Kormos 对语言产生的过程、双语词汇、句法和语音编码、语言监控、交际策略、双语编码转换和不同通道信息整合七个部分的梳理。但是，这项研究忽略了对以非印欧语系为一语和二语的学习者的研究。本研究重点探究何种语言产出训练对二语准确性和流利度的提高最有效。

在我国，语言产出对二语习得作用的研究尚很薄弱。目前的研究多停留在理论探讨层面，只有少量实证研究出现，涉及从语言产出形式的内部变量，如产出性词汇特征和测量[③]、语块模式[④][⑤]、句法启动效应[⑥]、概念通达程度[⑦]，到语言产出者的个性化差异[⑧]。在当前任务型教学盛行的时代，中国学生如何进行语言产出训练，才能促进二语习得，是亟待验证的命题。

2. 语言产出对二语习得准确性和流利度的正负作用

以往国内外研究对语言产出在二语习得中作用的观点并不明确，有人认为其具有消极作用，也有人认为其具有积极作用。下面对积极和消极作用进行介绍，并提出本研究的主要问题。

一方面是消极作用。第一，贫乏输入假说针对同等条件下输入和产出的对比，提出过早进行语言产出会损害习得质量，因为在语言能力尚未达到一定程度时，语言产出中的不正确表达会扰乱正确的自然语言输

---

① Anderson，J. R. ，*The Architecture of Cognition*，Cambridge，MA：Harvard University Press，1993.

② Larsen-Freeman，D. ："Transfer of learning transformed"，*Language Learning*，63 (s1)，2013.

③ 邓联健：《二语产出性词汇能力发展研究综述》，《外语与外语教学》2006 年第 2 期。

④ 甄凤超：《"语块"与外语口语流利度、准确性及恰当性的相关研究——基于 COLSEC 语料库的实证研究》，《中国外语教育》2009 年第 4 期。

⑤ 原萍，郭粉绒：《语块与二语口语流利性的相关性研究》，《外语界》2010 年第 1 期。

⑥ 王敏：《语言水平及任务类型对第二语言产出中结构启动的影响》，《现代外语》2009 年第 3 期。

⑦ 闫浩，董燕萍：《语言产出中概念通达度对位置加工的直接作用——来自汉语名词并列结构的实证证据》，《外语教学与研究》2011 年第 2 期。

⑧ 王敏：《语言水平及任务类型对第二语言产出中结构启动的影响》，《现代外语》2009 年第 3 期。

入效果，从而影响学习者获取正确的音形义。①② 第二，破坏程序化假说针对模拟说的语言产出训练对二语习得的作用，提出模拟说没有语言概念形成的过程，不需要语言程序化的准备，不同于真实生活中的语言产出。同时，模拟说所需的词语和语法结构在语言产出之前早已被全部或部分激活。因此，这种语言产出训练实际上破坏了程序性知识的形成和产出。③ 第三，认知负荷干扰假说认为语言产出是一种认知干扰。学习者处理输入信息的认知能力有限，又因语言产出增加了加工认知负荷。与前两个假说认为语言产出会损害二语习得质量不同，此假说主要认为语言习得过程前、中、后的负担加重，会降低信息处理的效率。

另一方面是积极作用。提升注意力假说认为语言产出对语言认知起积极作用，通过提升习得者的注意力，使其不断假设、验证各种语言形式和内容，自我反省，提升元语言意识。④ 技能训练假说的代表人物是德凯泽(DeKeyser)，他的非系统训练观强调语言产出的积极作用。学习者在极短时间内使用相同或相似的词语或语法结构进行训练，其积极作用显著。研究表明，高效的学习者还能将语言产出形式灵活地迁移到不同语境和不同任务中⑤，实现从陈述性知识到程序性知识的飞跃。

鉴于上述，本研究的问题如下。

研究问题一：验证消极作用假设，建立单听、贫乏说、模拟说、书写输出四个学习条件，探究哪种条件下语言产出的准确性和流利度最低。

研究问题二：验证积极作用假设，建立单听、单说和听说交互三个学习条件，探究哪种条件下语言产出的准确性和流利度最高。

(二)研究方法

1. 研究对象

实验一招募了邢台某学校 80 个初中生(38 个女生、42 个男生，平均年龄为 12.7 岁，标准差为 1.78)，采用被试间设计，按照学业水平高、中、低三个层次进行分层随机抽样，将学生随机分配到四个实验组(单

① Potovsky, V. A.: "Effects of delay in oral practice at the beginning of second language learning", *The Modern Language Journal*, 58(5-6), 1974.

② VanPatten, B., Cadierno, T.: "Input processing and second language acquisition: a role for instruction", *The Modern Language Journal*, 77(1), 1993.

③ Van Hell, J. G., Tanner, D.: "Second language proficiency and cross-language lexical activation", *Language Learning*, 62(s2), 2012.

④ Swain, M.: "The output hypothesis: just speaking and writing aren't enough", *The Canadian Modern Language Review*, 50(1), 1993.

⑤ Robinson, P.: "Task-based language learning: a review of issues", *Language Learning*, 61(s1), 2011.

听、贫乏说、模拟说和书写输出），每组 20 人。实验二招募了另外 63 个初中生(31 个女生、32 个男生，平均年龄为 12.5 岁，标准差为 1.17)，采取被试内希腊拉丁方设计，随机抽样，让学生参加三种学习条件下的训练(单听、单说、听说交互)。

2. 实验程序

(1)实验一

训练条件：单听条件(听六遍句子但不跟读)、贫乏说条件(听三次不标准的非母语输入)、模拟说条件(听三次母语句子，然后模拟跟说)、书写输出条件(听三次句子同时书写)。每种训练条件下，所有被试学习 30 个英语短句。整个训练阶段大约 15 分钟，结束后学生稍作休息，立刻进入测试阶段。

测试内容：重复性跟说、看图描述任务。每种测试使用 24 个句子。其中 12 个句子用于口语产出，用录音笔记录；另外 12 个句子用于书面产出，用纸笔记录。

(2)实验二

训练条件：单听条件、单说条件和听说交互条件。每种条件下，被试只听一次所学句子。训练材料性质同实验一。每种条件下的口语产出机会只有一次。整个训练阶段大约 20 分钟，结束后学生稍作休息，立刻进入测试阶段。

测试内容：实验二进一步区分了陈述性知识和程序性知识。对陈述性知识的测试包括词语和语法任务，分别判断其准确性和流利度；对程序性知识的测试包括看图描述和中译英任务。电脑记录正误(0 和 1)和反应时。为突出短时和延时记忆效果，所有测试包括即时测试和延迟测试(一周之后测试延时记忆效果)。

3. 数据分析

实验一分析准确性和流利度指标。由人工评判语法的准确性，口语和书面语产出的准确性采用正确项目占所有项目的比例来记录。口语产出流利度利用语音分析软件 Praat 5.3 进行分析，两个指标为初始停顿时长(所有句子从输入刺激开始到学生口语输出的时长的平均值)和句子时长(每个句子时长的平均值)。采用 2(任务形式)×4(训练条件)重复测量的方差分析法分别对六个因变量进行分析(初始英语水平为协变量)。

实验二分析陈述性知识、程序性知识的八个指标。口语产出评分方式同实验一，采用 3(训练条件)×2(即时测试和延迟测试)重复测量的方差分析法分别对八个因变量进行分析(初始英语水平为协变量)。

(三)结果与分析

1. 实验结果

(1)实验一

表 8-1 呈现了实验一被试在四种训练条件下在口语与书面语产出测试中准确性和流利度的描述性数据。

①口语产出的词语准确性。显著的任务形式主效应[$F_{(2, 150)}=4.472$, $MSE=0.0175$, $P=0.013$, $\eta^2=0.056$],但是训练条件主效应和交互效应不显著。进一步组间差异分析表明,看图描述任务的词语准确性低于重复性跟说任务($z=11.922$, $P<0.001$)。

②口语产出的语法准确性。显著的训练条件主效应[$F_{(3, 75)}=5.514$, $MSE=0.261$, $P<0.001$, $\eta^2=0.18$]、任务形式主效应[$F_{(3, 75)}=4.771$, $MSE=0.211$, $P<0.001$, $\eta^2=0.16$],但是交互效应不显著。进一步组间差异分析表明,书写输出条件下的语法准确性低于其他三个条件下,但只显著低于单听条件下($z=-2.69$, $P=0.04$)和模拟说条件下($z=-2.69$, $P=0.04$)。

③书面语产出的词语准确性。显著的训练条件主效应[$F_{(3, 75)}=6.898$, $MSE=0.228$, $P=0.001$, $\eta^2=0.08$]、任务形式主效应[$F_{(2, 150)}=7.444$, $MSE=0.256$, $P<0.001$, $\eta^2=0.14$],以及交互效应[$F_{(6, 150)}=3.765$, $MSE=0.124$, $P=0.002$, $\eta^2=0.13$]。进一步分析表明,单听条件下的词语准确性明显高于模拟说条件下($z=-7.026$, $P<0.001$)和贫乏说条件下($z=-6.404$, $P<0.001$)。

④书面语产出的语法准确性。显著的训练条件主效应[$F_{(3, 75)}=10.92$, $MSE=0.456$, $P=0.001$, $\eta^2=0.13$]、任务形式主效应[$F_{(2, 150)}=7.547$, $MSE=0.184$, $P<0.001$, $\eta^2=0.23$],但是交互效应不显著。

⑤口语产出的流利度。首先分析初始停顿时长。显著的训练条件主效应[$F_{(3, 75)}=10.92$, $MSE=0.456$, $P=0.001$, $\eta^2=0.13$],单听条件下的初始停顿时长显著长于贫乏说条件下;显著的任务形式主效应[$F_{(2, 150)}=15.64$, $MSE=0.489$, $P<0.001$, $\eta^2=0.17$];显著的交互效应[$F_{(6, 150)}=28.02$, $MSE=0.976$, $P<0.001$, $\eta^2=0.27$]。其次分析句子时长。显著的训练条件主效应,书写输出条件下的句子时长远远长于贫乏说条件下($z=3.50$, $P=0.003$);显著的任务形式主效应,重复性跟说任务的句子时长显著短于看图描述任务($z=5.33$, $P<0.001$)。

分析各种实验条件下的准确性和流利度，我们发现单听和书写输出条件下准确性高但流利度低，模拟说条件下也呈现出这种此消彼长的趋势；在贫乏说条件下，对于有限的正确表达的句子而言，其初始停顿时长、句子时长都是较短的。

表 8-1　实验一中口语与书面语产出准确性和流利度六个因变量的描述性数据及标准差

任务形式	训练条件	口语产出				书面语产出	
		词语准确性	语法准确性	初始停顿时长	句子时长	词语准确性	语法准确性
重复性跟说	单听	0.99(0.01)	0.53(0.03)	0.69(0.01)	1.15(0.01)	0.86(0.02)	0.89(0.02)
	贫乏说	0.99(0.01)	0.50(0.03)	0.64(0.02)	1.11(0.02)	0.78(0.02)	0.84(0.02)
	模拟说	0.98(0.01)	0.54(0.03)	0.56(0.01)	1.09(0.01)	0.85(0.02)	0.84(0.02)
	书写输出	0.97(0.01)	0.40(0.03)	0.61(0.02)	1.15(0.02)	0.94(0.01)	0.91(0.02)
看图描述	单听	0.96(0.01)	0.53(0.03)	2.27(0.04)	1.54(0.04)	0.63(0.02)	0.54(0.03)
	贫乏说	0.94(0.01)	0.50(0.03)	2.12(0.04)	1.43(0.04)	0.48(0.03)	0.41(0.02)
	模拟说	0.96(0.01)	0.54(0.03)	2.24(0.05)	1.55(0.05)	0.52(0.03)	0.44(0.03)
	书写输出	0.97(0.01)	0.40(0.03)	2.24(0.04)	1.54(0.04)	0.63(0.03)	0.46(0.03)

（2）实验二

表 8-2 呈现了实验二学生陈述性知识和程序性知识八大指标的描述性数据。

①陈述性知识的词语准确性和流利度。对于准确性，显著的测试时间主效应 $[F(2, 61) = 4.899, MSE = 0.285, P = 0.031, \eta^2 = 0.07]$，即时测试准确性高于延迟测试（$z = 0.36, P < 0.001$）。对于流利度，显著的训练条件主效应 $[F(2, 61) = 12.64, MSE = 1.495, P < 0.001, \eta^2 = 0.17]$，听说交互条件下词语流利度优于其他两种条件下（$z = 0.45, P < 0.001; z = 0.92, P < 0.001$）。

②陈述性知识的语法准确性和流利度。对于流利度，训练条件主效应不显著，只有显著的测试时间主效应 $[F(2, 61) = 13.73, MSE = 2.975, P < 0.001, \eta^2 = 0.18]$。即时测试流利度优于延迟测试（$z = 0.35, P < 0.001$）。

③程序性知识的词语和语法准确性。显著的训练条件主效应 $[F(2, 61) = 9.646, MSE = 1.034, P < 0.001, \eta^2 = 0.14]$，听说交互条件下词语的准确性高于单听条件下（$z = -3.01, P = 0.007$）和单说条件下（$z = $

-2.70，$P=0.02$)。

④程序性知识的口语产出流利度。首先是初始停顿时长。显著的训练条件效应[$F(2，61)=5.572$，$MSE=0.405$，$P=0.021$，$\eta^2=0.08$]，听说交互条件下的初始停顿时长短于单听条件下($z=-18.97$，$P<0.001$)和单说条件下($z=0.133$，$z=-17.994$，$P<0.001$)。其次是句子时长，显著的测试时间主效应[$F(2，61)=16.21$，$MSE=0.983$，$P<0.001$，$\eta^2=0.28$]，即时测试时句子时长短于延迟测试时。同时有显著的测试时间和训练条件的交互效应[$F(2，124)=41.12$，$MSE=8.93$，$P<0.001$，$\eta^2=0.49$]，在延迟测试中，听说交互条件下的句子时长长于单听条件下($z=-16.29$，$P<0.001$)和单说条件下($z=-15.78$，$P<0.001$)。

相关分析表明了几对显著的相关关系，以便于更好地观察陈述性知识和程序性知识的相互关系。第一，陈述性词语准确性、陈述性语法准确性、程序性词语准确性之间都呈正相关；第二，陈述性知识流利度、程序性知识流利度之间也呈正相关；第三，句子时长和准确性呈负相关。

表 8-2 实验二中陈述性知识和程序性知识准确性和流利度八个因变量的描述性数据及标准差

训练条件	测试时间	陈述性知识				程序性知识			
		词语		语法		词语	语法	口语产出	
		准确性	流利度	准确性	流利度	准确性	准确性	初始停顿时长	句子时长
单听	即时	0.83 (0.02)	3.63 (0.03)	0.73 (0.02)	3.16 (0.05)	0.76 (0.05)	0.72 (0.02)	2.45 (0.03)	3.18 (0.05)
	延迟	0.71 (0.02)	3.36 (0.03)	0.71 (0.02)	3.76 (0.05)	0.66 (0.05)	0.67 (0.02)	2.66 (0.03)	3.48 (0.05)
单说	即时	0.75 (0.02)	3.45 (0.03)	0.75 (0.02)	3.58 (0.05)	0.78 (0.05)	0.65 (0.02)	2.50 (0.03)	2.84 (0.05)
	延迟	0.66 (0.03)	3.52 (0.03)	0.76 (0.03)	3.79 (0.05)	0.74 (0.05)	0.66 (0.03)	2.54 (0.03)	3.33 (0.05)
听说交互	即时	0.83 (0.02)	2.53 (0.03)	0.73 (0.02)	3.58 (0.05)	0.88 (0.05)	0.85 (0.02)	1.73 (0.03)	2.44 (0.05)
	延迟	0.70 (0.03)	2.34 (0.03)	0.70 (0.03)	4.01 (0.05)	0.79 (0.05)	0.76 (0.03)	2.54 (0.03)	3.78 (0.05)

2. 分析

实验一总结：单听条件和书写输出条件下二语习得的准确性最高。但是贫乏说条件下二语口语习得的流利度最高，学习者语言产出的准备时间最短，表达的句子时长最短；相比之下，书写输出条件下虽准确性较高但流利度较差。

实验一中，对于产出的流利度，任务不同，结果不一。看图描述任务中，贫乏说条件下初始停顿时长和句子时长是最短的，即口语产出最流利。虽然该条件下准确性不高，但是自我生成语言机制促使学习者较为迅速地表达。值得注意的是，该分析是基于语法形式正确的口语表达的，也就是说贫乏说条件下，学习者生成的准确句子少于其他条件下，但是流利度最高。相比之下，书写输出条件下虽准确性较高但流利度较差。这说明书写输入条件增加了认知负荷、验证了认知负荷假设。

实验二总结：听说交互条件使得学习者间歇地使用语言产出策略，准确性相对更高，词语习得的回溯时间较短，即记忆效果较佳；该条件下从陈述性知识到程序性知识呈现出递增飞跃性关系。

实验二中，两种包含"说"的条件下的效果比单听条件下好。听说交互条件下的效果比单听条件和单说条件下都好。听说交互条件下，即时测试中程序性知识表达的预备时间最短，准确性最高。

(四)讨论

1. 控制认知负荷干扰，避免二语习得准确性与流利度的此消彼长

语言的准确性和流利度基于对词语和语法的陈述性知识的掌握，更是语言产出程序性知识的体现。本研究的被试在某种实验条件下(如单听条件下)表现出了一个重要的语言习得认知心理规律——流利度和准确性权衡现象。

这一流利度和准确性的此消彼长，表现为语言产出对二语习得的消极作用体现为受认知负荷的干扰，增加认知负荷势必造成流利度和准确性的博弈。因此，如何控制干扰便成为提升二语习得质量的重要议题。实际上，在实验一的贫乏说条件下，在学习者生成的有限准确表述中，流利度比在其他条件下更高。可见，语言产出虽增加认知负荷，但如能适当控制认知负荷干扰，就可以消减或避免准确性和流利度的抵消。

二语习得的最终目标是达到语言表达的高度流利和自动化，更加注重语义表达而非受制于语言形式。从认知流利(cognitive fluency)到表现流利(performance fluency)分三步走。第一步是对认知诸技能的高效运用，如对语言知识的理解、想象、记忆等能力的运用能否达到最有效；

第二步是语言信息获取的高速通达，如从语言的亚词汇到词汇连接的音形义结合方面是否达到最佳状态，具有抽象语义的词语在句子中的整合机制是否达到最优化；第三步是对语言形式处理的高度自动化，如根据语义对同一个语音的不同词的提取速度是否最快，对歧义句的处理原则是否不违背语义和句法整合原则。后两步的实现要借助语言产出的训练。

2. 加强语言产出训练，实现语言习得的三项重要转换

二语习得的表征、过程和机制在具体的行为表现中可以分为语言的复杂性、准确性和流利度。这就等同于把语言习得看成语言知识和处理技能两个成分。成功的语言学习者能准确、流利地应对复杂的语言现象，这些现象必须在适合的记忆系统中起作用。研究表明，学习者不仅要使用各种策略进行模仿、归纳、构建及生成，达到语言熟练，而且还要通过反复使用外显的语言知识去加速生成，并非简单地转换到内隐语言知识的熟练表达。从外显到内隐的内化加速过程中，学习者需要花时间加快二语产出，但这一产出速度是依赖母语产出速度的，因为母语同样包含复杂性、准确性和流利度这三个元素。提高任意一个元素的产出效果，都必须建立在对语言知识的熟练掌握的基础之上。

同时，二语习得水平升级的过程需要经历三项重要转换：输入到输出的转换、概念形式流利到语义内容表征流利的转换、陈述性知识到程序性知识的转换。第一，以往的二语习得理论只关注习得某个方面的心理机制，如注意或信息加工，没有关注从输入到输出全过程的心理机制。本研究揭示了从输入到输出实际上需要四种监控模式：①语言形式练习、语言功能练习的监控模式；②从有意义学习到无意义习得的监控模式；③认知概念、语言能力及其交互作用的社会心理语言习得模式；④理解输入、吸收、融合和产出四个步骤一体化的习得监控模式。

第二，从概念形式流利到语义内容表征流利的转换。概念形式流利是指根据隐喻结构了解语言的概念构成，把外语的表层结构（如词语、语法）与其所反映在外语中的概念底层结构匹配起来的能力。但是，这是建立在隐喻基础之上的内隐的语言表征，尚未成为外显的语言内容和意义的自由表征。只有实现了语义内容表征的流利性，才能达到语言习得的熟练水平。① 本研究的实验二中的数据表明，通过听说交互的训练，被试实现了从概念形式流利到语义内容表征流利的转化。

第三，通过听说交互的训练，被试提升了注意力，实现了陈述性知

---

① Kormos, J., Dénes, M.："Exploring measures and perceptions of fluency in the speech of second language learners", *System*, 32(2), 2004.

识到程序性知识的飞跃。语言产出对二语习得的积极作用体现在提升注意力上。语言产出会增强对陌生词语和语法知识的注意，提高对即将出现的语言现象的意识，尤其在听说交互条件下，即使不产出，学习者也会保持高度注意。在对陈述性知识和程序性知识的测量中，从词语的准确性到口语产出的初始停顿时长，听说交互条件下的习得成绩显著高于其他条件下，也即通过提升注意力，实现了陈述性知识到程序性知识的习得飞跃。这个飞跃分三步走，一是陈述性知识的熟练和固化，二是程序性知识的外显，三是程序性知识的熟练化。只有控制语言产出的节奏和交互性注意力，才能实现从语言知识习得到语言信息加工的飞跃。①

3. 按科学规律操纵听说交互训练，实现高效二语习得

本研究还初步支持了语言产出训练作为技能训练手段的观点。实际上，语言产出训练要想成为一种技能训练手段，要满足语言产出理论模型所要求的两个高度吻合条件，即建立意义和形式的高度关联以及实现语言单元信息回溯和加工的高度启动。② 如果没有词语和语法的重复性产出，那将是无效训练。

那么，如何按照科学规律训练语言产出呢？根据德凯泽③的观点，可以在短时间内以一定任务引导（任务型），对相同内容进行多次练习（反复性），形成一定的程式化的语言形式（公式性），和伙伴一起活动（互动性），得到伙伴或教师的及时反馈（反馈性），不断商讨意义（意义为主），在此模式下实现交互性产出。

何种语言产出训练最能促进二语习得呢？首先必须是即时反复。它可以提升语音、词语、语义和句法的精准度④；其次，给学习者一定的内省反复任务，给他们一定的停顿时间进行公式化语言的重组和构建，最好能在真实的交流任务下进行⑤。最重要的一点是，本研究表明，听说交互条件下重复的效果最有效。虽然本研究没有进一步涉及何种听说

---

① Costa, A., Santesteban, M.: "The control of speech production by bilingual speakers: introductory remarks", *Bilingualism: Language and Cognition*, 9(2), 2006.

② Levelt, W. J. M., Schriefers, H., Vorberg, D., et al.: "The time course of lexical access in speech production: a study of picture naming", *Psychological Review*, 98(1), 1991.

③ DeKeyser, R. M., Introduction: Situating the Concept of Practice. In R. M. DeKeyser (Ed.), *Practice in a Second Language: Perspectives from Applied Linguistics and Cognitive Psychology*. New York, NY: Cambridge University Press, 2007, pp. 1-20.

④ Lynch, T., Maclean, J.: "Exploring the benefits of task repetition and recycling for classroom language learning", *Language Teaching Research*, 4(3), 2000.

⑤ Gatbonton, E., Segalowitz, N.: "Rethinking communicative language teaching: a focus on access to fluency", *Canadian Modern Language Review*, 61(3), 2005.

交互训练最有效，但已有研究表明，采用 4－3－2 分钟任务，即让学生对相同信息进行三次连续产出，时长从 4 分钟减到 3 分钟再至 2 分钟。在限时压力下，语言产出的速度提升，公式化序列（formulaic sequence）机制通过词语和句法的熟练启动而形成。短时效果体现为初始准备时间和停顿时间缩短，长时效果体现为语言表达的程序化和自动化。[①]

（五）结论与展望

本研究主要验证了语言产出对二语习得的消极和积极作用。①语言产出可能会增加语言认知负荷，控制认知负荷可以消减或避免二语习得准确性和流利度的此消彼长；②听说交互训练可以提升注意力，实现语言习得的三项重要转换；③语言产出训练与技能训练相吻合，应科学利用重复机制，不断提升语言表达的公式化、程序化和自动化程度。

展望未来，语言产出对二语习得的具身协同效应具有广泛深远的研究价值和应用前景。本研究尚未揭示口语产出训练是否是二语习得的充要条件。未来的研究要使语言产出的训练条件更加精细化，使任务更加具体化、模块化、动态化，并研制出一整套符合中国学生特点的促进二语习得的训练课程。

二、人格因素与英语成绩的具身协同效应

人格因素与英语学习存在具身协同效应，如坚毅等人格因素对英语学习影响作用很大。研究者考查了 100 个非英语专业大学生，追踪他们一个学期英语刻意训练的情况，同时获取他们坚毅精神的相关数据，以期中考试成绩和大学英语四级考试分数为衡量英语成绩的标准，进行相关和回归分析。研究发现坚毅表现与英语成绩呈正相关。刻意训练的维度中每日冥想时间和每日锻炼英语思维时间能够显著预测英语成绩。通过分析，促使语言学习成功的一些关键要素是不断对自己的学习策略进行反思、修改，每天坚持完成既定的学习目标，坚持锻炼英语思维。

（一）坚毅与英语成绩之间的具身协同效应

坚毅是一项重要的积极心理品质，属于意志力范畴，体现为对某件事情的执着，坚持不懈，对学习和工作的成功具有重要意义。刻意训练是坚毅品质的外在表现，是一种有目的、有准备、持之以恒、过程化的

---

① De Jong, N., Perfetti, C. A.: "Fluency training in the ESL classroom: an experimental study of fluency development and proceduralization", *Language Learning*, 61(2), 2011.

训练行为。在当代中国语言教育中，大家一致追求各种学习技术和策略手段，忽略了积极心理品质和人格特质的持续动力作用。本研究重点探究坚毅精神和刻意训练对提高英语成绩的作用，从而揭示"天道酬勤"和"熟能生巧"的外语习得观。

1. 坚毅精神

坚毅作为一种人格特质，可以定义为对既定目标所保持的持久热情和持久耐力以及专注不懈的努力。坚毅涵盖了毅力、勤勉、坚强、韧性、专注、自我控制、自我约束等多个语义元素。在中国教育理念中，"重意志锻炼"是一个主要取向，"天道酬勤"的思想备受推崇；在西方教育理念中，自律的说法也存在，在当代美国，"坚毅"成了一种较流行的教育理念。达克沃思等人从学习动力学和心理学的角度分析了学生学习行为和学习效果及职业发展，得出结论：坚毅，即对长期目标的激情和坚持是取得成功的关键。[①]

2. 刻意训练

刻意训练指为了提高某个特定方面的技能或技巧，有意识、有目的、有计划地长期反复进行的训练活动。在刻意训练中，个体随时收到基于他们表现的反馈，然后重复同样的或类似的任务，目的在于弥补该技能或技巧上的不足，达到标准的水平。学术界对于刻意训练和专业技能表现之间关系的研究涉及体育、艺术、语言及科学各个领域。研究发现，在个体的学业和职业生涯中，长期反复进行高质量技能训练和该个体的高水平专业表现呈正相关。通常情况下，专长不同于天赋，在某一领域的专长是在训练过程中形成的，而不是短期具有的能力。学习者需要长期接受基本功的训练，或针对某些基础技能进行反复操练，才能逐渐具备解决复杂问题的能力。

艾里克森（Ericsson）等人提出高水平专业技能的习得是长期刻意训练的结果，个体为获得某一高水平专业技能，会进行一系列的刻意训练活动。[②] 在体育、艺术等领域的大量研究表明，刻意训练的活动量和专业技能或技艺的水平呈现长期、稳定的正相关。针对学习者学术能力表现的研究表明，社会科学和自然科学领域的高水平学者相对都具有该领域

① Duckworth, A. L., Kirby, T. A., Tsukayama, E., et al.: "Deliberate practice spells success: why grittier competitors triumph at the national spelling bee", *Social Psychological and Personality Science*, 2(2), 2011.

② Ericsson, K. A., Lehmann, A. C.: "Expert and exceptional performance: evidence of maximal adaptation to task constraints", *Annual Review of Psychology*, 47, 1996.

更高的知识水平，具有更强烈、明确的目标信念以及更好的自我约束能力。

从神经心理学的角度看，通过正规学习和程序性学习，心智资源在反省之后会被一次性释放出来。要想达到在一个领域内社会公认的专家的水平，需要数年的训练和实践。而刻意训练则在早期就开始了，这个过程是经过高度规划的过程，学习者需要有意识地付出努力去适应训练的强度。

刻意训练的特点可以归纳为以下几点。①不同于娱乐活动，刻意训练要求高度集中注意力，专注于某一特定技巧、技艺或技能的一个细节进行反复训练。②刻意训练是自发的，训练者应遵循严格的计划。③刻意训练活动由具备该领域高水平专业技能或技艺的教学者设计，这些活动是教学者自身在专业生涯的发展过程中经历过的。④刻意训练具有个性化特征，训练活动的设计根据学习者的特点有所不同，在不同训练阶段活动内容也有所不同。⑤刻意训练的质和量决定了学习者专业发展的程度。⑥刻意训练的过程中，训练者会不断给学习者提供反馈。

3. 坚毅精神和刻意训练与英语学习

坚毅精神通过刻意的、有准备的训练得到具体体现，这一精神和具体行为的表征能够对语言学习起到三方面的作用：一是长时工作记忆的形成，二是从陈述性知识到程序性知识的飞跃，三是训练效应的高度自动化。长时工作记忆的形成促进了从认知流利到表现流利。而这主要是通过背诵、对词语和句型的记忆，以及反复阅读文章等训练实现的。

(二)研究方法与程序

1. 研究问题

连续追踪学生一学期的刻意训练的情况，记录下来每个学生在十个方面的投入时间，同时汇报他们的期中考试成绩和大学英语四级考试分数。获取学生结合坚毅量表进行的自我报告，得出学生的坚毅表现。我们的研究问题是坚毅精神的强弱和刻意训练的时间长短能否预测期中考试成绩和大学英语四级考试分数的高低，也就是说坚毅精神和刻意训练能否预测英语成绩。

2. 被试

某大学非英语专业的100个大二本科生(67个男生、33个女生)，平均年龄19岁。以他们的英语期中考试成绩为指标，将他们分别划入优秀班、良好班和普通班。

3. 坚毅量表

采用达克沃思等人的坚毅量表的中文版，经过本土化设计，保留了原来的所有问题，具体包括以下 12 个问题：①我曾经克服过具有重大挑战性的困难；②新观点和新项目会干扰我完成原来要做的事情；③我做事的兴趣每年都在变化；④困难不能令我泄气；⑤我会对一个观点或项目着迷一小段时间，然后失去兴趣；⑥我是一个努力工作、学习的人；⑦我经常设定目标，但后来会改变主意而去完成不同的目标；⑧对于一项耗时几个月的任务，我的注意力很难集中；⑨只要我开始做某件事情，我就一定能够完成它；⑩我曾经花费多年完成一个目标；⑪每隔几个月我会对新的事物感兴趣；⑫我是个勤奋的人。采用 5 级计分，5 表示非常像我，1 表示不像我。内部一致性系数是 0.85。

4. 刻意训练量表

本量表包含了学生每天刻意训练的十个方面，即背单词、背句法、阅读、冥想、反思、听听力、锻炼英语思维、锻炼英语口语、翻译以及进行英语写作。具体问题是："你每天花多少分钟背单词？""你每天花多少时间完成英语的翻译任务？"此量表每周发给学生一次，让学生进行持续 8 周的填写。以每个学生在每个问题上的回答的平均数为每个方面的数据。各个方面的内部一致性系数为 0.70～0.81。选择这十个方面是因为这是学生进行语言学习的主要的内容。

5. 英语成绩

英文成绩包括英语的期中考试成绩（满分 100 分）和大学英语四级考试分数（满分 710 分）两部分。

(三)结果

1. 坚毅表现和刻意训练程度在不同班级类型上的差异

方差分析表明，学生的坚毅表现和刻意训练程度在班级类型上均具有明显的差异[$F(2, 97) = 459.881$，$MSE = 897.15$，$P < 0.001$；$F(2, 97) = 667.993$，$MSE = 640.91$，$P < 0.001$]，这一点符合预期。两两班级对比发现，优秀班的学生坚毅表现（3.44 分）和刻意训练总时间量（223 分钟）明显高于良好班（2.88 分和 208 分钟）（$MD = -0.56$，$P = 0.002$；$MD = -14.98$，$P < 0.001$），良好班又明显高于普通班（2.67 分和 195 分钟）（$MD = -0.21$，$P = 0.006$；$MD = -13.01$，$P = 0.001$）。（见表 8-3）

表 8-3　三种类型班级的各维度变量平均分和标准差

测评内容	优秀班	良好班	普通班
坚毅表现	3.44(1.2)	2.88(1.8)	2.67(0.9)
刻意训练总时间	223(7.4)	208(25.7)	195(91)

续表

测评内容	优秀班	良好班	普通班
期中考试成绩	83.53(14.2)	80.27(18.7)	76.24(9.6)
大学英语四级考试分数	535(43)	527(41)	520(55)
刻意训练 1-每日背单词时间	19.55(5.3)	17.91(6.2)	16.88(8.5)
刻意训练 2-每日背句法时间	30.15(5.3)	27.64(6.2)	21.56(6.2)
刻意训练 3-每日阅读时间	14.52(5.3)	15.42(6.2)	14.47(6.2)
刻意训练 4-每日冥想时间	11.94(5.3)	9.38(6.2)	9.24(6.2)
刻意训练 5-每日反思时间	9.24(5.3)	11.20(6.2)	9.38(6.2)
刻意训练 6-每日听听力时间	32.12(5.3)	27.27(6.2)	30.15(6.2)
刻意训练 7-每日锻炼英语思维时间	11.24(5.3)	12.89(6.2)	12.32(6.2)
刻意训练 8-每日锻炼英语口语时间	23.31(5.3)	26.72(6.2)	26.33(6.2)
刻意训练 9-每日翻译时间	13.56(5.3)	19.17(6.2)	28.39(6.2)
刻意训练 10-每日进行英语写作时间	13.81(5.3)	19.22(6.2)	28.65(6.2)

2. 坚毅表现与刻意训练程度和英语成绩之间的关系

（1）相关分析

如表 8-4 所示，坚毅表现与刻意训练总时间呈中度相关，与期中考试成绩和大学英语四级考试分数呈高度相关；刻意训练总时间与期中考试成绩呈中度相关；期中考试成绩和大学英语四级考试分数之间也呈中度相关。

表 8-4 坚毅表现、刻意训练总时间、期中考试成绩和大学英语四级考试分数的相关系数

维度	1	2	3
1. 坚毅表现	—		
2. 刻意训练总时间	0.346*	—	
3. 期中考试成绩	0.750**	0.339*	—
4. 大学英语四级考试分数	0.737**	0.126	0.450*

注：$*P<0.05$，$**P<0.01$。

（2）回归分析

我们在进行回归分析时将刻意训练的十个方面同时放入自变量中，力求得到决定英语成绩的最根本的指标。

表 8-5 数据可见，决定期中考试成绩的指标是每日冥想时间，而坚

毅表现并不能显著预测成绩。这可能是因为每日进行的冥想可能影响坚毅的决心和实际投入的程度，而坚毅表现跟刻意训练总时间呈中度相关，说明可能存在对因变量的抑制效应或中介效应，因此影响了坚毅表现和每日阅读时间对因变量的显著预测作用。

表 8-5　坚毅表现和刻意训练程度预测期中考试成绩的回归系数

维度	beta	t	F 值	调整 R^2
坚毅表现	0.750	11.23		
每日阅读时间	0.876	11.34	54.479*	61.8%
每日冥想时间	−0.395	−5.18*		

表 8-6 数据可见，决定大学英语四级考试分数的指标是每日冥想时间和每日锻炼英语思维时间，因为英语思维很大程度上决定了一个人使用英语的频率和深度。这也就是说，如果坚持冥想和锻炼英语思维，那么有助于提高大学英语四级考试分数。

表 8-6　坚毅表现和刻意训练程度预测大学英语四级考试分数的回归系数

维度	beta	t	F 值	调整 R^2
坚毅表现	0.737	10.81		
每日阅读时间	0.819	10.21		
每日冥想时间	−0.363	−4.71*	76.81*	43.4%
每日锻炼英语思维时间	−0.248	−3.99*		
每日反思时间	0.143	2.18		

(四)讨论

本研究探究了坚毅表现和刻意训练程度如何预测英语成绩。主要发现有三点：第一，坚毅表现和刻意训练程度在三种班级类型上具有明显的差异；第二，相关分析表明坚毅表现和刻意训练程度之间具有中等相关，坚毅表现与期中考试成绩和大学英语四级考试分数呈高度相关，但是期中考试成绩和大学英语四级考试分数之间呈中等相关；第三，回归分析表明每日冥想时间可以预测期中考试成绩，每日冥想时间、每日锻炼英语思维时间可以预测大学英语四级考试分数。

宏观上，语言是心智的一部分。语言发展和认知发展、道德品质形成以及心智发展是同步进行的。对于中国学生来说，英语学习是重新构建语言系统的过程。从微观角度来看，语言学习是一个多维度的认知过程，涉及很多种技能的发展。大脑在语言认知的过程中需要构建一个储存综合全面的目的语信息库，学会如何操作和进行信息处理，从而输出恰当的表达。所以，基于中国学习者的外部和内部因素影响，长时刻意训练对英语学习的成功起着至关重要的作用。

微观上，无意识的习得和有意识的学习是母语习得和二语学习最根本的区别，母语语言系统是隐性的，而二语学习输入的是显性知识。从可理解的输入到内化吸收再到自然输出是二语学习追求的最高境界，也就是实现从显性知识到隐性知识的转化，或者说从陈述性知识到程序性知识的转化。对于成人外语学习者来说，母语的语言及文化特征已经固化成思维定式。学习者对于客观世界的理解是建立在以母语为载体的语言形式及文化规约体系基础上的。对于中国英语学习者来说，他们的大脑始终在处理和完成以母语为主体的各种语言任务，所以，学习者内部语境中持续存在着母语和目的语在各个语言层面（包括词语层、句子层、语篇层）以及文化情境层面的互动。只要有语言层面的互动发生，一定的情境语境知识就会融入语言形式里。通过重复记忆或反复操练产生的语素、语块、句子等语言形式在记忆库中的储存量越大，学习者在处理语言输入的过程中对语言规则的依赖就越小，因为他们输出目的语只需从记忆库中提取对应的语言单位进行归类或简单的加工即可，积累的语言形式记忆越多，语言输出就越显得信手拈来。

实际上，冥想是一种心智训练。艾里克森有准备训练原则中的重要一点就是进行冥想，始终集中注意力，提升对问题思考的逻辑思维能力，反复对已处理信息进行长时记忆加工训练，反复对正在进行的学习内容进行能力准备和思维加工，并且从学习内容和技能上，对既定目标再次审核评价，对认知过程化任务的最后实现做不断升级处理。

总之，对语言的整体认知和整体记忆日积月累能够提高语言输出的能力，使之最终进入每项领域知识的长时工作记忆存储中。数据结果显示（见表8-5、表8-6），每日冥想时间能够预测期中考试成绩，每日锻炼英语思维时间和每日冥想时间能够预测大学英语四级考试分数，由此可见，坚持锻炼英语思维和冥想是坚毅刻意训练中典型且关键的训练原则；通过坚毅刻意训练提高英语成绩，是一种放之四海而皆准的外语习得观。

三、中国学生英语句法启动的具身协同效应

词语和句法、新旧知识技能经验之间存在具身协同效应。以词语为

基础的语言习得观认为学习者能够习得词语，但是不能将词语的使用规则归纳扩展到在类似句法结构中对其他词语的使用中；与之对立，以句法为基础的语言习得观认为学习者能够将听到的句法规则运用于类似的词语所在的句子中。在这一对立观点的基础上，我们利用范式验证及物和与格方面的启动是以词语还是以句法为基础的。实验一建立无启动的及物和与格方面的基线水平；实验二采用单向句法启动范式，被试单听启动句后不重复跟读，再描述图片；实验三采用双向句法启动范式，被试听完启动句后立刻重复跟读，然后再描述图片。研究发现：第一，实验结果验证了句法启动是一种验证抽象句法能力的有效手段；第二，二语抽象表征与句法产出能力在低水平的学习者中已形成，语言能力高的被试语言习得能力吻合以句法为基础的语言习得观；第三，水平高和水平低的被试都具备基本的词语习得的抽象能力，但水平高的被试自主抽象能力强；第四，提升低水平学生的英语水平的关键在于提升其对句法的自主抽象能力。

（一）"启动"时新旧知识经验的具身协同效应

启动是人类庞大的隐性记忆系统的局部呈现。在习得过程中，这一隐性记忆系统通过重复体验认知活动或认知程序，增强了对技能、习惯及启动机制的记忆，从而在技术层面促进了再现所接触到的刺激并建立外显性的语言表征。也就是说，语言使用者会对先前接触过的语言形式及意义比较敏感，在遇到相类似的语境时会重现语言形式及意义。启动会影响对语言形式的识别、理解和产出。研究表明，已经习得一门语言的成年学习者在动词习得中会将语义启动和句法启动两个过程结合起来。①

本研究所涉及的是语言口语产出中的句法启动，即指语言使用者在口语产出过程中，倾向于重复使用先前加工过的句法结构，并且表现出句法一致性的促进效应。本研究使用句法启动范式探讨中国学生不论语言水平高低，是否都能显示出受抽象句法产出的启动效应的影响。如果第二语言习得是以词语为基础启动的，那么语言产出则不会产生抽象句法启动效应；而根据对立观点，第二语言学习者则能产生对抽象句法的表征。另外，以往的研究主要关注语言理解，很少关注语言产出。本研究首先综述语言理解与产出的及物和与格形式的启动，力图弥补以往的不足，建立假设，并寻求实证检验。

---

① 谢元花、魏辉良：《语义句法启动与英语提升动词的二语习得：来自有声思维的证据》，《外语教学》2016 年 4 期。

1. 句法启动在二语习得研究中的应用

研究者一直关注句法启动能否促进二语习得。以往研究者从不同语言层次上进行了探索，有研究词或概念表征的，也有研究句法表征的。本研究重点旨在揭示以汉语为母语的英语第二语言者的句法启动能力。

以汉语和韩语语种为研究对象的二语研究中，Kim 和 McDonough 研究了以韩语为母语的英语学习者二语被动句产出。① 针对中国英语学习者二语理解及产出方面，研究者发现了有关及物性、双及物构式、与格结构以及时体方面的一些规律等。②③④

2. 以词语为基础的句法启动实证依据

有关动词及物性的启动，即主动被动语体，现时动词语言使用者的句法能力提供了产出可能。现时动词要求被试对主动或被动的句法进行产出，也就是在句法替换的要求下，看主动的表述能否用同等的被动意思表述出来。现时动词这一范式对被试的语言产出环境进行了操控，然后形成对句法产出的压力，能够合理激活第二语言使用者的动词使用，使其将新学的动词灵活运用到其他的语体表征，如被动句。如果这一激活成立，就认为第二语言使用者具有抽象句法能力；如果不能激活，就认为句法能力是以词语为基础的。

有关动词与格性的启动，即双宾语结构和介词短语结构，在自然产出实验中带双宾语的动词经常被学习者用介词短语的形式产出，而用介词短语形式的动词却很少用双宾语结构产出。对于与格动词的使用，由于与格动词表示动作将受体进行转移，因此用介词短语结构的情况多，用双宾语动词结构的情况少。

3. 以句法为基础的句法启动的实证依据

以句法为基础的启动研究者，曾进行过看图片或视频后进行语言产出的实验。图片或视频中一个人在接受一些动作，被试听句子，要求用及物或不及物句表达出来，同时用代词表示受动者。结果表明，听到及物动词的被试很容易指出受动者是什么，但是听到非及物动词的被试不能指出受动者是什么。实验结论显示二语使用者是有能力把及物动词与

---

① Kim，Y.，McDonough，K.：“Learners' production of passives during syntactic priming activities”，*Applied Linguistics*，29(1)，2007.

② 王敏：《语言水平及任务类型对第二语言产出中结构启动的影响》，《现代外语》2009 年第 3 期。

③ 王启，屈黎娜：《二语交互中的结构启动与二语发展》，《外语教学与研究》2012 年第 6 期。

④ 官群，马靖：《中国学生对外语时体的习得与使用倾向》，《现代外语》2014 年第 5 期。

所表述的句法或主题结合起来的，有能力建立抽象的句法表征。①②

也有些实验否认这种建立抽象句法的能力。实验结果表明，抽象句法的表征还没有发展起来，如名词和主题配对的能力还没有发展到一定程度。依据句法促进假设，句法信息能够引导对一个不熟悉的动词的初始形态的扩展使用，这一最初表征显示了对具体动词结构学习的灵活性，被认为是学习者的抽象句法能力的体现。也有观点批评这一论断，认为研究者并没有指出语言习得能力是内化的，我们并不清楚句法是如何获取的，进一步而言，很多研究并没有标明句法能力是现成的，因为在整个句法启动中还有词语信息在起作用，词语被用来决定意义，因此句法单独的作用不能被扩大化。

(二)实验目的及假设

1. 研究目的

本研究目的有两个：一是探索句法启动在及物和与格方面的启动效应能否证明以英语为二语的被试抽象句法能力的存在，也就是说，在三种不同的口语产出条件下(自然产出、单向句法启动、双向句法启动)怎样实现句法通达；二是探索抽象句法能力的存在是否受第二语言水平的影响。

2. 研究问题

本研究主要有四个具体研究问题：①基线水平下(即自然产出)被试的自然产出显示出及物和与格方面的哪些特征？高水平和低水平的学习者有哪些差异？②单向句法启动条件下被试的口语产出显示出及物和与格方面的哪些特征？高水平和低水平的学习者有何差异？③双向句法启动条件下，及物和与格方面以及主被动启动效应有何差异？④不同任务强度和语言水平对启动效应有没有影响？

3. 研究假设

假设 1：基线水平下(自然产出)，主动句式多于被动句式，双宾语结构多于介词短语结构。

假设 2：如果抽象句法能力已经习得，那么通过单向句法启动，二语使用者能够生成某种固定句法(及物和与格)的口语产出。

假设 3：在双向句法启动条件下，及物方面的启动效果要显著高于

① Fisher, C.："Structural limits on verb mapping：the role of abstract structure in 2.5-year-olds' interpretations of novel verbs"，*Developmental Science*，5(1)，2002.

② Gertner, Y., Fisher, C., Eisengart, J.："Learning words and rules：abstract knowledge of word order in early sentence comprehension"，*Psychological Science*，17(8)，2006.

与格方面。

假设 4：语言水平是决定句法通达效果的关键因素。

实验一验证假设 1，实验二验证假设 2，实验三验证假设 3，实验一、实验二、实验三共同验证假设 4。

(三)研究设计

1. 被试

120 个(26 个男生，94 个女生)以英语为第二语言的高中生和大学生参加了本次研究的三个实验。其中，高中生的平均年龄为 15 岁，标准差为 2.15；大学生的平均年龄为 21 岁，标准差为 3.21。学习英语的时间分别为 3 年和 8.3 年。高中生和大学生被随机分配到三个组进行实验。实验一无启动指示语(无启动)，实验二单听启动指示语(单向句法启动)，实验三听且重复启动指示语(双向句法启动)。也就是说，实验一的被试在没有任何提示语的前提下对图片进行表述；实验二的被试先倾听完实验者对图片的表述后，再用自己的话对图片进行描述；实验三的被试在先倾听完实验者对图片的表述后，对启动的句子进行重复，紧接着再用自己的话对图片进行描述。

2. 实验材料

测试材料由 24 张实验图片和 24 张填充图片组成。24 张实验图片中，12 张图片是可以用及物动词来描述的图片，如主动或被动；12 张图片是能够用与格结构来描述的图片，如介词短语结构或双宾语结构。比如，用及物动词来描述的图片上画有一个皮球和一扇玻璃被打碎的窗户，可以用以下句子来描述：主动句"The ball broke the window"，或者被动句"The window was broken by the ball"。用与格结构来描述的图片上画有一个孩子把一块骨头给了一条狗，可以用以下句子来描述：双宾语结构的句子"The boy is feeding the dog a bone"，或者介词短语结构的句子，如"The boy is feeding a bone to the dog"。句子主语或图片中的施动者的生命性都被控制。正式实验前，我们根据实验材料进行了预实验，验证了句子的合法性。

3. 实验程序

实验一：测试是一对一进行的，测试者告诉被试他将描述所看到的图片，说道，"tell me about the picture"。如果被试没有反应，那么研究者继续说"tell me more"。每个被试看 24 张实验图片，同时看相等数量的填充图片，图片呈现是随机的。整个过程被录音。

实验二：测试是一对一进行的，告知被试要首先听测试者向他们描述一张图片，然后他们自己描述图片。测试者向他们首先连续描述 20 张图片之后，向被试呈现了新的 24 张实验图片和 24 张填充图片，要求他们进行描述。测试者描述的 20 张图片中，有 10 张涉及及物动词，10 张涉及与格结构。一半的被试先接触使用及物动词的句子，再接触使用与格结构的句子；另外一半的被试先接触使用与格结构的句子，再接触使用及物动词的句子。在使用及物动词的句子中，主动句式和被动句式的出现概率是相同的但是顺序是随机的；同样，在使用与格结构的句子中，双宾语结构的句子和介词短语结构的句子的出现概率也是相同的，但是顺序是随机的。整个过程被录音。

实验三：测试是一对一进行的，被试看到的图片跟实验二是一样的，但是看到每张图片后，被试被要求首先听测试者进行描述后，先重复描述，然后再用自己的话进行描述。整个过程被录音。

4. 编码规则

本实验分为三个部分，包括对及物和与格两个方面的研究。我们转写了被试的产出情况，说出符合每种归类的句子得 1 分。其中，及物方面包括主动句式和被动句式两种情况，与格方面包括介词短语结构和双宾语结构两种情况。编码规则如下。及物方面的编码分为三种情况：①主动句式：主格 + 及物动词，如 "They are playing table tennis"。②被动句式：受事 + 及物动词，如 "A ball is taken away from her friend"。③其他情况：被试没有产出任何句式的句子，或产出的句子既非主动句式也非被动句式。与格方面的编码分为三种情况：①介词短语结构，如 "He donates some money to the school"。②双宾语结构，如 "He donates the school some money"。③其他情况，被试没有产出任何结构的句子，或产出的句子不涉及与格结构。

由三个实验者对三个实验的数据进行编码，每人负责两个实验的数据编码，然后将编码数据进行交叉校验对比，对编码的不同之处进行讨论后进行统一归类，再进行统计分析。两人之间的评分效度均大于 85%。

5. 实验设计

实验一：自然产出无启动条件，采用混合性方差分析验证假设 1 和假设 4。采用被试间和被试内变量混合设计。实验设计为 2（语言水平：高和低）× 2（及物：主动和被动）；2（语言水平：高和低）× 2（与格：双宾语和介词短语）。语言水平是被试间变量，及物和与格均是被试内变量。

实验二：单向句法启动条件，和实验一结合采用混合性方差分析验证假设 2 和假设 4。实验设计为 2(语言水平：高和低)× 2(实验条件：无启动和单向句法启动)× 2(及物：主动和被动)[或 2(与格：双宾语和介词短语)]。语言水平和实验条件是被试间变量，及物和与格均是被试内变量。

实验三：双向句法启动条件，和实验一、实验二结合采用混合性方差分析验证假设 3 和假设 4。实验设计为 2(语言水平：高和低)× 3(实验条件：无启动、单向句法启动和双向句法启动)× 2(及物：主动和被动)[或 2(与格：双宾语和介词短语)]。语言水平和实验条件是被试间变量，及物和与格均是被试内变量。

(四)结果与分析

1. 研究结果

实验一、实验二、实验三的编码数据见表 8-7 和表 8-8。

表 8-7 三个实验中及物方面的主动结构和被动结构的使用频率平均情况

实验情况	低水平二语者			高水平二语者		
	主动	被动	其他	主动	被动	其他
实验一（无启动）	14(3.96)	0(0.23)	10(4.19)	17(2.87)	2(0.77)	5(3.26)
实验二（单向句法启动）	15(3.17)	0(0.96)	8(2.96)	20(3.54)	0(0.06)	4(1.77)
实验三（双向句法启动）	15(3.21)	2(1.00)	7(2.76)	21(3.23)	3(1.66)	0(0.30)

表 8-8 三个实验中与格方面的双宾语结构和介词短语结构的使用频率平均情况

实验情况	低水平二语者			高水平二语者		
	双宾	介宾	其他	双宾	介宾	其他
实验一（无启动）	10(3.76)	2(0.87)	12(3.61)	17(3.71)	2(0.21)	5(0.98)
实验二（单向句法启动）	12(3.77)	3(0.26)	9(1.91)	15(3.47)	3(0.23)	6(1.91)
实验三（双向句法启动）	17(3.64)	5(1.19)	2(0.95)	20(4.64)	4(0.71)	0(1.21)

实验一，为了考查语言水平是否在及物和与格句法启动中有影响，我们进行了单因素方差分析。低水平被试使用的被动句式明显少于主动

句式$[F(1, 39)=7.54, P<0.01, MSE=134.9, \eta^2=0.17]$，使用的介词短语结构也显著少于双宾语结构$[F(1, 39)=6.43, P<0.01, MSE=94.3, \eta^2=0.12]$。高水平被试使用的主动句式并不显著多于被动句式$[F(1, 39)=2.67, P=0.11, MSE=58.91, \eta^2=0.17]$，使用的双宾语结构显著多于介词短语结构$[F(1, 39)=7.26, P=0.09, MSE=120.23, \eta^2=0.09]$。

实验二，2(实验条件)×2(及物或与格)×2(语言水平)重复方差分析表明，显著的及物效应$[F(1, 38)=6.83, MSE=49.44, P=0.014, \eta^2=0.14]$或与格效应$[F(1, 38)=20.08, MSE=15.69, P<0.001, \eta^2=0.34]$，显著的实验条件效应$[F(1, 38)=36.76, MSE=37.53, P<0.001, \eta^2=0.09]$，显著的语言水平效应$[F(1, 38)=54.14, MSE=17.25, P<0.001, \eta^2=0.11]$，显著的交互效应$[F(1, 38)=7.33, MSE=54.21, P=0.002, \eta^2=0.17]$。进一步单因素方差分析表明，高水平被试使用的主动句式明显多于被动句式$[F(1, 39)=221.74, P<0.01, MSE=350.01, \eta^2=0.10]$，使用的双宾语结构明显多于介词短语结构$[F(1, 39)=19.79, P<0.01, MSE=158.29, \eta^2=0.14]$。在及物方面，对于高水平被试而言，启动效应明显，但是对于低水平被试而言这个效应是不明显的。在与格方面，无论对于低水平被试还是高水平被试来说，启动效应都是不明显的。

实验三，3(实验条件)×2(及物或与格)×2(语言水平)重复方差分析表明，显著的及物效应$[F(1, 38)=24.94, MSE=27.28, P<0.001, \eta^2=0.36]$或与格效应$[F(1, 38)=34.16, MSE=26.77, P<0.001, \eta^2=0.23]$，显著的实验条件效应$[F(2, 76)=75.35, MSE=27.28, P<0.001, \eta^2=0.12]$，显著的实验条件和语言水平交互效应$[F(2, 76)=5.59, MSE=38.11, P=0.02, \eta^2=0.13]$，显著的语言水平效应$[F(1, 38)=9.87, MSE=38.70, P=0.003, \eta^2=0.26]$。进一步单因素方差分析表明，高水平被试使用的主动句式明显多于被动句式$[F(1, 39)=293.76, P<0.01, MSE=370.42, \eta^2=0.14]$，使用的双宾语结构不显著多于介词短语结构$[F(1, 39)=0.97, P=0.33, MSE=18.18]$。对于低水平被试来说，启动效应是明显的；对于高水平被试来说，启动效应也是明显的。

2. 实验结果分析

实验一，在自然状态下，我们能够观测二语使用者的语言产出状况，但是我们无法给予他们同等的机会产出相同或类似的语言形式。这是一种基线条件，在这一条件下我们不能够看到图片本身对于语言形式的启动，但能够看出来使用者使用语言的主动形式。水平低的使用者使用被动句式明显少于主动句式，使用介词短语结构也显著少于双宾语结构。我们不知道其原因是语言能力不达标还是抽象句法能力没有习得。如果他们实际上在语言潜能中蕴含这种抽象句法能力，那么就存在一种可能，即如果在句法层面受到这样句式或结构的激发，他们就能够进行实际产出。下一步的实验二验证了这个假设。

实验二，我们发现在及物方面，高水平二语使用者的启动效应显著，但是对于低水平的二语使用者不显著，说明低水平的二语使用者的抽象句法能力尚未建立起来。然而与基线条件下自然语言产出相比，低水平的二语使用者的及物使用比例明显增多。这说明虽然他们没有形成抽象句法能力，但是他们敏感于单向句法启动。

在与格方面，与基线条件下比较，单词句法启动条件下低水平的二语使用者没有显著提升与格结构的使用频率，说明他们对与格结构的单向句法启动效应并不敏感。事实上，我们观察到在基线水平的自然生成情境下，低水平学生能够使用与格结构合理地描述图片。因此我们认为，做出低水平被试并不具备抽象句法能力的论断有些过早，很有可能是被试虽具备抽象句法能力，但是低水平和高水平被试对句法的通达能力有所不同。

为了验证这一推断，进行实验三，我们使用了更新的句法启动效应，跟实验二不同，实验三有两点更新。第一，被试被要求进行双向句法启动的展示，即听的同时，重复跟读一遍，这可以确保被试对启动句子的关注程度是更高的。第二，我们对句子做了组内的平衡设计和随机设计，确保被试在关注启动句子的同时，并不能意识到启动句子的句法是什么，这样既确保了双向句法启动的真实性，也避免了被试对于句法的主观预测。

实验三，低水平和高水平的被试都显示出及物和与格两个方面的双向句法启动效应，我们的结论是，之前认为低水平的被试没有受句法启动效应的影响的结论是不正确的。我们在下面的讨论中具体说明了这一点。

根据以上实验结果分析，可以得出以下结论。

第一，句法启动是一种验证抽象句法能力的有效手段。以往的研究仅仅关注了单一语言能力和水平群体，既没有关注第二语言能力，也没有区分语言水平的高低，因此无法解释抽象语言能力在不同水平群体中的发展情况。本研究的创新点是不仅关注到第二语言能力，而且区分了语言水平高低者的抽象句法能力。结构启动既是一种机制，也是一种实验方法。作为心理表征机制，结构启动是描述语言处理的一个基本要素，启动效应和语言理解及产出学习机制相关；作为实验方法，它将先前的语言接触对语言理解及产出的内隐影响和心理表征外化，研究启动结构对目标结构的促进作用的程度。启动是一个内隐过程，在启动实验中，被试一般意识不到启动词或启动结构和目标词或目标结构之间的关系，启动词对目标词的促进作用是一种隐性存在。可以这样说，启动效应赋予了内在心理机制功能性的价值。由此可见，启动研究既有理论价值，又有实证意义。

第二，抽象句法的表征受到二语水平的影响。第二语言的抽象表征与句法产出能力在低水平的学习者中已经形成。语言能力高的被试语言的习得能力吻合以句法为基础的习得观，抽象句法表征受到二语水平的影响。Bock 发现结构启动为自主句法的抽象表征提供了证据。① 与儿童的母语句法能力形成需要时间相比，成人的抽象句法能力形成需要时间的论断是不成立的。在为数不多的研究中，McDonough 对二语处理中语言单位的心理发展研究采取了一个新的视角。② 第一个实验结果表明二语学习者的语言产出中存在介词与格结构的句法启动的证据而不存在双宾与格结构的句法启动。她推断不存在双宾与格结构句法启动的原因在于参加她的实验的英语学习者还没有掌握产出双宾与格结构的复杂语义及形态抽象规则，对双宾与格结构的掌握只停留在具体的相互独立的词块阶段，还没有抽象为语言心理表征。她在已有研究和她的实验结果的基础上推断二语学习者的语言发展路径起始于公式化的表达，最终成为抽象的心理表征。为了证明这一推断，她在第二个实验中只使用了双宾与格结构作为启动结构，结果表明以英语为二语学习者的语言产出中不存在启动效应。

实验中，研究者观察到即使带有实义动词的句子没有作为启动句被重复，被试的自然产出中也存在启动效应。我们还发现 Hartsuiker 和 Pickering 得出的假设"二语水平对跨语言启动的强度没有影响"③是错误的。我们推断，二语学习者经历了这样一个学习过程：从具体的、公式

---

① Bock, J. K.: "Syntactic persistence in language production", *Cognitive Psychology*, 18 (3), 1986.

② McDonough, K.: "Interaction and syntactic priming: English L2 speakers' production of dative constructions", *Studies in Second Language Acquisition*, 28(2), 2006.

③ Hartsuiker, R. J., Pickering, M. J.: "Language integration in bilingual sentence production", *Acta Psychologica*, 128(3), 2008.

化的表达进化为自主的、抽象的句法表征，进而形成词语句法自主能力，这是一个从显性的句法知识获得到隐性的句法能力被激活再到抽象的句法能力形成的过程。

第三，任务的强度影响学习者句法通达的程度。从实验二和实验三的结果差异分析，句法知识的强化任务连接了意义句法和形式，所以强化和重复在语言习得中有很重要的作用。语言使用者没有意识到他们重复使用了听到的来自对话者言语的结构特征，这些共享的结构特征可以在自然产出数据中观察到。由此可以推断，对于第一语言中使用的与格结构规律，第二语言使用成熟者会对与格转换结构的差异有所区分。因此，高水平二语者对不符合表达规则的语义句法结构（即不合语法的与格转换句）的使用倾向性低；相反，低水平二语者由于习得机制不完善，对不符合表达规则的语义句法结构（即不合语法的与格转换句）的使用倾向性更高一些。

四、英语写作中"人机系统"互动的具身协同效应

随着信息技术和人工智能的快速发展，人们越来越发现"人机系统"之间的具身协同效应的发挥有助于提高教学成绩。运用"写作伙伴"促进英语写作就是成功的案例。"写作伙伴"是一个智能写作教学系统，提供写作策略教学、以游戏为基础的实践练习、论文写作实践练习和形成性反馈，帮助学生提高写作水平。写作的教学、过程操控和成绩评估都具有极大的灵活性和主观性，通过近些年的系统调试升级及运用，"写作伙伴"智能教学系统有效解决了运用过程中的问题，在我国大学生以英语为二语的写作教学中的应用，证明了该系统的实用性。

（一）英语写作教学"人机系统"之间的具身协同效应

人们早已建立了许多教学原则，如对学生知识建构的脚手架原则、适应不同学生学习特点的个性化学习原则，以及多模态的教学指令和指导反馈。智能教学系统在合理的教学原则基础之上，提供自适应和互动学习支持。[①] 纵观智能教学系统的发展史，它的发展一直专注于定义良好的学习领域，即教学过程和评价标准都是可控并可限定的。近年来，

---

① Graesser, A. C., McNamara, D. S., VanLehn, K.: "Scaffolding deep comprehension strategies through Point&Query, AutoTutor, and iSTART", *Educational Psychologist*, 40(4), 2005.

智能教学系统的研究者开始探索如何接受自然语言的输入。[1][2] 语言写作教学领域便产生了如下的问题：学生的回答或表达具有极大的自由性，同时教学方法及其评估方面出现了不确定性[3]，对学生所给答案的判断必须依赖输入的文本并且具有主观性。因此，在如此不明确界定的学习领域，发展智能教学系统就必须解决对智能教学系统提出的设计方面的挑战，同时还要克服合适的教学内容、评估手段和信息反馈的不确定性。

为了攻克语言写作教学领域所面临的这些难关，可以从英文议论文写作策略入手。尽管写作的特征是难以量化的，不同的写作者可能采取不同的策略实现相类似的写作目标，但如果学生掌握了这些技巧和策略，那么他们的作文水平是否可以通过自动化写作训练得到提高呢？这是本研究的主要问题。同时，本研究的焦点是学生对以计算机为基础的教学平台的接受度如何，以及学生是如何看待对作文成绩的评估的。

1. 智能写作教学的特点

(1)写作过程和写作教学的灵活性

写作过程中要完成多项任务、进行多种决定，主要包括构思、起草、修改。在不同的写作阶段使用各种不同的写作策略。比如，在构思阶段，通过自由写作、大纲和写作流程图来生成并组织写作初步意图；在起草阶段，通过引人注目的问题或形象语言来激发读者的阅读兴趣，以议论文为例，可以使用具体事例、定量数据或相关证据来支持论点；在修改阶段，通过校对和抛光的策略对文本进行阐述，删除或替换无关紧要的细节，或改变文章结构。很重要的一点是，写作者可以在这些写作阶段之间自由转换，反复提高文本局部和整体的连贯性。

纵观干预写作的教学研究，尤其对于大学生而言，非常强调写作策略训练，因为这类训练可以使学生具备应对写作的多种具体策略，掌握

---

① Graesser, A. C., Lu, S. L., Jackson, G. T., et al.: "AutoTutor: a tutor with dialogue in natural language", *Behavior Research Methods, Instruments, & Computers*, 36(2), 2004.

② Michael, J., Rovick, A., Glass, M., et al.: "Learning from a computer tutor with natural language capabilities", *Interactive Learning Environments*, 11(3), 2003.

③ Lynch, C., Ashley, K. D., Pinkwart, N., et al.: "Concepts, structures, and goals: redefining ill-definedness", *International Journal of Artificial Intelligence in Education*, 19(3), 2009.

如何使用某种策略的背景知识，得到具体实践练习的机会。①② 最有效的
教学是以学生为中心，教师讲解很少，训练主要专注于一个特定的写作
目标和策略，为学生提供充足的机会进行练习；相比之下，以教师为中
心的教学则不能激发学生的动机，也很难为学生提供实际练习的机会。
更为严重的是，一些写作教学侧重语法和写作成果，忽略了写作的自然
发展过程。在一项写作策略元分析的研究中，Graham 和 Perin 指出最有
效的写作教学应该是明确而系统地教学生规划、起草、编辑、总结等写
作策略，并教学生如何使用这些策略。③

　　总之，写作教学领域的主要特征是写作过程的灵活性。但是如果写
作教学中能够明确介绍写作策略，就可以帮助学生更好地驾驭复杂的写
作过程。一个成功的写作智能教学系统应该且必须在整个写作过程中对
学生进行综合性的策略指导和训练。

　　(2)写作评价和反馈的主观性

　　写作教学领域的另外一个主要特征是写作评价的主观性。在实践中，
没有人可以利用相同的判分标准和判分过程对上百篇作文进行系统的判
分，有研究表明对学生作文的判分是非常不稳定的④⑤。近年来，大量计
算工具的发展为人工打分提供了一个比较客观的手段，如自动作文评分
系统(Automated Essay Scoring)利用了一些人工智能的方法，包括统计
建模、自然语言处理、潜在语义分析等手段对学生的作文进行打分。比
如，e-rater⑥ 和 IntelliMetric⑦ 主要使用了自然语言处理技术和人工智能
技术，而 Intelligent Essay Assessor⑧ 使用了潜层语义分析(Latent Se-

　　① Graham, S., Perin, D. : "A meta-analysis of writing instruction for adolescent students", *Journal of Educational Psychology*, 99(3), 2007.

　　② Hillocks, G. Jr. : "What works in teaching composition: a meta-analysis of experimental treatment studies", *American Journal of Education*, 93(1), 1984.

　　③ Graham, S., Perin, D., *Writing Next: Effective Strategies to Improve Writing of Adolescents in Middle and High Schools—A Report to the Carnegie Corporation of New York*, Washington DC: Alliance for Excellence in Education, 2007.

　　④ Huot, B. : "Toward a new theory of writing assessment", *College Composition and Communication*, 47(4), 1996.

　　⑤ Meadows, M., Billington, L., *A Review of the Literature on Marking Reliability*, London: National Assessment Agency, 2005.

　　⑥ Burstein, J., Chodorow, M., Leacock, C. : "Automated essay evaluation: the Criterion online writing service", *AI Magazine*, 25(3), 2004.

　　⑦ Rudner, L. M., Garcia, V., Welch, C. : "An evaluation of the IntelliMetric[SM] essay scoring system", *Journal of Technology, Learning, and Assessment*, 4(4), 2006.

　　⑧ Landauer, T. K., Latham, D., Foltz, P. : "Automatic essay assessment", *Assessment in Education: Principles, Policy & Practice*, 10(3), 2003.

mantnic Analysis，LSA）。尽管采用了不同的评分方法，但人类计分和计算机计分的相关性为 0.80～0.85[1]，甚至使用有些系统时一致性为 90％～100％[2]。

自动作文评分系统已经为写作评分的主观性问题提供了不少解决方案。自动作文评分系统将语言文本特征的一些指数与一定公式算法综合起来建立加权统计模型，然后给每篇学生作文打分。此外，自动作文评分系统善于检测作文的一些特征，如文章的长度、结构、使用的例子、词语、句子长度、句法复杂程度、主题相关程度、句子衔接连贯度等指标。如此看来，写作评分的主观性问题可以逐渐通过自动作文评分系统得到解决。

但是，从教学的角度上思考，写作评分的主观性问题还会引发如何反馈的问题。当评分自动化之后，如何提供有意义的反馈呢？前期研究已经表明，个性化的、形成性的反馈是学生写作能力发展的关键所在。[3]形成性反馈为学生提供了具体指导和方法，如写作中要使用观点句、组织结构句、论点与论据等；相反，总结性反馈是对作文的水平进行的评价，如具体的写作分数是多少，有无拼写错误、论据不充分、缺乏细节等问题。尽管形成性反馈和总结性反馈都是有效的，但形成性反馈对学生作文质量的提升具有至关重要的作用，因为它告诉了学生具体应该如何提高。

因此，智能写作教学系统发展的关键是如何把计算语言学的有关语言和文本语篇的指标变成形成性反馈内容的核心部分，促进学生作文水平的提高。一个成功的智能写作教学系统需要具有一套观测和评估作文质量与策略使用的合理的运算法则。

2. 写作伙伴：写作策略的智能导师

根据写作教学领域的特征，写作导师需要完成以下几项任务：①在多个写作阶段中使用写作策略进行教学；②模块化内容的教学要适应不同的教学方法；③提供扩展和形式不同的写作练习的机会；④针对学生的写作能力和写作策略给予形成性反馈。这些都是具有挑战性的问题，是智能写作教学系统所要关注的问题。通过语言学、认知科学、计算科

---

①　Warschauer，M.，Ware，P.G.："Automated writing evaluation：defining the classroom research agenda"，*Language Teaching Research*，10(2)，2006.

②　Attali，Y.，Burstein，J.："Automated essay scoring with E-Rater© V.2"，*Journal of Technology，Learning，and Assessment*，4(3)，2006.

③　McGarrell，H.，Verbeem，J.："Motivating revision of drafts through formative feedback"，*ELT Journal*，61(3)，2007.

学、英语教学各领域专家的努力，一个具有综合功能的英语智能写作教学系统应运而生，它就是写作伙伴。

写作伙伴是美国孟菲斯大学智能系统研究所 Arthur Graesser 教授指导开发的英文写作学习和练习系统，给学生学习和教师指导英文写作提供了一个界面友好、交互性能强、趣味性强的学习和教学管理平台。用户可以在线注册，通过输入给定的登录号和密码登录该系统。教师借助该平台，可以创建和管理班级、在布告板上布置作业和下发通知、批阅学生的写作练习作业并给出成绩或评价、跟踪学生的学习进度以及学习效果等。学生可以看到教师布置的作业、在线学习课程和习得写作策略、进行针对性的巩固练习、提交作业、查看成绩等。

该系统共分 9 个学习模块。学生按照先后顺序学习完每个模块后，可以做其后面对应的趣味十足的练习游戏，系统自动记录学生学习的进度，并对学生练习的情况给予反馈。模块 1：引言。提供课程培训的背景和目的。模块 2：自由写作。提供自由写作之前如何规划文章思路的策略。模块 3：规划设计。自由写作后，学生需要规划，并选定与文章主题思想最相关的内容。该模块旨在帮助学生首先直观地确定一个观点，其次建立几个论证的基点，再次对论点展开分条论证的论据，最后将论点整合成一个有组织的结构。模块 4：开篇构建。教会学生如何对文章的其余部分提出预览，并引发读者的兴趣。策略包括确立明确主题、解释主要论点、简洁预览、抓住读者的注意力、给出问题、历史回顾、设置一个场景、亲身经历、引出观点争议。模块 5：主题内容构建。该模块有两个要点：主题句和作为证据的句子。先介绍 KISS（keep initial sentence short）策略，然后再详细阐述。模块 6：结论构建。主要包含重温记忆策略，帮助学生加以掌握，重申文章主题，解释论据，利用总结句总结全文，并提出有趣的方式结束文章。模块 7：再雕琢。雕琢是在句子层面的修订。该模块的主要目的是让学生知道，一个句子可以用许多不同的方法来书写，如改变词语、改变修辞格、改变结构、浓缩句子等。模块 8：衔接构建。该模块的目标在于跨句子水平之间的修订，涉及连贯性和衔接性。具体的衔接策略是：用常用词和短语进行承上启下、使用连接词以及这和那的连接。模块 9：修订。该模块旨在对整体和局部内容进行修订，如使用加、删、移、代等策略。（见表 8-9）

写作伙伴智能教学系统区别于其他写作教学平台的一个重要特征是它是一个以游戏为主导的写作练习系统。为了避免由于长时间进行网络学习，学生的兴趣减弱，这种互动性游戏提高了学生学习的注意力、自信心和成就感。游戏提供了一种手段，可以提高学生的学习动机，使其充分利用其内在学习动机来享受游戏。① 游戏的元素，如动画、竞争、奖励、连续叙述，可以整合成更具有动态性和享受感的智能学习体验。② 游戏还需要学生利用实用的技能和知识，进行成功探索，从而完成学习任务。游戏为学生投入学习任务提供了额外的动机。因此，每个学习模块中都有几个练习所学的写作策略的游戏，游戏的主要任务是识别、组织或生产，每个游戏又配合着评估反馈，如是赢了还是输了、识别对了还是错了，组合段落的游戏中组合对了几个段落就可获得几分，生成语言内容用空中加油或宝藏探索的游戏体现，生成的语言越多，加油量越多或得到的宝藏越多。因此，通过在游戏中的表现，学生可以判断出自己运用本项写作策略的程度。同时，学生做完游戏后，会得到形成性反馈，提示自己还需要记住哪些写作策略。

表 8-9　各模块的策略描述和游戏名称

模块	策略描述	游戏名称
1. 引言	课程简介，介绍人物和写作的重要性。	—
2. 自由写作	迅速生成观点、论据、事实依据的策略。	自由写作复仇、自由写作填空
3. 规划设计	如何组织观点和事实的图形组织策略和文章大纲策略。	主观点规划、设计管道
4. 开篇构建	包含如何开篇的策略，如观点句构建、论点提示以及如何吸引读者注意力的策略。	轮船起航、开篇修复
5. 主题内容构建	包含如何构建主题内容的策略，如主题句构建、提供支持性细节和证据等策略。	内容修复
6. 结论构建	包含如何重述结论的策略，如主题重述、观点总结、结尾段落如何保持读者的兴趣等策略。	结论修复、风险逃脱
7. 再雕琢	包含如何表述得更准确和语言多样性的策略，如句式变换、长句缩短、词语变换等。	探险者、地图征服

---

① Shank, R., Neaman, A., Motivation and Failure in Educational Systems Design. In K. Forbus, P. Feltovich (Eds.), *Smart Machines in Education*. Menlo Park, MA: AAAI Press, 2001, pp. 37-69.

② McNamara, D. S., Jackson, G. T., Graesser, A., Intelligent Tutoring and Games (ITaG). In Y. K. Baek (Ed.), *Gaming for Classroom-Based Learning: Digital Role-Playing as a Motivator of Study*. Hershey, PA: IGI Global, 2010, pp. 44-65.

续表

模块	策略描述	游戏名称
8. 衔接构建	包含如何增加文本的衔接线索的策略，如使用连接词、澄清未指代的名词和代词、在文中建立连续观点。	反对艺术家、未开采的矿藏
9. 修订	包含修订全文使其更完整、更清晰，以及如何提高全文质量的策略，如加、删、移、代等。	演讲者

除了游戏之外，写作伙伴智能教学系统还给学生提供了写作实战的机会。以五段议论文的形式，学生自选题目和限定时间，然后利用 Word 写一篇作文，输入自动评分系统中，就可以得到一个 1~6 分的整体分数。这个分数是建立在自然语言指数运算原则基础上的，反映了词长、句长、词汇多样性、句法复杂度、主题句重复度、衔接标志词等方面的表现。一个学生可以利用这个系统练习写作，获得计算机给出的形成性反馈和学生运用写作策略的辅助性建议。这些辅助性建议是通过提示，在学生写作的过程中及时给出的。该系统还能够对学生的写作内容进行动态监控，针对开篇、中间段落或者结束段落分别进行相应的检测，给出相应策略的提示。最后，整篇作文还会被要求进行修改，修改的策略会以提示的形式给出，帮助学生增强意识，充分运用修改技巧。

总体而言，该系统的成功与否和实效高低取决于学生能否接受这样一个智能写作教学系统。本研究主要针对系统的教学内容、游戏、写作反馈三个方面考查中国学生对该系统的接受度，同时我们收集了前测和后测作文，以考查通过使用该智能写作教学系统学生的作文水平提高的程度。

(二)实验方法

1. 被试

大学一年级的 90 个本科生参加了网络学习和课堂教学的对比实验，实验组和对比组的学生分别为 45 个。

2. 测量量表

所有学生在对比实验之前和之后随机选取相类似题目，25 分钟内完成议论文写作任务，同时完成一个有关写作学习的问卷调查。

这些测试全部是纸笔测验，被试完成的作文被研究者输入电脑之后，研究者利用 Coh-Metrix 计算语言学分析软件对学生作文进行分析。学生作文的整体分数(1~6 分)是针对其作文的长度、词汇复杂度、衔接度等而得出的。此外,对每篇文章的描述性指标进行了分析,包括字数、句数、段落数、每段句数;还对体现文本衔接度的一些指标进行了分析,如主题重复度(靠近的每两句话中主题句和代词之间的二元重复性)、出现新信息度(已经给出的信息与新给出的信息之间潜在语义分析系数)、词汇多样性(不同的词与相同的词在不同的文本中的使用程度)。

以往的研究表明,随着文章质量的提高,文章的衔接度降低,同时词汇使用的多样性提高。[①] 对于词汇的复杂程度,以往的研究表明它们跟作者表达更具体的细节和更明确的观点有关。[②] 词汇具体性、上下义关联度以及对冲词数量可以反映写作者表达观点时的具体性和论点的明确性。因此,我们预测,前测和后测作文在实验组和对比组之间,在这些指标上的表现会有显著性差异。

调查问卷主要包括课程感受、训练感受、反馈感受三部分内容。课程感受问卷是在学生学完每一个模块之后进行的一个 5 题目问卷,包括询问学生是否愿意再次学习本模块、让学生指出他们认为的最有用的信息是什么、描述他们认为的最有意思的地方在哪儿、建议如何改进学习内容,以及对学习内容的七个方面进行打分。训练感受问卷是一个 4 题目问卷,实验组主要针对的是学生对游戏的反馈,对比组主要针对的是学生对跟游戏内容相同的纸笔训练的反馈,让学生指出游戏或者纸笔训练是否有帮助、有趣、让人记忆深刻、吸引人。反馈感受问卷包含 8 个题目,让学生对提供的反馈内容的量的适中性、合理性、可理解性、有用性、记忆性、清晰性、鼓舞性进行评价,并要求学生对于反馈提出主观建议。

3. 实验程序

实验之初,所有学生完成前测作文。在整个学期过程中,教师和学生合作进行写作伙伴的课程学习。大学生按照自然班被分成两组:一组是实验组,进行智能教学系统的学习;另一组是对比组,由教师对智能教学系统中提及的策略进行讲解,学生完成纸笔练习,获得自由写作的反馈内容。在实验组中,学生每两周完成一个模块的学习,包括上网观看课程讲解、进行互动式游戏,同时接受系统提供的形成性反馈,完成

---

① Crossley, S. A., Weston, J. L., McLain Sullivan, S. T., et al.: "The development of writing proficiency as a function of grade level: a linguistic analysis", *Written Communication*, 28(3), 2011.

② Hyland, K.: "Hedging in academic writing and EAF textbooks", *English for Specific Purposes*, 13(3), 1994.

调查问卷。在对比组中，教师每两周介绍一个模块的写作策略，并让学生参与纸笔形式的训练（以多项选择题和连线题为主），也接受教师提供的形成性反馈，完成调查问卷。

(三) 实验结果

1. 写作质量

写作质量的分数整体上体现了显著的训练效应及与训练条件的交互效应，实验组学生的作文整体分数提高的程度明显比对比组的高。表 8-10 列出了实验组和对比组前测和后测的作文整体分数、长度、文章结构、文本衔接度及词汇复杂度的指标对比。由表 8-10 可见，使用智能写作教学系统学习的学生的后测作文写得更长，包含更多的句子，句子之间的衔接度更高，词汇复杂程度也更高。与此同时，后测作文在词汇的使用上也有提高，如在词汇具体性、上下义关联度以及对冲词数量上都有所提高。

表 8-10　对比组和实验组前测和后测作文各项指标数据

维度		对比组前测 (N=45)	实验组前测 (N=45)	F 值 (1, 88)	P 值	对比组后测 (N=45)	实验组后测 (N=45)	F 值 (1, 88)	P 值
整体分数		2.2 (0.1)	2.3 (0.1)	2.24	0.109	3.39 (0.1)	3.78 (0.1)	12.41	<0.001
长度	字数	256 (16)	262 (19)	1.84	0.192	294 (14)	318 (22)	25.54	<0.001
	句数	14.2 (2.8)	15.4 (3.0)	3.81	0.067	20.1 (3.4)	25.9 (3.7)	32.16	<0.001
文章结构	段落数	5.4 (1.9)	5.4 (1.8)	0.89	0.358	5.0 (0.9)	5.0 (0.9)	2.16	0.158
	每段句数	5.3 (1.3)	5.1 (1.5)	1.99	0.175	4.8 (0.8)	3.8 (0.8)	14.22	0.001
文本衔接度	主题重复度	0.55 (0.05)	0.55 (0.04)	0.94	0.438	0.55 (0.04)	0.34 (0.08)	59.75	<0.001
	出现新旧信息度	0.37 (0.03)	0.37 (0.03)	0.69	0.418	0.37 (0.03)	0.30 (0.04)	41.87	<0.001
	词汇多样性	86.5 (0.9)	86.6 (1.0)	0.80	0.686	86.7 (1.1)	99.2 (5.5)	47.29	<0.001

续表

维度		对比组前测 (N=45)	实验组前测 (N=45)	F 值 (1，88)	P 值	对比组后测 (N=45)	实验组后测 (N=45)	F 值 (1，88)	P 值
词汇复杂度	词汇具体性	379 (6.2)	380 (3.6)	1.52	0.133	377 (6.2)	406 (4.7)	157.70	<0.001
	上下义关联度	1.5 (0.7)	1.5 (0.6)	0.93	0.348	1.5 (0.6)	1.7 (0.9)	77.51	<0.001
	对冲词数量	14.5 (1.8)	14.6 (1.7)	0.67	0.424	15.3 (1.8)	8.3 (1.8)	295.20	<0.001

2. 写作训练频率对后测作文成绩的线性回归分析

为了更好地分析影响写作成绩提高的写作训练的实效性，把学习模块分成前、中、后三个部分，以每个部分中所进行的写作训练的次数为自变量，同时还考虑学生的初始作文成绩和语言能力，分别以前测作文成绩和大学英语四级考试成绩为自变量。前部分包括引言、自由写作和规划设计（即模块1、模块2和模块3的所有训练）；中部分包括开篇构建、主题内容构建和结论构建（即模块4、模块5和模块6的所有训练）；后部分包括再雕琢、衔接构建和修订（即模块7、模块8和模块9的所有训练）。每完成一次训练，就记录一次训练量。实验组和对比组学生的前测作文成绩都显著预测了他们的后测作文成绩；在实验组中，中部分的训练频率，即如何开篇、如何构建主题内容以及如何构建结论的训练次数能够明显预测学生的后测作文成绩。（见表8-11、表8-12）

表 8-11　实验组和对比组各项指标数据

变量		对比组	实验组	F 值	P 值
前测作文成绩		2.2(0.1)	2.3(0.1)	2.240	0.109
大学英语四级考试成绩		611(38)	617(41)	1.650	0.156
前部分	模块1引言	14.1(2.6)	13.8(2.5)	0.963	0.329
	模块2自由写作	14.5(2.8)	14.6(2.6)	0.326	0.570
	模块3规划设计	22.8(3.5)	23.4(3.3)	3.960	0.050
中部分	模块4开篇构建	16.5(3.1)	16.9(3.4)	2.670	0.106
	模块5主题内容构建	27.0(5.6)	26.8(6.6)	0.370	0.545
	模块6结论构建	6.2(1.9)	5.6(2.3)	3.725	0.052

续表

变量		对比组	实验组	F 值	P 值
后部分	模块 7 再雕琢	9.0(1.6)	8.7(2.3)	0.958	0.330
	模块 8 衔接构建	11.1(2.6)	10.8(2.7)	0.963	0.329
	模块 9 修订	24.1(5.9)	23.8(4.7)	0.370	0.545

表 8-12　线性回归分析预测实验组后测作文成绩

变量	r	R^2	B	B	SE	t	P
前测作文成绩	0.31	0.075	0.272	0.292	0.088	3.09	0.003
大学英语四级考试成绩	0.12	0.001	−0.030	−0.026	0.118	−0.26	0.797
前部分训练频率	0.05	0.008	−0.002	−0.129	0.002	−1.02	0.312
中部分训练频率	0.02	0.063	0.004	0.433	0.001	2.83	0.006
后部分训练频率	0.08	0.010	−0.001	−0.152	0.001	−1.16	0.251

注：B 为非标准化回归系数，B 为标准化回归系数，SE 为标准差。

3. 学生对课程、训练以及反馈的主观感受

学生在每个学习模块之后都对学习内容的七个方面进行打分，图 8-1 显示的是学生对九个模块学习后的主观感受。具体而言，在认为学习内容无聊的问题上，对比组有 36%，而实验组有 22%；在认为学习内容令人困惑的问题上，对比组有 45%，而实验组只有 23%；在认为学习内容具有干扰性的问题上，对比组有 34%，而实验组只有 27%；在认为学习内容具有一定信息量的问题上，对比组有 67%，而实验组高达 78%；在认为学习内容有趣的问题上，对比组只有 52%，而实验组高达 87%；在喜欢此学习内容的问题上，对比组有 52%，而实验组高达 76%。

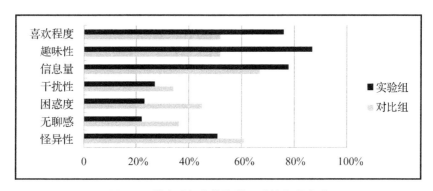

图 8-1　学生对每个模块学习后的主观感受

学生在学习每个模块之后都参与了写作训练。对比组和实验组的训练内容一致，但是对比组的训练都是纸笔形式的多项选择题或连线题，而实验组的训练都做成了游戏形式。学生在四个方面进行喜好打分。图8-2显示的是学生对所有训练的主观感受。具体而言，实验组学生对所有的游戏的主观感受明显好于纸笔训练。在认为训练内容对学习有帮助的问题上，对比组只有31％，而实验组高达51％；在认为训练有趣的问题上，对比组只有21％，而实验组高达76％；在能够清晰记忆所训练内容的问题上，对比组只有42％，而实验组高达65％；在认为训练题目吸引人的问题上，对比组有51％，而实验组高达76％。

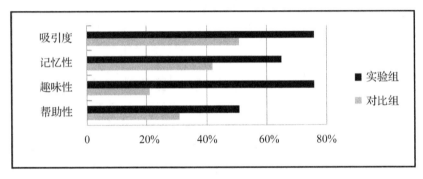

图 8-2　学生对每个模块后的训练的主观感受

学生对计算机给予的反馈（实验组）和教师课堂上的反馈（对比组）进行七个方面的打分。基本上看，实验组和对比组学生在反馈的合理性、可理解性、有用性三个方面的评价相似，实验组在清晰性、记忆性、鼓舞性、量的适中性方面的评价明显高于对比组。（见图 8-3）

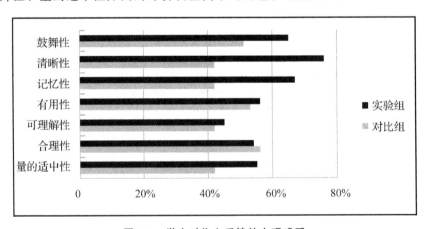

图 8-3　学生对作文反馈的主观感受

(四)讨论

1. 智能写作教学系统能有效提高写作质量

经过半年的写作教学培训，学生的写作水平有了明显的提高，跟教师讲授和指导下进行写作训练的结果相比具有明显的差异。这主要是由于智能写作教学系统对学生作文的自动评分主要建立在文章长度、文本衔接度、词汇复杂度的基础之上，智能写作教学系统在结构构建、衔接构建等几个重要模块进行策略教学，所进行的游戏训练也是针对词汇复杂度和主题重复度进行的，因此有针对性的教学势必能够提高学生作文的质量。

智能写作教学系统对写作过程的训练频率能够提高实验组学生的写作质量。首先，学生的原始语言能力和训练水平是影响学生语言能力水平提高的关键因素[1]，本研究中明确揭示了这一观点，并且很有意思的一点是以大学生英语四级考试成绩为代表的综合语言能力并不能预测学生后测作文成绩，而学生的前测作文成绩是一个重要的指标。我们并不质疑大学英语四级成绩是衡量学生英文水平的一个科学性指标，但是对于写作专项能力提高的预测指标，除了综合语言能力之外，还应该由跟训练内容要求相一致的能力水平所体现，学生前测作文成绩就是这样一个能力指标。

其次，训练水平也应该能够预测学生后测作文的成绩。我们的研究发现训练的前、中、后三个部分的训练频率并不都能显著地预测后测作文成绩，而只有训练中间阶段，即只有在开篇、主题内容和结论三部分的构建上，训练频率越高，成绩提高越快。这表明了实际影响学生作文成绩提高的关键在于学生到底会不会写文章的开篇、中间内容和最后的结论。至于为什么另外两部分的训练没有起到明显的效果，可能是由于我们的自动评分机制中还没有动态地考虑到这些写作过程。事实上，一篇文章的构思是否合理和一篇文章最后的修改程度到底有多少，不能直接反映在学生的限时作文成绩中。只有经过反复的练习，充分地训练了写作内容和语言之后，才能体现出训练的前、后部分在限时作文成绩提高上的作用。

2. 学生对于智能写作教学系统的主观感受

学生对于智能写作教学系统的课程、训练、反馈的主观感受还是积

---

[1]　Aleven，V. A. W. M. M.，Koedinger，K. R.："An effective metacognitive strategy：learning by doing and explaining with a computer-based Cognitive Tutor"，*Cognitive Science*，26 (2)，2002.

极的。很重要的一点是，在学习内容的趣味性、游戏训练的记忆性、反馈的清晰性上，智能写作教学系统与课堂教师教学相比具有一定的优势。学生在学习完成之后，能够清晰准确地描述出来一些具体学习内容和训练内容是什么，还能够明确指出哪些内容对他们的帮助很大，哪些游戏的界面和功能很容易使用，对于形成性评价的内容也记忆犹新。

3. 智能写作教学系统目前存在的问题

我们的研究还发现智能写作教学系统目前存在一些潜在的问题。第一，通过网络展示的课堂教学，学习内容比较多，历时比较长，具有说教性。第二，从学生的主观感受来看，他们认为信息量比较大。第三，有关策略的教学需要学生明确意识到在写作的哪些具体的过程中如何使用策略。因此，需要智能写作教学系统明确判断、分析、动态反馈写作过程中所使用的策略是否合理，这一点有待探讨。

(五)结论

利用以游戏为主导的互动性、形成性智能教学系统，是未来写作教学的方向。为了解决写作这个不确定的学习领域中的问题，要提供策略教学，因为不同策略的使用可以达到一个明确的写作目的，没有策略的写作是不成功的。为了使学生成功地意识到所学习的概念和关系，学生必须在学习环境中重新定位，尝试使用各种可能使用的策略。事实上，在写作能力的培养中，学生一般具有恐惧性[1]，而且形成性反馈对学生的要求比较高[2]。长时间的反复练习一定会使学生学习乏味和注意力不集中。我们的研究表明，策略训练能够有效提高学生的写作水平。同时，使用游戏可以降低学生的无助感[3]。为了提高智能写作教学系统的效能，另外一个关键点是提供个性化的具体的反馈。系统评分的计算法则可能成为成功研发这样一个不确定的领域学习系统的障碍。系统的评分指标或许不能够提供人工打分的人性化反馈[4]，因此，评分和反馈的机制可能是不同的，反馈机制需要建立单独的计算法则。这是未来智能写作教学系统努力改进的方向。

---

① Pajares, F.: "Self-efficacy beliefs, motivation, and achievement in writing: a review of the literature", *Reading and Writing Quarterly*, 19(2), 2003.

② Carless, D.: "Differing perceptions in the feedback process", *Studies in Higher Education*, 31(2), 2006.

③ Craig, S., Graesser, A., Sullins, J., et al.: "Affect and learning: an exploratory look into the role of affect in learning with AutoTutor", *Journal of Educational Media*, 29(3), 2004.

④ Clauser, B. E., Kane, M. T., Swanson, D. B.: "Validity issues for performance-based tests scored with computer-automated scoring systems", *Applied Measurement in Education*, 15(4), 2002.

参考文献

邓联健：《二语产出性词汇能力发展研究综述》，《外语与外语教学》2006 年第 2 期。

官群：《心理语言学新进展——兼论对外语教育的启示》，《外语教学理论与实践》2012 年第 3 期。

王敏：《语言水平及任务类型对第二语言产出中结构启动的影响》，《现代外语》2009 年第 3 期。

闫浩，董燕萍：《语言产出中概念通达度对位置加工的直接作用——来自汉语名词并列结构的实证证据》，《外语教学与研究》2011 年第 2 期。

原萍，郭粉绒：《语块与二语口语流利性的相关性研究》，《外语界》2010 年第 1 期。

甄凤超：《"语块"与外语口语流利度、准确性及恰当性的相关研究——基于 COLSEC 语料库的实证研究》，《中国外语教育》2009 年第 4 期。

Aleven, V. A. W. M. M., Koedinger, K. R.："An effective metacognitive strategy: learning by doing and explaining with a computer-based Cognitive Tutor", *Cognitive Science*, 26(2), 2002.

Anderson, J. R., *The Architecture of Cognition*, Cambridge, MA: Harvard University Press, 1993.

Attali, Y., Burstein, J.："Automated essay scoring with E-Rater© V. 2", *Journal of Technology, Learning, and Assessment*, 4(3), 2006.

Bock, J. K.："Syntactic persistence in language production", *Cognitive Psychology*, 18(3), 1986.

Burstein, J., Chodorow, M., Leacock, C.："Automated essay evaluation: the Criterion online writing service", *AI Magazine*, 25(3), 2004.

Carless, D.："Differing perceptions in the feedback process", *Studies in Higher Education*, 31(2), 2006.

Clauser, B. E., Kane, M. T., Swanson, D. B.："Validity issues for performance-based tests scored with computer-automated scoring systems", *Applied Measurement in Education*, 15(4), 2002.

Costa, A., Santesteban, M.："The control of speech production by bilingual speakers: introductory remarks", *Bilingualism: Language and Cognition*, 9(2), 2006.

Craig, S., Graesser, A., Sullins, J., et al.："Affect and learning: an exploratory look into the role of affect in learning with AutoTutor", *Journal of Educational Media*, 29(3), 2004.

Crossley, S. A., Roscoe, R., McNamara, D. S., Predicting Human Scores of Essay Quality Using Computational Indices of Linguistic and Textual Features. In

G. Biswas, S. Bull, J. Kay, et al. (Eds.), *Artificial Intelligence in Education : 15th International Conference*, AIED 2011, *Auckland*, *New Zealand*, *June / July* 2011. Berlin, Heidelberg: Springer, 2011, pp. 438-440.

Crossley, S. A., Weston, J. L., McLain Sullivan, S. T., et al. : "The development of writing proficiency as a function of grade level: a linguistic analysis", *Written Communication*, 28(3), 2011.

De Jong, N., Perfetti, C. A. : "Fluency training in the ESL classroom: an experimental study of fluency development and proceduralization", *Language Learning*, 61 (2), 2011.

DeKeyser, R. : "Practice for second language learning: don't throw out the baby with the bathwater", *International Journal of English Studies*, 10(1), 2010.

DeKeyser, R. M., Introduction: Situating the Concept of Practice. In R. M. DeKeyser (Ed.), *Practice in a Second Language : Perspectives from Applied Linguistics and Cognitive Psychology*. New York, NY: Cambridge University Press, 2007, pp. 1-20.

Duckworth, A. L., Kirby, T. A., Tsukayama, E., et al. : "Deliberate practice spells success: why grittier competitors triumph at the national spelling bee", *Social Psychological and Personality Science*, 2(2), 2011.

Ericsson, K. A., Kintsch, W. : "Long-term working memory", *Psychological Review*, 102(2), 1995.

Ericsson, K. A., Lehmann, A. C. : "Expert and exceptional performance: evidence of maximal adaptation to task constraints", *Annual Review of Psychology*, 47, 1996.

Fisher, C. : "Structural limits on verb mapping: the role of abstract structure in 2.5-year-olds' interpretations of novel verbs", *Developmental Science*, 5(1), 2002.

Foraker, S., McElree, B. : "Comprehension of linguistic dependencies: speed-accuracy tradeoff evidence for direct-access retrieval from memory", *Language and Linguistics Compass*, 5(11), 2011.

Gardner, R. C., *Social Psychology and Second Language Learning : The Role of Attitudes and Motivation*, London, Edward Arnold, 1985.

Gass, S. M. : "Integrating research areas: a framework for second language studies 1", *Applied Linguistics*, 9(2): 1988.

Gatbonton, E., Segalowitz, N. : "Rethinking communicative language teaching: a focus on access to fluency", *Canadian Modern Language Review*, 61(3), 2005.

Gertner, Y., Fisher, C., Eisengart, J. : "Learning words and rules: abstract knowledge of word order in early sentence comprehension", *Psychological Science*, 17 (8), 2006.

Graesser, A. C., Lu, S. L., Jackson, G. T., et al.: "AutoTutor: a tutor with dialogue in natural language", *Behavior Research Methods*, *Instruments*, & *Computers*, 36(2), 2004.

Graesser, A. C., McNamara, D. S., VanLehn, K.: "Scaffolding deep comprehension strategies through Point&Query, AutoTutor, and iSTART", *Educational Psychologist*, 40(4), 2005.

Graham, S., Perin, D.: "A meta-analysis of writing instruction for adolescent students", *Journal of Educational Psychology*, 99(3), 2007.

Hartsuiker, R. J., Pickering, M. J.: "Language integration in bilingual sentence production", *Acta Psychologica*, 128(3), 2008.

Hausmann, R. G. M., Nokes, T. J., VanLehn, K., et al., The design of self-explanation prompts: The fit hypothesis. In *Proceedings of the Annual Meeting of the Cognitive Science Society*, Vol. 31, 2009, pp. 2626-2631.

Hillocks, G. Jr.: "What works in teaching composition: a meta-analysis of experimental treatment studies", *American Journal of Education*, 93(1), 1984.

Huot, B.: "Toward a new theory of writing assessment", *College Composition and Communication*, 47(4), 1996.

Huttenlocher, J., Vasilyeva, M., Shimpi, P.: "Syntactic priming in young children", *Journal of Memory and Language*, 50(2), 2004.

Hyland, K.: "Hedging in academic writing and EAF textbooks", *English for Specific Purposes*, 13(3), 1994.

Kellogg, R. T., Raulerson, B. A.: "Improving the writing skills of college students", *Psychonomic Bulletin and Review*, 14(2), 2007.

Kim, Y., McDonough, K.: "Learners' production of passives during syntactic priming activities", *Applied Linguistics*, 29(1), 2007.

Kormos, J., Dénes, M.: "Exploring measures and perceptions of fluency in the speech of second language learners", *System*, 32(2), 2004.

Krashen, S. D., *Principles and Practice in Second Language Acquisition*, Oxford: Pergamon Press, 1982.

Landauer, T. K., Latham, D., Foltz, P.: "Automatic essay assessment", *Assessment in Education: Principles*, *Policy* & *Practice*, 10(3), 2003.

Larsen-Freeman, D.: "Transfer of learning transformed", *Language Learning*, 63(s1), 2013.

Levelt, W. J. M., Schriefers, H., Vorberg, D., et al.: "The time course of lexical access in speech production: a study of picture naming", *Psychological Review*, 98(1), 1991.

Lynch, C., Ashley, K. D., Pinkwart, N., et al.: "Concepts, structures, and goals: redefining ill-definedness", *International Journal of Artificial Intelligence in Education*, 19(3), 2009.

Lynch, T., Maclean, J.: "Exploring the benefits of task repetition and recycling for classroom language learning", *Language Teaching Research*, 4(3), 2000.

Malvern, D., Richards, B., Chipere, N., et al., *Lexical Diversity and Language Development*, London: Palgrave Macmillan, 2004.

McGarrell, H., Verbeem, J.: "Motivating revision of drafts through formative feedback", *ELT Journal*, 61(3), 2007.

McNamara, D. S., Jackson, G. T., Graesser, A., Intelligent Tutoring and Games (ITaG). In Y. K. Baek (Ed.), *Gaming for Classroom-Based Learning: Digital Role-Playing as a Motivator of Study*. Hershey, PA: IGI Global, 2010, pp. 44-65.

Meadows, M., Billington, L., *A Review of the Literature on Marking Reliability*, London: National Assessment Agency, 2005.

Michael, J., Rovick, A., Glass, M., et al.: "Learning from a computer tutor with natural language capabilities", *Interactive Learning Environments*, 11(3), 2003.

Nation, P.: "Improving speaking fluency", *System*, 17(3), 1989.

Pajares, F.: "Self-efficacy beliefs, motivation, and achievement in writing: a review of the literature", *Reading and Writing Quarterly*, 19(2), 2003.

Potovsky, V. A.: "Effects of delay in oral practice at the beginning of second language learning", *The Modern Language Journal*, 58(5-6), 1974.

Robinson, P.: "Task-based language learning: a review of issues", *Language Learning*, 61(s1), 2011.

Rudner, L. M., Garcia, V., Welch, C.: "An evaluation of the IntelliMetric[SM] essay scoring system", *Journal of Technology, Learning, and Assessment*, 4(4), 2006.

Segalowitz, N., *Cognitive Bases of Second Language Fluency*, New York: Routledge, 2010.

Shank, R., Neaman, A., Motivation and Failure in Educational Systems Design. In K. Forbus, P. Feltovich (Eds.), *Smart Machines in Education*. Menlo Park, MA: AAAI Press, 2001, pp. 37-69.

Shute, V. J.: "Focus on formative feedback", *Review of Educational Research*, 78(1), 2008.

Swain, M.: "The output hypothesis: just speaking and writing aren't enough", *The Canadian Modern Language Review*, 50(1), 1993.

Sweller, J., van Merriënboer, J. J. G., Paas, F.: "Cognitive architecture and instructional design", *Educational Psychology Review*, 10(3), 1998.

Towell, R. J., Complexity, Accuracy and Fluency from the Perspective of Psycholinguistic Second Language Acquisition Research. In A. Housen, F. Kuiken, I. Vedder (Eds.), *Dimensions of L2 Performance and Proficiency: Complexity, Accuracy and Fluency in SLA*. Amsterdam: John Benjamins Publishing Company, 2012, pp. 47-70.

Van Hell, J. G. , Tanner, D. : "Second language proficiency and cross-language lexical activation", *Language Learning*, 62(s2), 2012.

VanLehn, K. , Lynch, C. , Schulze, K. G. , et al. : "The Andes Physics Tutoring System: lessons learned", *International Journal of Artificial Intelligence in Education*, 15(3), 2005.

VanPatten, B. , Cadierno, T. : "Input processing and second language acquisition: a role for instruction", *The Modern Language Journal*, 77(1), 1993.

Warschauer, M. , Ware, P. G . : "Automated writing evaluation: defining the classroom research agenda", *Language Teaching Research*, 10(2), 2006.

第九章　语言潜能开发的具身协同效应

　　儿童超常的语言潜能是人类具身协同进化的结果，也是儿童个体具身协同发展的结果。因而，具身协同是语言潜能开发的天然路径。本章聚焦语言天赋与儿童发展的具身协同效应、词汇统计学习中的音与形的具身协同效应以及外语拔尖国际化人才培养的具身协同效应，为具身协同论提供用武之地，同时也反哺中英文认知与教育的具身协同论。

一、语言天赋与儿童发展的具身协同效应

　　语言是人类特有的一种高级神经活动，是儿童阅读能力、学习能力、智力水平及社会适应能力等多方面发展的重要工具，语言天赋与儿童发展具有鲜明的具身协同效应。孩子出生就有语言天赋这一观点源于先天论的理论假说。美国纽约大学脑神经科学家的研究为此假说提供了实证依据。对单卵和双卵双胞胎的研究也发现，人类的语言获得是由基因决定的。正是语言基因决定了语言中枢的神经元数量以及神经联结的复杂程度和可塑性。这从生物遗传学角度来看，在某种程度上语言可被视为人类独有的天赋。当然，后天环境和学习对儿童语言天赋集中爆发的作用也不可忽视。随着词汇量的快速增长，儿童开始进行语言创造。科学开发儿童语言天赋的主要策略包括从关键内容入手、多开展指认—命名或交谈等活动、尊重儿童语言习得的规律、善用母婴语言、让儿童从错误中学习、正视多语学习等。

（一）儿童语言天赋中蕴含着复杂的具身协同效应

　　语言的创造和使用将人类从动物王国中分离出来，这是人类发展史上令人惊叹的伟大进步。2011 年 4 月，新西兰学者昆廷·阿特金森在杂志《科学》上发文指出：人类语言可能起源于 15 万年前。人类学家认为个体发生学概述了种系发生史，即个体的发展说明了物种的进化过程；心理学家提出了"复演说"，即胎儿在母体内的发展复演了动物进化的过程，出生后个体心理的发展则复演了人类进化的过程。学界普遍倾向认为，这两种观点对语言和人类其他方面的发展而言亦可成立。由此可以推断，儿童语言发展是人类语言发展漫长历程的浓缩。儿童能在出生后短短几

年就走完 15 万年的语言演进之路。儿童表现出的这种惊人的语言天赋一直是学界探究的重点和争论的焦点，概括起来主要有三大解释理论，即经验论、先天论和交互作用论。

经验论（也叫学习论、后天环境论、刺激—反应论）强调后天学习和经验的作用，以斯金纳为代表，主张儿童习得语言主要通过模仿和强化，成人用母婴语言对婴幼儿讲话，通过扩充和修正来重塑儿童的原始句子。这一理论强调后天环境的作用，否定语言潜能的存在，因此无法解释婴幼儿模仿语义却能习得语法的问题，也无法解释语言关键期现象，更无法解释婴幼儿语言的创造性，即他们能说出无限多的包括从未听过和说过的句子，会创造出新的词组、句型和符合特定情境的恰当的表达方式。

先天论（也叫先验论）强调先天遗传和生物机制的作用，以乔姆斯基为代表，主张人类天生就有语言习得机制，不同语言具有普遍语法，语言的习得具有敏感期（或关键期），主要通过转换—生成来实现。这一理论可以解释婴幼儿语言的共性、创造性和习得的主动性，婴幼儿可以在任何语言环境中习得任何一种语言。但这一理论低估了语言环境和历史文化的作用，没有解释语言习得机制的运作以及语言创造的机制。

交互作用论（也叫认知论），以皮亚杰（Piaget）为先驱，确认语言发展来源于生理成熟、认知发展和不断变化的语言环境及非语言环境之间的相互作用，尤其是认知结构的动态建构对语言发展的作用，强调先天认知机制（而非乔姆斯基的语言习得机制）和环境影响的相互作用共同决定语言发展的进程。这一理论吸收了经验论和先天论的合理成分，承认先天和后天相互作用是语言发展必不可少的因素，但有折中之嫌，依旧没有解释清楚先天与后天是如何交互作用的，更没有说明经验论的经验积累机制和先天论的语言创造机制。

由此可见，三大基本理论都从某一方面揭示了个体语言发展的关键要素，都有其合理的一面，但也都存在各自的局限性，许多问题还停留在理论假设水平，未能通过实证得到明确答案，许多观点还没有形成统一共识，甚至还存在争论和对立。因此，难免导致当前婴幼儿语言发展与教育理论和实践中的各种偏向，甚至是认识上的混乱。比如，新生儿语言潜能到底有多大？婴幼儿快速并高质量地习得母语是先天能力的体现还是后天的语言环境在发挥决定性作用？早期语言开发会促进婴幼儿心智发展还是会加重认知负担？早期教育如何对待普通话、方言和外语？这些基本问题不仅是学术研究亟须深入探究的，也是政策制定和实践创新亟须澄清的。

帮助儿童学习语言可以促进认知技能发展，使儿童及早参加社会互动和吸取信息。据统计，有 5%～10% 的儿童在入学后，会遇到语言发育相关的学习困难，出现言语障碍以及特殊语言障碍。因此，无论从理论还是实践层面，都亟须从科学角度深入探究，以免产生误解或步入误区，给儿童和社会造成不可逆转的损失。

(二)具身协同效应使儿童出生就有语言天赋

儿童出生就有语言天赋，这是典型的语言先天论的主张，这一理论是思辨的产物，被认为是一种理论假说。先天论认为语言是遗传天赋的一部分，各国儿童之所以能在出生后短短的几年内掌握如此复杂的语言，就是因为人类的认知结构中存有一种与生俱来的语言习得机制，即人类先天具有一种"普遍语法"。语言获得过程就是由普遍语法向个别语法转化的过程。语言结构的普遍特征与其说反映了人的经验过程，不如说反映了人获取知识的能力的普遍特性，从传统意义上说，也就是人的天赋观念和先天原则。乔姆斯基在批判经验论时指出，把一项复杂的人类成就完全归因于数月(或数年)的经验，而不是归因于数百万年的进化，或不是归因于牢固地建立在自然法则基础之上的神经组织原则，这是毫无道理的。值得注意的是，先天论并不是单纯强调语言的先天性，同时也注意到后天刺激的作用，主张语言天赋只有在特定的成熟阶段和适当的外部环境下才能显现出来。

尽管乔姆斯基提出的普遍语法理论有低估环境和后天教育的作用、忽略语言的社会性的弊端，但其合理成分还是被实践和被越来越多的实验所证实。美国纽约大学的脑神经科学家的研究发现提出了新证据，为乔姆斯基的理论提供了支持：我们拥有"内部语法"，使我们甚至能够理解无意义的短语。纽约大学心理系高级研究员戴维·波佩尔教授(David Poeppel)解释说，我们将成串的单词变得有意义，是因为我们的大脑将单词按分层的方式组合成句子成分，这个加工过程反映出内部语法机制。该研究基于乔姆斯基 1957 年发表于杂志《自然神经科学》的文章《句法结构》。《句法结构》提出，像"Colorless green ideas sleep furiously"这样的句子语法正确但没有意义。虽然单词之间不存在统计关系，但我们人类拥有的句法能力可以让我们识别出这种没有意义的句子，区分语义的正确与否。一些神经科学家和心理学家反对这种观点，认为我们的理解并非源于内部语法，而是建立在单词之间的统计计算和句子结构的声音线索双重基础之上。与此相反，许多语言学家坚称，分层结构的建造是内部语法言语加工的核心特点。为澄清这一争论，研究者探索了语言单位在言语理解中是如何在大脑里表征的。为此，法兰克福马克斯·普朗克经验美学研究所开展了一系列研究。

国外科学家发现婴儿在出生前就开始学习语言。以前，研究人员认为新生儿在生命的最初几个月内开始区分言语声音，但一项研究表明，在最后 10 周的孕期内，他们已经具有从妈妈那里学习和记忆基本言语声音的能力。这项研究负责人、美国太平洋路德大学心理学教授克丽丝汀·摩恩表示：我们已经知道婴儿在出生前会通过倾听妈妈的说话声开始学习声音，但这项研究表明婴儿在出生前就开始学习妈妈言语的特定语音。参与这项研究的科学家、美国华盛顿大学学习与脑科学研究所负责人库尔表示：我们知道婴儿出生时就有学习能力，但现在我们认为他们甚至在更早的时候就开始学习。我们想知道是什么魔力使他们在儿童早期做到这一点。我们不能浪费早期好奇心，妈妈最早影响了孩子的大脑。妈妈说话时的元音声是最重要的因素，它们对胎儿的影响最大。有研究证实，早在母亲体内时，婴儿就开始了对语音的学习。新生儿会对自己出生前听到过的母亲的声音、故事以及歌曲产生偏好。

婴儿一出生，大脑左半球就对语言的一些方面很敏感。在生命的第一天，言语的声音已能引发婴儿大脑左半球较多的电活动，而音乐和其他非言语的声音则引起大脑右半球较大的活动。在生命的最初几天和几周，婴儿非常擅长辨别重要的语音差异。这些发现表明，新生儿天生就有语言知觉，已经准备好分析言语这样的声音。研究表明，在妊娠期最后三个月，听妈妈读熟悉的故事和新故事时，胎儿的心跳频率会发生变化。这清楚地表明，对言语声音的学习在出生前就已经开始了。事实上，如果从分娩前 6 个星期开始让妈妈经常朗读一小段故事，那么孩子出生后，每当听到妈妈读这段故事，而不是说其他话时，他们吸吮的速度就会加快，强度也会增加。这表明婴儿出生前能够透过子宫壁听到妈妈的声音。

语言如此复杂，普通的儿童却能在年幼时自然地学会说话，据此，早在 20 世纪 60 年代，科学家就猜测人类拥有与语言能力有关的独特基因。20 世纪 90 年代，牛津大学威康信托人类遗传学中心及伦敦儿童健康研究所的科学家对一个患有罕见遗传病的家族中的三代人进行了研究，这个家族被研究者称作"KE 家族"，其 24 名家族成员中，约半数无法自主控制嘴唇和舌头，阅读存在障碍，而且记不住单词，不能理解和运用语法，难以组织句子。该家族三代人都存在的语言缺陷使科学家相信是他们身体中的某个基因出了问题。最初，科学家把这个基因叫作"语法基因"（即"KE 基因"）。尽管揭示人类语言能力的奥秘还需要获得更多的遗传信息，但这个家族的机能缺失现象表明了基因对人类语言能力的重要意义。牛津大学的遗传学家安东尼·摩纳哥（Anthony Monaco）和他的研究小组寻找了几年，直到 1998 年，他们才把范围缩小到 7 号染色体区域，而这个区域内存在约 70 个基因。一个叫"CS"的英国男孩的出现使他们的研究发生了历史性飞跃。他虽然和"KE 家族"没有任何亲缘关系，但患有类似的疾病。通过两者基因的对比，研究者发现，一个被称为"FOXP2"的基因在这个男孩和"KE 家族"的身上同样遭到破坏。于是，"FOXP2"基因有了一个名副其实的称呼——语言基因。已经有足够的研究成果揭示出语言与基因之间的确存在着千丝万缕的联系。这也从生物遗传学角度说明，在某种程度上语言可被视为人类独有的天赋，证明"普遍语法"或语言习得机制有其生物学基础。

（三）语言天赋在儿童早期通过具身协同效应集中爆发

乔姆斯基认为，儿童与生俱来就装备了学习某一语言的先天原则（普遍语法），这些原则使儿童在极短的时间能以成人无以比拟的速度学会语言。根据"个体发生学"和"儿童发展复演说"，儿童可以学会人类语言中的任意一种或多种。20 世纪 70 年代一个具有里程碑意义的研究揭示了在早期发展中，跨语言的幼儿更容易区分几乎所有的语音。这是婴幼儿语言天赋爆发的第一"引爆点"。

人类的语言首先以语音的形式形成，语音在语言中起决定性的支撑作用。语音感知是语言学习的初始阶段，形成对母语语音的特异性感知是婴儿早期语言获得过程中的首要任务。全世界的语言包含着大约 200 个元音和 600 个辅音，每种语言使用了一个包含大约 40 个语音的子集。初生婴儿的主要任务就是在习得词语前，先从这些元音和辅音中过滤出自己母语所使用的、具有区别功能的 40 个语音。研究者还发现，刚出生的婴儿就对自己的母语存在感知偏好。比如，穆恩（Moon）等人利用高频振幅吸吮的方式研究了婴儿对母语和非母语语音的偏好，结果表明婴儿都愿意更长时间倾听母语。[①] 不仅如此，新生儿还对语音的物理声学边界有着惊人的感知能力，远强于拥有同种母语的成人。他们能够区分仅有细微声学差异的语音，并对世界上所有语言中存在的语音具备感知能力。

---

① Moon, C., Cooper, R. P., Fifer, W. P.: "Two-day-olds prefer their native language", *Infant Behavior and Development*, 16(4), 1993.

　　新生儿在出生后早期就能够区分人的语音声和自然界的非语音声，并对人的声音表现出特殊的偏好。虽然新生儿能够区分人的语言和其他声音(合成音或白噪声等)，但无法辨别语言和与语言属性接近的哺乳动物(如猕猴)的叫声。随着婴儿对语言熟悉度的增加，以及对不同属性声音投注的注意力的加强，婴儿逐步形成将人的语言从哺乳动物的叫声中区分开来的能力。研究表明，随着年龄增长，婴儿对所暴露环境中的语言(母语)的听觉感知能力逐渐增强，并趋于对拥有某些特质(快速频率变化、辅音元音交替)的语音投入更多的注意，从而逐渐开始学会认识自己的名字，听懂一些简单、熟悉的词语。德瑞格里(DeRegnier)等人对新生儿进行 ERP 测试发现，新生儿听母亲声音(熟悉刺激)时能诱发出波幅更高的 P2 脑波，而听陌生人声音(陌生刺激)时则诱发出一个更大的负性慢波，表明新生儿已能快速区分熟悉、不熟悉的语音，并具备探测新奇刺激的能力。5 个半月到 8 个月的婴儿对于音素和音节之间的序列关系敏感。6 个月婴儿就能把特定的词与特定的个人联系起来。这表明婴儿可能会在将称呼与其社交圈中重要个人进行联系的过程中开始形成自己的词汇库。7 个月大的婴儿已经能够分辨两种文法结构截然不同的语言，并开始对这两种语言进行学习。研究表明，双语环境中的婴儿会根据音高与发音时间长短来区分两种具有不同词序的语言。

　　《科学》杂志曾经发表了 Jenny 等人的一项成果。他们采用 Jusczyk 和 Aslin 编制的熟悉—偏好程序，研究 8 个月婴儿能否仅仅依靠对连续话语声音的顺序性统计特点提取出关于单词之间边界的信息。选取了美国英语环境下的 24 个 8 个月婴儿，将他们暴露于将要学习的听力材料之中，然后对这些婴儿呈现两种刺激：一是熟悉的材料里包含的项目，二是与熟悉的材料高度相似但是熟悉的材料里没有的项目。在紧跟熟悉化训练后的一系列测试中，婴儿通过持续注视闪光信号灯来控制每次测试的时间长度。研究人员运用该程序来判定婴儿是否能从短暂暴露于言语声音中习得其音序的统计特点。结果显示，单词和非词刺激之间呈现显著差异，即婴儿对非词专注(倾听)时间更长。这种新异性偏向或称去习惯化效应表明，8 个月婴儿能够仅仅在 2 分钟倾听体验后提取出系列—顺序性信息，提取出有意义单词的顺序性统计信息。这意味着婴儿具有计算语言输入的统计学特点的强大机制，该机制不仅能支持单词切分，也能支持语言习得的其他方面。而这个机制不论是先天的还是后天学习生成的，有一点是毋庸置疑的，那就是婴儿语言习得能力远远超过了人们的预期。

　　9个月以前的婴儿对于音位结构模式看起来更为敏感，9个月大的婴儿可以考虑通过有关新语言的简短实验经历来学习新的音位结构模式，到1岁时，他们能听懂数百个单词，并会说若干个有意义的词语，其语言能力获得了长足的发展。到了9个月，婴儿就期望不同形状的物体必须用不同的可数名词来标记。在此年龄段，婴儿也开始对命令做出正确的反应。因此，对词的理解在9个月时就已经发展起来。婴儿能在10个月左右学会简单的单词，这一时间比人们原先认为的要早。婴幼儿通常在10～14个月说出第一批具有真正意义的词。在词汇发展阶段的后半期（约18个月），词汇量表现出急剧增长，即"词汇爆炸"。婴幼儿学习的新词以每周10～20个的速度增加，17个月的幼儿能表达100个词左右，而30个月的幼儿能表达的词超过500个。在6岁左右，儿童学习的词（包括派生词等）超过14000个，可见婴幼儿学习新词的巨大潜能。

　　创造性是婴幼儿语言天赋爆发的另一集中表现。创造性是语言最突出的本质特性。婴幼儿一旦具备了语音和词汇基础，就会表现出语言的创造性。婴幼儿从几个单个而无意义的发音起步，逐渐发展出数千个有意义的听觉符号，继而这些符号按照语法规则组合起来，就产生了无数的信息，体现了语言的创造性。语言不仅用于交流，还是创造的工具，儿童所说的大部分话都不只是他们以前听过或说过的话的重复，他们会根据需要，现场即兴创造出许多新奇的内容、新的信息。"敏感期"是婴幼儿语言天赋凸显的关键期。在生命早期学习第一语言比较容易，如8～16个月是婴幼儿语言理解的快速发展期，8个月婴儿已经开始对听到的语言产生反应，16个月时已经可以听懂相当数量的短句，会用简单的方式来表达需求。在2.5～5岁，儿童的语言变得与成人非常相似。同样，在生命早期学习第二语言也比较容易。双语婴幼儿尽管有时候会很容易混淆双语的发音，会将一种语言的语法和词汇用到另外一种语言中，但到了3岁，他们就会清楚地意识到两种语言相对独立的系统。儿童早期可以在学会母语之后习得第二语言，也可以在第二语言上获得与母语相近的语言技能。诚然，上述研究成果是国外研究者基于其本土环境与文化取得的，尚未得到我国本土化的验证，但也不乏参考和借鉴价值，对我们如何促进婴幼儿早期语言能力的发展不无启示。

（四）如何科学发展儿童早期语言天赋

　　语言发展既需要先天生物学基础，也需要后天环境的激发和强化，更需要二者之间的协作互动。基于上述婴幼儿语言天赋的研究发现，本研究提出如下科学发展儿童早期语言天赋的主要策略。

1. 从关键内容入手

婴幼儿说出的第一批单词大都指代他们曾经操作过的物体或者参与过的活动，也就是他们通过感觉运动图式所理解的某些经验。比如，汉语儿童掌握的第一批单词包括"奶、蛋、鞋、娃娃、积木、狗、猫和汽车""抱、睡觉、吃、亲(吻)和笑"等。研究发现，婴幼儿最初习得的要么是指代婴幼儿经常摆弄的物体的单词(如球、鞋)，要么是指代自己能够移动的物体的单词(如玩具汽车、火车)，要么是指代熟悉动作的单词(如来、吃)。

总之，婴幼儿说得最多的是他们已经通过自己身体的感觉运动理解了的内容。一般而言，婴幼儿理解和表达的先是名词，其次是动词。而当词汇量过百时，婴幼儿就必须想办法将这些词组织起来，变成他人可以理解的言语。研究证明，语法复杂程度随词汇量的增长而增加。这样，围绕身体感觉运动的词、句子、话题发展开来，语言即可步入发展的快车道。

2. 用好指认——命名

在词汇爆炸期，单词学习的速度显著提高。这些新单词通常聚焦在"命名"上，也就是说，词汇爆炸主要表现为命名爆炸，这时的婴幼儿似乎已经深深意识到，每件事物都有自己的名称，因此他们想学会所有的名称。这时，婴幼儿还不能完全用言语表达，主要是用手指，因此善于采用指认—命名策略，这不仅可以满足婴幼儿指认事物的欲望，更有助于迅速扩大其词汇量。

3. 交谈是关键

尽管婴幼儿有语言天赋，但仅仅听他人谈话，还是很难习得语言的，必须积极参与到语言使用中。研究发现，婴幼儿只是看大量电视节目，也不一定保证学会单词或语法。经常参与使用语言的社交互动，对于掌握语言来说更为重要。因此，婴幼儿与成人尤其是母亲之间的互动和交流，对于婴幼儿在语言形成过程中取得进步至关重要，尤其是在生命最初的几年，在咿呀学语的阶段，互动越多，婴幼儿的语言能力越好，发音更准确有力。可见，早期的练习是很重要的，最好让婴幼儿一直处于成人和其他儿童的陪伴下，处在有着动听、清晰的声音环境之中，被动听的效果远远比不上主动交谈。

4. 注重"规律"

婴幼儿语言学习上存在两大规律。第一，统计学规律。婴幼儿大量接收反复听到的词组或句子，并用统计方法学习语言。这一点已经被《科学》杂志上发表的有关"婴儿8个月运用统计方法学习语法"的研究成果所证实。第二，结构排列规律。Mareus等人发现，7个月的婴儿能学习抽象的声音排列模式，如他们给7个月的婴儿编了些简单的、按ABA或ABB结构排列的句子，结果显示即使句子中具体字词有改变，婴儿也能判断出句子的结构。这两大规律告诉我们，为促进婴幼儿语言天赋的发展，一是要根据婴幼儿的生活场景，按词频由大到小增加刺激量，促进语言的统计学习；二是要注意语言信息的结构和形式规律，激发语言学习的结构排列效应。

5. 善用母婴语言

母婴语言也叫儿童指向型语言，即父母或其他成人同婴幼儿讲话时使用的非常短小、简单的句子，甚至是字词。同婴幼儿讲话时，成人不仅讲得慢、音调高，经常重复，而且会强调关键词语（通常是指代物体或活动的单词），许多时候还吸收了婴幼儿语言的叠字成分。这样，正规成人语言与婴幼儿还未成熟的语言之间就架起了一道桥梁，语言学界称之为"中介语"，它在婴幼儿语言发展中发挥着不可替代的中介作用，符合最近发展区原理。遗憾的是，理论和实践界都存在着成人要用规范语言与婴幼儿交谈的说法和做法，其出发点是避免不规范语言的输入。一系列研究证明，儿童并不能通过直接模仿成人的语言而习得语法规则，父母用儿童指向型语言讲话的主要目的是与儿童进行有效的沟通。因此，婴幼儿语言教育也要善于运用儿童指向型语言，注意由简到繁的过渡性，避免中介语"石化"现象。

6. 让儿童从错误中学习

2岁左右，儿童在规则或者策略的引导下，创造出成人单词的简化版（如把喝水说成水，把shampoo说成poo），这些早期的发音简化导致的错误因生理成熟度的限制而具有跨语言共性。从发音错误到正确的过程，恰恰是儿童从语音错误中学习、发展语言天赋的过程。儿童指向型语言带来的"中介语"也体现了从不规范语言向规范语言的过渡。在此过程中，儿童在单词、句子使用中常出现"过度泛化"（如将所有四条腿、长毛的动物泛称为狗）和"过度规则化"（如认为所有包含"青"的字都发"qing"的音）的错误。这就要求儿童提升对字词含义的理解能力，将狗与猫、兔子、猴子等区分开来。"电报式言语"的不断丰富、完善，也属于从不规范甚至是错误中学习的典型。只有通过扩展、修正、完善等，将儿童的语言创造性所导致的错误变为儿童学习提高的机会，而不是尽量预防和避免这些错误，也不是要求一步到位使用成人规范语言，儿童语言才会充分体现出创造性的活力，才能真正快速发展。

7. 正视多语的学习

Hakuta 研究指出，双语儿童在语言知识测验和一般智力测验上的成绩显著低于单语儿童。进入 21 世纪后的研究则发现此前的研究是有严重缺陷的，因为它们所选择的双语儿童通常是社会经济地位较低的第一代或第二代移民，其本身不是很精通英语，而且他们所参加的测验是用英语而不是用他们最精通的语言来实施的，与他们形成对照的单语儿童则来自社会经济地位较高的家庭，英语是其主要的语言。新开展的研究证明，学习外语可以促进大脑语言相关区域生长。双语者从一种语言切换到另一种语言并没有显著增加认知负担。早期接触多语环境可以促进有效交流。可见，正确认识和运用双语、多语，对婴幼儿语言天赋的开发及认知发展的促进的益处值得期待。

二、词汇统计学习中音与形的具身协同效应

统计学习是当前语言学习乃至儿童认知发展方面的热点研究课题。[1][2] 人类学习者会对其周边语言环境构成的结构高度敏感。统计学习是指提取该结构的过程，这个结构决定了信息存取的最优化组合形式，在语言习得方面包括字音、字形、语法等的构成机制。以往的研究仅从单一的角度来考虑，如单从字音[3][4]或单从字形[5][6]的角度进行分析。虽然在字音和字形的统计学习规律上以往的研究都已取得了长足的、前沿的、突破性的发现，但是都从某一种语言（如英语或汉语）的输出信号出发，无法摆脱本语言文字自身的语言学特征，如英语是表音文字，汉语

[1] Misyak, J. B., Christiansen, M. H.: "Statistical learning and language: an individual differences study", *Language Learning*, 62(1), 2012.

[2] Xu, F., Tenenbaum, J. B.: "Word learning as Bayesian inference", *Psychological Review*, 114(2), 2007.

[3] Romberg, A. R., Saffran, J. R.: "Statistical learning and language acquisition", *Wiley Interdisciplinary Reviews: Cognitive Science*, 1(6), 2010.

[4] Wojcik, E. H., Saffran. J. R.: "The ontogeny of lexical networks: toddlers encode similarity structure when learning novel words", *Psychological Science*, 24, 2013.

[5] Lew-Williams, C., Saffran, J. R.: "All words are not created equal: expectations about word length guide infant statistical learning", *Cognition*, 122(2), 2012.

[6] He, X. J., Tong, X. L.: "Statistical learning as a key to cracking Chinese orthographic codes", *Scientific Studies of Reading*, 21(1), 2017.

是表意文字，各自字音和字形的作用肯定不尽相同，因此众多发现不具有可扩展性，尚未有研究能够揭示词汇统计习得中普遍适用的规律。

（一）词汇统计学习音形之间的关系

词汇学习就是一个归纳认知的过程。建构主义的学习认知观认为，这一归纳认知是一种积极的内化过程，学习者依靠自己接受的知识去建构新的思想和概念。[①] 从语言学习的角度，内在的视觉和听觉技能对这一知识构建过程起着中介或调节作用。在不同的关键期，人们的视觉和听觉学习能力不同，因而词汇习得的侧重点和习得的结果就不同。成人和儿童语言信息通道输入的效果不同，那么第二语言词汇习得的统计学习规律是受字形输入影响的还是受字音输入影响的呢？这是本研究的关键问题。揭示这一关键问题，即第二语言词汇习得的输入形式在成人和儿童不同群体中如何作用，可以为词汇习得的教育手段提供实证依据。对词汇习得的统计学习规律进行视觉通道的字形输入和听觉通道的字音输入的对比分析，可以帮助我们推进第二语言习得的独特年龄效应的理论。我们选择了两组群体：处于语音敏感期的 5 岁左右的儿童和 18 岁以上的大学生。

1. 词汇统计学习的规律

词汇习得的统计学习规律是什么？这里有两个规律，假设淘汰和关联学习。在对词汇学习内部统计规律的研究中，最流行的算法是假设淘汰法，这是数据挖掘中的概念学习算法，应用于早期人工智能的机器概念学习。在假设淘汰法框架下，学习者会将概念与词配对，建立语义假设，学习者通过对不正确的假设的排除，以及对先验知识和词汇使用情境的观察，最终建立一致性的单一假设。

建构主义强调，通过经验积累，建立关联学习的机制，由从上自下的推导总结出规律。词汇学习的目的不仅仅是将世界万物分割成单一成分，而且是建立起来一个相互重叠的语言认知系统，系统的内部具有独立的语言标识。从例子中推论的单词含义可能是分级的，需要根据学习者的经验和外界的干扰，根据语用和目的推理，为所观察的例子建立一个相关交流语境。

Xu 和 Tenenbaum 在 3～5 岁儿童中进行词汇统计学习的实验，发现了三组不同范畴的词中，存在上义、下义和基础义的层次效应。其中，基础义学习后儿童对词的熟悉度最高，随后是下义，上义学习后儿童对

---

① Bruner, J., *Acts of Meaning. Cambridge*, MA: Harvard University Press, 1990.

词的熟悉度最低。[①] 之后，他们用贝叶斯统计模型模拟了这一规律。[②] 后来，Kushnir、Xu 和 Wellman 在加拿大亚裔儿童中重复进行了类似的测试，验证了同样的规律。[③] 但是研究者没有对刺激呈现的方式进行区分，没有进行字音或字音＋字形的输入实验对比，发现的统计学习规律的层次效应和范畴效应是否还会在不同的输入条件下有所不同、在成人群体中效果如何，这些都尚待揭示。

因此，本研究的第一个假设是，在不同的输入条件下（字音与字音＋字形），在儿童与成人群体中，已有的统计学习规律同样存在，只是效应大小不同。

2. 字音和字形输入差异对二语习得规律的影响

语音意识是指儿童对于语言音素的操作能力，如果对语音音素没有敏感意识，就很难将语音转换成有意义的语言形式。[④] 但 Liberman 等人早就认为，由于音素不能彼此机械地独立存在，而且儿童对音素的加工是内隐的，尚未外显出来，儿童在尚未形成很好的阅读能力之前，语音意识是无法正常发挥的，继而也就不能形成很好的阅读能力，因此在儿童没有形成良好的解码能力之前，精确的语音意识是影响儿童语言能力发展的。[⑤]

在对第二语言词汇习得的统计学习规律的研究中，尚未有统一的实证依据来验证字形和字音训练或刺激是否对词汇习得有不同的效果。零散的研究从不同程度上说明了字形和字音输入条件在不同年龄群体中产生的效果。Hayes-Harb、Nicol 和 Barker 在以英语为母语的成人群体中使用了符合拼写规律和不符合拼写规律的假字，分别用字音和字形的呈现方式，然后进行记忆力测试，发现了在不符合拼写规律的条件下的字形干扰效应，这说明字形效应对词汇学习起着关键作用。[⑥] Lafontaine 等

① Xu, F., Tenenbaum, J. B.: "Word learning as Bayesian inference", *Psychological Review*, 114(2), 2007.

② Xu, F., Tenenbaum, J. B.: "Sensitivity to sampling in Bayesian word learning", *Developmental Science*, 10(3), 2007.

③ Kushnir, T., Xu, F., Wellman, H. M.: "Young children use statistical sampling to infer the preferences of other people", *Psychological Science*, 21(8), 2010.

④ Wagner, R. K., Torgesen, J. K.: "The nature of phonological processing and its causal role in the acquisition of reading skills", *Psychological Bulletin*, 101(2), 1987.

⑤ Liberman, I. Y., Shankweiler, D. P., Liberman, A. M., et al., The structure and Acquisition of Reading: Ⅱ. The reading Process and the Acquisition of the Alphabetic Principle. In A. S. Reber & D. L. Scarbortough (Eds.), *Toward a Psychology of Reading*. Hillsdale, NJ: Erlbaum, 1977, pp. 207-225.

⑥ Hayes-Harb, R., Nicol, J., Barker, J.: "Learning the phonological forms of new words: effects of orthographic and auditory input", *Language & Speech*, 53(3), 2010.

人在成人被试中,用ERP探测控制良好的字音和字形两组刺激,发现在字音判断任务中,字音效应出现较早,并逐渐消失,然而字形效应会持续出现,并且随着时间进程逐渐增强。[1] 这一脑电研究从神经机理上说明了字形效应的深层机理。

在对成人和儿童在字音和字形输入条件下学习效果方面的对比研究中,儿童表现出了更强的视听双通道字音知觉的可塑性,而成人没有表现此效应;在英语[2]和汉语[3]刺激下,结果相同。但是对于信息的整合输入,即在字音输入与字音+字形输入条件下是否具有不同的效应,尚待揭示。相关研究表明,整合的输入方式能促进成人的第二语言认知[4][5],也就是说在字音和字形整合输入时,其统计习得效果会比在单一的语音输入时更好。

按照以上逻辑,本研究的第二个假设是有关字音和字形输入条件下的效果差异假设。本实验设计人工语言的字音(音)输入和字音+字形(音+形)输入。在某种程度上,儿童和成人在词汇的统计学习上都存在字形输入的促进效应,只是在儿童和成人中的效应不同而已。

(二)研究目的

本研究的目的就是依据儿童或成人对于词汇习得的一个理性的推理统计原则,分析在前语言阶段的儿童和在语言习得成熟阶段的成人对于不同种类的语言刺激(音和音+形)的具身协同效应如何影响词汇习得的熟悉度。我们设计了一种特殊的人工语言,这种人工语言同时具有拼音文字和音节文字的发音特点,同时还具有西文和中文的字形书写特点。由于本研究的目的是发现第二语言词汇习得的统计学习规律,因此我们制定了特殊的人工语言的字形库和字音库,与同一概念的不同语义范畴的图片进行配对,旨在揭示第二语言的词汇在不同的输入模态(音和音+

① Lafontaine, H., Chetail, F., Colin, C., et al.: "Role and activation time course of phonological and orthographic information during phoneme judgments", *Neuropsychologia*, 50 (12), 2012.

② 李燕芳,董奇:《汉语母语儿童和成人视听双通道英语语音知觉的训练研究》,《心理发展与教育》2009年第1期。

③ 姜薇,张林军,舒华:《汉语语音范畴性知觉在儿童早期阅读中的作用》,《心理发展与教育》2015年第3期。

④ Guan, C. Q., Liu, Y., Chan, D. H. L., et al.: "Writing strengthens orthography and alphabetic-coding strengthens phonology in learning to read Chinese", *Journal of Educational Psychology*, 103 (3), 2011.

⑤ Guan, C. Q., Perfetti, C. A., Meng, W. J.: "Writing quality predicts Chinese learning", *Reading and Writing: An International Journal*, 28(6), 2015.

形)下，不同范畴(上义、基础义、下义)习得的统计学习规律。

(三)研究方法

1. 被试

49个儿童(25个男生，24个女生)参加实验，平均年龄5岁。由于儿童中有9个儿童不听从指令造成数据无法分析，儿童被试的实际人数为40个。40个成人大学生(20个男生，20个女生)自愿参加实验，平均年龄19.8岁。其中，字音组和字音＋字形组各20人，每组的男女比例接近1∶1。

2. 实验材料

实验材料是45张图片(其中包含21张学习图片和24张测试图片)和8张干扰图片。

将21张学习图片按照上义范畴(蔬菜、交通工具和动物)分为三组，每组包含7张图，分别是上义图2张、基础义图2张、下义图3张。在学习这21张图片时采用两种方式：一种是标注字形，另一种是不标注字形直接听字音。

将24张测试图片分为三组，每组包含8张图，分别是上义图4张、基础义图2张、下义图2张。

3. 学习条件

有两种学习条件，单一字音训练和字音＋字形训练。单一字音训练下，被试直接听字音来学习；字音＋字形训练下，被试学习时听字音和看字形同时进行。将字形标注在图片上，被试通过学习图片进行字形的学习。字形是按照构词法原则设计的，在单个例子和三个例子的下义、基础义和上义的图片上，第二个字形是一样的。一共学习21张图片。

4. 实验程序

①成人字音＋字形组。第一阶段：标注字形的图片被用于训练阶段。首先呈现的三个刺激是红椒、白色公共汽车和狗的图片；接下来的三组刺激是与第一次呈现的三个刺激相对应的下义、基础义和上义的图片，这三组刺激分别在对应的精准度上有所区别。第二阶段：熟悉度判断任务，要求被试对测试图片的熟悉程度进行打分，1表示非常不熟悉，9表示非常熟悉。判断任务在学完所有图片后进行。

②成人字音组。第一阶段：不标注字形的图片被用于训练阶段。首先呈现的三个刺激是红椒、白色公共汽车和狗的图片；接下来的三组刺激是与第一次呈现的三个刺激相对应的下义、基础义和上义的图

片。第二阶段：熟悉度判断任务，要求被试对测试图片的熟悉程度进行打分，1表示非常不熟悉，9表示非常熟悉。判断任务在学完所有图片后进行。

③儿童组也同成人组一样分为字音和字音＋字形组，只是呈现和测试的方式不同。首先呈现的三个刺激是红椒、白色公共汽车和狗的图片；接下来的三组刺激是与第一次呈现的三个刺激相对应的下义、基础义和上义的图片。熟悉度判断任务，每呈现一个刺激所对应的下义、基础义和上义的图片后，紧接着进行测试。图片的呈现是随机的。

5. 实验设计

由于儿童和成人的实验程序不一样，本研究中年龄不作为数据分析的组间变量。采用2(学习条件：字音、字音＋字形)×2(例子数量：1个、3个)×3(词汇范畴：动物、交通工具、蔬菜)×3(词汇层次：上义、基础义、下义)四因素混合设计，其中，学习条件为组间变量，例子数量、词汇范畴和词汇层次均为组内变量。成人组的因变量为对图片的熟悉度评分；对于儿童组，判断图片是否学习过，用是(1分)和不是(0分)计算，以判断为"是"的图片百分比为因变量。

(四)结果

在儿童组中，学习条件主效应显著[$F(1, 38)=60.77$, $P<0.001$, $\eta^2=0.62$]，例子数量主效应显著[$F(1, 38)=8.44$, $P=0.025$, $\eta^2=0.33$]，词汇层次主效应显著[$F(2, 76)=18.26$, $P=0.026$, $\eta^2=0.25$]，词汇范畴主效应不显著[$F(1, 38)=1.94$, $P=0.067$, $\eta^2=0.006$]，词汇层次×学习条件交互效应显著[$F(2, 76)=12.41$, $P<0.001$, $\eta^2=0.52$]，例子数量×学习条件交互效应边缘显著[$F(1, 38)=55.56$, $P=0.051$, $\eta^2=0.46$]，例子数量×词汇范畴×学习条件交互效应显著[$F(2, 76)=61.64$, $P=0.023$, $\eta^2=0.82$]，例子数量×词汇层次×学习条件的交互效应显著[$F(2, 76)=46.57$, $P<0.001$, $\eta^2=0.82$]。

在成人组中，学习条件主效应显著[$F(1, 38)=5.899$, $P=0.019$, $\eta^2=0.97$]，例子数量主效应显著[$F(1, 38)=86.28$, $P<0.001$, $\eta^2=0.652$]，词汇层次主效应显著[$F(2, 76)=312.67$, $P<0.001$, $\eta^2=0.87$]，词汇范畴主效应不显著[$F(1, 38)=0.44$, $P=0.091$, $\eta^2=0.23$]，词汇层次×学习条件交互效应显著[$F(2, 76)=11.20$, $P<0.001$, $\eta^2=0.87$]，例子数量×学习条件交互效应显著[$F(1, 38)=14.18$, $P<0.001$, $\eta^2=0.24$]，例子数量×词汇范畴×学习条件交互效应显著[$F(2, 76)=13.39$, $P=0.017$, $\eta^2=0.23$]，例子数量×词汇层次×学习

条件的交互效应不显著[$F(2，76)=0.369$，$P=1.609$，$\eta^2=0.009$]，例子数量×词汇范畴×词汇层次×学习条件的交互效应显著[$F(4，152)=3.27$，$P=0.029$，$\eta^2=0.066$]。

首先，学习条件的组间主效应显著，儿童组和成人组的效应正好相反。整体而言，对于儿童组而言，字形＋字音组对图片的熟悉度（21%）要显著高于字音组（18%）；对于成人来说，正好相反，字音组对图片的熟悉度（5.6）显著高于字形＋字音组（4.8）。

其次，无论是在利用下义、基础义还是上义的图片的学习中，字形＋字音组对单个例子和三个例子的基础义图片的熟悉度要高于字音组，这个结果仅适用于儿童组。在成人组中，字形＋字音组的熟悉度要低于字音组。在利用基础义图片的学习中，对下义和基础义图片的熟悉度字形＋字音组高于字音组。这个结果同样适用于儿童组和成人组。在儿童组中，学习单个例子后的熟悉度（21%）要低于学习三个例子后的熟悉度（25%）。

另外，儿童（或成人）在不同词汇层次（上义、基础义、下义）上熟悉度存在差异。在基础义上，熟悉度最高（分别是儿童36%、成人6.2%）；下义次之（分别是儿童28%、成人5.7%）；上义最低（分别是儿童10%、成人5.2%）。

最后，虽然从绝对值来看，对单个例子和三个例子的各种层次目标词的学习熟悉度，单一字音输入条件下下义词的得分都较高，但是与字形＋字音输入条件相比不具有显著性差异，反而是字形＋字音输入条件下对三个层次目标词的学习熟悉度都有提升。具体结果见表9-1和表9-2，由于没有词汇范畴效应，因此数据取三个范畴的平均值。

表 9-1　儿童在两种学习条件下四种不同例子提示下
对三种层次目标词的熟悉度百分比

目标词	字形＋字音				字音			
	1个例子	3个下义	3个基础义	3个上义	1个例子	3个下义	3个基础义	3个上义
下义	45.36	47.36	47.36	19.86	50.68	50.68	44.10	21.53
基础义	18.06	18.75	26.39	15.28	11.11	9.72	27.78	2.78
上义	2.08	2.08	2.08	2.08	0	0	0	0

表 9-2 成人在两种学习条件下四种不同例子提示下对

三种层次目标词的熟悉度平均值

目标词	字形＋字音				字音			
	1个例子	3个下义	3个基础义	3个上义	1个例子	3个下义	3个基础义	3个上义
下义	4.7	7.0	7.0	6.5	6.1	7.3	7.6	6.9
基础义	2.7	5.0	7.0	6.0	4.3	5.4	7.3	6.0
上义	1.6	2.0	3.5	3.3	2.3	5.2	4.0	5.3

(五)讨论

整体研究发现，统计学习效应在成人和儿童中都存在，只是效应大小不同，词汇范畴没有主效应，说明我们的刺激材料设计合理，所以没有范畴类别的差异，被试对动物、蔬菜和交通工具的熟悉程度都没有差异，因此在学习其名称时，对目标词熟悉度的打分不受范畴的影响。在对三个层次(下义、基础义和上义)目标词的学习效果上，分别是基础义学习效果最好，下义次之，上义最低。同时，儿童中存在字形＋字音促进统计学习的效应，成人中没有这一促进效应，反而单一的字音输入条件下统计习得效应较强，说明可能存在字形的干扰作用。以上结论主要从两方面进行讨论，一是重复验证统计学习规律，二是字形对二语新词汇统计学习效果的促进作用。

1. 统计学习规律在成人和儿童群体中都存在

本研究体现了二语习得的统计学习规律，实际上这是认知语言学中最重要理论之一的原型理论对新异词汇的延展。我们首先不谈论单独的字音还是字形＋字音的输入方式的对比差异，就提示词汇层次的主效应而言，体现在学习基础义之后对各类词汇的熟悉度比学习下义、上义之后更大。给被试看基础义的蔬菜，如不同颜色的同一个柿子椒，以此为基础义图片来展示，不论儿童还是成人都能够对柿子椒的基础义、上义和下义的扩展有很深刻的延展认知。学习者在认知同一范畴物品的命名时，不仅能延展到同一范畴的不同词(上义)，而且能更好地延展到同一个词的各种不同变化(基础义)，以及一个意义集合中的不同的变形(下义)。

对于同一概念和信息输入形式，年龄越小，统计学习的效果应该越好。这一点可以通过效应值的对比看出来，儿童群体中各种因素的显著性程度(及效应值)都大于成人群体。由于大脑缺乏适应能力，语言学习会变得越来越难，这是因为大脑的语言功能已经在大脑某一部位确立，也就是说偏侧优势已经出现。因此，对于正处在词汇爆发期和视觉文字敏感期的 5 岁儿童来说，统计学习规律更明显①。

2. 儿童（或成人）的统计学习熟悉度受到字形作用影响

对于儿童来说，词汇统计学习规律体现为具有明显的字形促进作用；而对于成人来说，字形＋字音对词汇习得的统计学习具有不明显的字形促进效应，反而可能还会有干扰效应。

这个结果说明，儿童的内置视觉探测技能占主导作用，儿童看到假词的字形会对语言的特征更加敏感。这一敏感性在成人当中不存在。由于儿童尚未形成成熟的语音意识，尤其对于人工语言的语音规律尚没有形成意识，因此单一字音的输入对词汇的信息结构无法形成规律性的认知②，但是在字形的辅助之下，效果就显现出来了。

字形为什么能促进词汇的统计学习呢？首先，5 岁的儿童正处于视觉文字敏感期。有数据表明，5～7 岁是儿童视觉感知能力的最佳发展期③，其中 5～6 岁时是视觉感知的最佳敏感期，6～7 岁时视觉动觉感知和视觉空间感知能力达到最快发展期。儿童的视觉感知能力跟成人很不一样，他们特别关注细节，不像成人那样更关注全貌。词汇认知过程中，可以包含对词汇对应字形的静态和动态书写的感知、编码规则的感知、与对应物体的语音匹配的联系、多模态的汇流融合，以及是否与语义语音配对的决定。

同时，有研究表明字形促进词汇学习。④ Ricketts 等人对 8～13 岁的正常儿童进行了字音配字形与字音不配字形的两种词汇学习条件下的研究，结果证实字音配字形的条件促进词汇学习。⑤ Ehri 指出，字形输入能够对已有的语音表征形成促进作用，从而对新词的语音和字形学习都

①　王立非，李瑛：《第二语言习得关键期假设研究的新进展——兼评〈第二语言习得与关键期假设〉》，《外国语（上海外国语大学学报）》2002 年第 2 期。

②　Read，C.，Zhang，Y. F.，Nie，H. Y.，et al.："The ability to manipulate speech sounds depends on knowing alphabetic writing"，*Cognition*，24(1-2)，1986.

③　Bezrukikh，M. M.，Terebova，N. N.："Characteristics of the development of visual perception in five- to seven-year-old children"，*Human Physiology*，35(6)，2009.

④　Mengoni，S. E.，Nash，H.，Hulme，C.："The benefit of orthographic support for oral vocabulary learning in children with Down syndrome"，*Journal of Child Language*，40(1)，2013.

⑤　Ricketts，J.，Dockrell，J. E.，Patel，N.，et al.："Do children with specific language impairment and autism spectrum disorders benefit from the presence of orthography when learning new spoken words？"，*Journal of Experimental Child Psychology*，134，2015.

形成稳定性，而且对具有语音障碍的儿童是具有特殊疗效作用的。[①] 本研究的被试年龄虽然比以往的研究群体更小一些，但是我们有充分的理由证实，对他们的字形＋字音刺激比单独字音刺激更有效。这将以往国外研究得出的年龄效应在中国儿童中的影响时间提前了几年。有证据表明，中国儿童的字形和手写动觉感知能力比国外同龄的儿童发育得早，而且，在字形伴随字音输入的条件下这种感知动觉效应更明显。

3. 对教学的建议

本研究对语言学习与认知提供了一定的指导建议。在第二语言新的词汇学习过程之前，要对词汇进行多范畴的分类、提示层次（上义、基础义、下义）的分类，还要进行一个示范例子和多个示范例子的准备。在统计学习和认知的规律上，多范畴认知要好于单一范畴认知；多层次要好于单一层次；从基础义出发的学习能够提升对目标词的熟悉度；从词汇的下义出发进行多种可能的扩展，可以提升对目标词的探测熟悉度。这一规律在成人和儿童中同样适用，当然在儿童中由于敏感期的作用，效应会更明显些。

同时，对成人和儿童应该采用不同程度的字形辅助策略。对于 5 岁儿童的第二语言学习，字音先导的同时字形辅助配合，形成字形＋字音的双向促进统计学习的机制；而对于字形的内嵌式输入，本研究中已成功地运用，可以扩展到日后的教学中，这种内嵌式文字可以提升儿童具身感知的程度，他们会自然地将对已有的物品的图形感知与语音经验和字形经验完整地结合起来，从而形成具身协同的双语感知神经系统，这是成功的学习者应该具备的特点。然而，对于成人，由于脑可塑性的低扩充能力，一种新文字的语音刺激已经成为很大的负荷，单一的语音信息是可以辅助原型概念的扩展认知的，多于语音信息之上的字形有可能造成干扰或者更大程度的负荷，因此习得效率可能会下降。对于成人新异词汇的统计规律的形成，要减少冗余信息，提升输入词汇的层次标识度和样本量，这有可能是更有效的手段。

值得注意的是，本研究的结果在适用性上还有一定的局限。第一，本研究可以从一定的层面上体现中国儿童在人工语言认知上的规律，但是具有中国文化背景的汉语儿童和成人大学生的样本是否具有更强的语音意识以及此规律对拼音类文字的学习是否同样适用，还有待研究。第

---

① Ehri, L. C.："Orthographic mapping in the acquisition of sight word reading, spelling memory, and vocabulary learning", *Scientific Studies of Reading*, 18(1), 2014.

二，本研究中的大学生是国家 211、985 高校的本科生，他们的语言素质高，其二语学习的能力也可能比较高，因而学习者自身的认知能力高于统计学习刺激材料本身的作用，不像儿童，成人被试中的字形促进作用被抹杀了。

三、外语拔尖国际化人才培养的具身协同效应

培养外语拔尖国际化人才是外语类高等院校的时代使命。历史经验教训表明，培养拔尖人才一是要有先进理念和捷径，二是要塑造其积极的心态，实现二者之间的具身协同。为此，既要坚持超常潜能超常发挥的双超常教育，为外语拔尖国际化人才学业有成提供先进理念和科学途径，又要开展奠基幸福人生的积极心理健康教育，为外语拔尖国际化人才心理成长保驾护航。

据调查，我国从事同声传译和书面翻译的高端外语人才严重缺乏，能够胜任中译外工作的高质量人才缺口高达 90%。可见，对外语拔尖国际化人才的需求十分迫切，此类人才的培养对国家发展具有战略意义。双超常教育是培养外语拔尖国际化人才的科学途径，关键要把握和遵循拔尖人才培养过程中好与快、矛盾双方的对立统一规律。人类具有的超常潜能是惊人的。苏联科学家曾指出：当代科学使我们懂得人的大脑结构和工作情况，大脑所储存的能力使我们目瞪口呆。在正常情况下工作的人，一般只使用了其储存能力的很小一部分。超常的外语潜能如何得到超常发挥？这就是外语类高等院校面临的改革创新问题。

（一）双超常教育策略

如何开展双超常教育，培养外语拔尖国际化人才呢？具体要紧抓智力与非智力、左脑与右脑、学业与心理、显能与潜能、加速式与加深式的对立统一。作者对已有研究做了系统阐述，下面结合外语拔尖国际化人才培养再做进一步深入思考。

1. 智力与非智力的具身协同教育

智力是观察力、记忆力、想象力、思维力和注意力的总和；非智力因素主要由动机、兴趣、情感、意志、性格五种基本心理因素组成。智力因素直接参与认识客观事物的具体操作，而非智力因素在人类活动中则起着推动和调节等作用。双超常教育坚持智力与非智力的和谐互动，认为智力因素构成智力活动的能力系统，非智力因素构成智力活动的动力系统。智力活动的顺利完成是智力因素和非智力因素共同作用的结果。

所以，双超常教育主张对超常智力者加强非智力因素的培养教育，尤其是情绪智力的培养。《哈佛情商设计》一书指出，智商决定了人生的20%，而情商决定了人生的80%。因此，在重视智商的同时，发展情商，能够为外语拔尖国际化人才的成长和成功打下坚实根基。

2. 左脑与右脑的具身协同教育

大脑由左右两半球组成。左脑主要分管逻辑思维、意识、机械记忆以及与语言、逻辑、数学、拼音文字等有关学术性的活动，右脑主要分管整体感知、创造力、潜意识、音乐韵律、情感、空间、图画、想象等涉及创造性的活动。两脑相比，右脑存在的潜力约为左脑的10万倍。传统超常教育由于偏重智力开发，因而偏重左脑而相对忽视右脑。双超常教育主张左脑与右脑的和谐互动。关于左右脑的语言功能的研究发现，大多数人的语言功能是在左半球实现的，但右半球也并不是没有语言功能，它产生片断的词、短语，并能理解语言。一些有关韵律学、交际语言学、行为方式学和人类语言学方面的研究，都认为右脑是一个更加主动的部分，右脑语言处理具有隐含性和弥散性。右脑可以对难以明确判断的信息加以内隐利用。一条最重要的通则是：右脑承担语言理解上所有元素的处理，并且右脑的这种处理与左脑有质的区别。左右脑都以独一无二的不同方式参与语言的理解，要彻底弄清整个事件需同时考虑左右脑两边的活动。可见，培养外语拔尖国际化人才必须坚持左脑与右脑的和谐互动的教育。

3. 学业与心理的具身协同教育

受高考制度和应试教育的影响，传统的对拔尖人才的选拔和培养都偏重学业，集中表现为加速式教育。学业上的速成，使得这些学生与自己的群体产生了年龄距离、时空距离、学业距离以及心理距离等，容易导致各种心理问题的出现。有的学生因无法承受复杂环境的压力，不能正确认识自己。双超常教育主张在关注学业的同时，要提高对拔尖人才心理健康教育的科学性、针对性和实效性，尤其要加强积极心理品质的培养，包括增进主观幸福感、提高生活满意度、开发心理潜能、发挥智能优势、改善学习力、提升自我效能感、增加沉浸体验、培养创新能力、优化情绪智力、健全和谐关系、学会积极应对各种挫折、充满乐观希望、树立自尊自信、完善积极人格。在心理和人格健全发展的前提条件下，根据学生的最近发展区安排教学进度，确保外语拔尖国际化人才学业和心理方面的共同发展。

4. 显能与潜能的具身协同教育

锋芒早露是拔尖人才的普遍现象。传统的对拔尖人才的培养和评价都明显偏重显能，尤其在应试教育的影响下往往急于求成、揠苗助长，而对潜能的重视和开发相对不足。双超常教育主张显能与潜能的和谐互动。显能与潜能是一个连续体，二者能量是互换的。拔尖人才真正缺少的并不是课堂上传授的显性知识及其显能的表露，而是课余时间积累的隐性知识及其潜能的开发。入选拔尖人才培养序列，由于课程量加大、进度加快，学生需要占用更多时间来进行课前的准备和课后的消化，自然牺牲了获取隐性知识和开发潜能的机会，这是他们后劲不足的一个重要原因。发现和开发潜能应当成为外语拔尖国际化人才培养急需弥补的一个重要方面。

5. 加速式与加深式的具身协同教育

加速式教育主要是指通过特殊的组织形式为拔尖人才培养对象提供专门的教育，使其在普通学制的时间内完成超额的学业任务。加深式教育也叫充实式或丰富式教育，是指把拔尖人才培养对象放在普通班级中学习，与此同时为他们提供一些特别的服务和指导。传统的加速式教育压缩了儿童情感和社会性正常发展的时期，加之学业压力较大，包括同伴在内的各方面成长环境也比较特殊，很容易导致他们在学业和智能上孤立发展，而其他方面的成长受到抑制。双超常教育主张加速式教育与加深式教育的和谐互动。有研究表明，接受加深式教育的学生表现出更积极的自我概念、更高的主观幸福感和更低程度的测验焦虑，证明加深式教育更有利于促进他们情感和社会性的发展。可见，有必要融合加速式教育与加深式教育的优点，设计出更适合拔尖人才培养对象的重质、重量、重效率的教育模式，拔尖人才培养对象每周可利用部分时间离开自己的班级，集中接受加深培养。这就是未来外语拔尖国际化人才培养的理想趋势。

(二)积极心理健康教育

在外语拔尖国际化人才培养上，必须大力实施积极心理健康教育，从心灵深处为他们的成功保驾护航。

1. 积极心理健康教育理念

积极心理健康教育的最大特点集中表现为一切从积极方面出发，即用积极的视角发现和解读问题的积极方面，用积极的途径培养积极的品质，用积极的思想浇灌积极的心灵，用积极的过程提供积极的情感体验，用积极的反馈强化积极的效果，用积极的态度塑造积极的人生。积极心理健康教育观认为，人人都有积极的潜能，都有自我向上的成长能力。因此，积极健康教育侧重预防性、发展性和促进性，将重点放在培养学生内在积极心理和开发心理潜能上，如积极思维品质的形成、积极情绪情感的体验、积极习惯的养成、积极人格的塑造、积极认知方式的形成、积极意志品质的磨炼、积极心态的调整、积极组织与积极关系的建立等。积极心理健康教育的终极目的是为幸福有成人生奠基。考虑到外语拔尖国际化人才的培养过程和要求，需要配套提供积极心理健康教育，确保其学业事业有成的同时，为他们的终身幸福打好基础。

2. 积极心理品质培养重点

积极心理健康教育的核心是培养积极心理品质。积极心理品质是指个体积极的人格特质及其健全性、和谐性、协调性，包括个体在认知、情感和意志方面表现出来的动机、态度、意志品质等，体现在人的思维方式、价值观念、心态模式和行为习惯等方面，为个体积极向上、充满生机活力提供支撑和动力。积极心理健康教育研究出开发高校学生积极心理品质的测评系统。其中各项品质均是外语拔尖国际化人才不可或缺的。分述如下。

创造力，是指产生新思想，发现和创造新事物的能力。它是成功地完成某种创造性活动所必需的心理品质。例如，创造新概念、新理论、新技术，发明新设备、新方法，创作新作品都是创造力的表现。

好奇心，就是人们希望自己能知道或了解更多事物的不满足心态。它作为一种优势心理过程，驱动个体主动接近当前刺激物，积极思考与探究。它包括个体遇到新奇事物或处在新的外界条件下所产生的注意、操作、提问的心理倾向。

此外，自信、乐观、认真、勤奋、乐群、坚强、执着等都属于积极心理品质。只有超常外语能力与积极心理品质产生具身协同效应，才能培养出外语拔尖国际化人才。

参考文献

官群：《"双超常教育"刍议》，《教育研究》2009 年第 2 期。

官群：《树立和实践又好又快"双超常教育"科学发展观》，《中国特殊教育》2009年第 1 期。

李燕芳，董奇：《汉语母语儿童和成人视听双通道英语语音知觉的训练研究》，《心理发展与教育》2009 年第 1 期。

王立非，李瑛：《第二语言习得关键期假设研究的新进展——兼评〈第二语言习得与关键期假设〉》，《外国语（上海外国语大学学报）》2002 年第 2 期。

Bezrukikh, M. M., Terebova, N. N.: "Characteristics of the development of visual perception in five- to seven-year-old children", *Human Physiology*, 35 (6), 2009.

Bruner, J., *Acts of Meaning*, Cambridge, MA: Harvard University Press, 1990.

Chomsky, N., *Aspects of the Theory of Syntax*, Cambridge, Mass: MIT Press, 1965.

Chomsky, N., *On Nature and Language*, Cambridge: Cambridge University Press, 2002.

Ding, N., Melloni, L., Zhang, H., et al.: "Cortical tracking of hierarchical linguistic structures in connected speech", *Nature Neuroscience*, 19(1), 2016.

Ehri, L. C.: "Orthographic mapping in the acquisition of sight word reading, spelling memory, and vocabulary learning", *Scientific Studies of Reading*, 18 (1), 2014.

Guan, C. Q., Liu, Y., Chan, D. H. L., et al.: "Writing strengthens orthography and alphabetic-coding strengthens phonology in learning to read Chinese", *Journal of Educational Psychology*, 103 (3), 2011.

Guan, C. Q., Meng, W. J., Yao, R., et al.: "The motor system contributes to comprehension of abstract language", *PloS One*, 8(9), 2013.

Guan, C. Q., Perfetti, C. A., Meng, W. J.: "Writing quality predicts Chinese learning", *Reading and Writing: An International Journal*, 28(6), 2015.

Hayes-Harb, R., Nicol, J., Barker, J.: "Learning the phonological forms of new words: effects of orthographic and auditory input", *Language & Speech*, 53(3), 2010.

He, X. J., Tong, X. L.: "Statistical learning as a key to cracking Chinese orthographic codes", *Scientific Studies of Reading*, 21(1), 2017.

Kushnir, T., Xu, F., Wellman, H. M.: "Young children use statistical sampling to infer the preferences of other people", *Psychological Science*, 21(8), 2010.

Lafontaine, H., Chetail, F., Colin, C., et al.: "Role and activation time course of phonological and orthographic information during phoneme judgments", *Neuropsychologia*, 50(12), 2012.

Lew-Williams, C., Saffran, J. R.: "All words are not created equal: expectations about word length guide infant statistical learning", *Cognition*, 122(2), 2012.

Li, P., Legault, J., Litcofsky, K. A.: "Neuroplasticity as a function of second language learning: anatomical changes in the human brain", *Cortex: a Journal Devoted to the Study of the Nervous System and Behavior*, 58, 2014.

Liberman, I. Y., Shankweiler, D. P., Liberman, A. M., et al., The Structure and Acquisition of Reading: Ⅱ. The Reading Process and the Acquisition of the Alphabetic Principle. In A. S. Reber & D. L. Scarbortough (Eds.), *Toward a Psychology of Reading*. Hillsdale, NJ: Erlbaum, 1977, pp. 207-225.

Lorenz, K.: "On the formation of the concept of instinct", *Natural Sciences*, 25

（19），1937.

Mengoni, S. E. , Nash, H. , Hulme, C. : "The benefit of orthographic support for oral vocabulary learning in children with down syndrome", *Journal of Child Language*, 40(1), 2013.

Misyak, J. B. , Christiansen, M. H. : "Statistical learning and language: an individual differences study", *Language Learning*, 62(1), 2012.

Moon, C. , Cooper, R. P. , Fifer, W. P. : "Two-day-olds prefer their native language", *Infant Behavior and Development*, 16(4), 1993.

Read, C. , Zhang, Y. F. , Nie, H. Y. , et al. : "The ability to manipulate speech sounds depends on knowing alphabetic writing", *Cognition*, 24(1-2), 1986.

Ricketts, J. , Dockrell, J. E. , Patel, N. , et al. : "Do children with specific language impairment and autism spectrum disorders benefit from the presence of orthography when learning new spoken words?", *Journal of Experimental Child Psychology*, 134, 2015.

Romberg, A. R. , Saffran, J. R. : "Statistical learning and language acquisition", *Wiley Interdisciplinary Reviews: Cognitive Science*, 1(6), 2010.

Rosch, E. : "Cognitive representations of semantic categories", *Journal of experimental psychology: General*, 104(3), 1975.

Smith, J. D. , Minda, J. P. : "Distinguishing prototype-based and exemplar-based processes in dot-pattern category learning", *Journal of Experimental Psychology: Learning, Memory, and Cognition*, 28(4), 2002.

Wagner, R. K. , Torgesen, J. K. : "The nature of phonological processing and its causal role in the acquisition of reading skills", *Psychological Bulletin*, 101 (2), 1987.

Wojcik, E. H. , Saffran, J. R. : "The ontogeny of lexical networks: toddlers encode similarity structure when learning novel words", *Psychological Science*, 24, 2013.

Xu, F. , Tenenbaum, J. B. : "Sensitivity to sampling in Bayesian word learning", *Developmental Science*, 10(3), 2007.

Xu, F. , Tenenbaum, J. B. : "Word learning as Bayesian inference", *Psychological Review*, 114(2), 2007.

第十章　突破英语学困的具身协同效应

中英文认知与教育具身协同论不仅关注语言天赋潜能的开发，而且注重对英语学习困难的脑机制、英语学习困难机理、英语学习困难模型，尤其是突破英语学困的具身协同脑机制的研究，从而为预防和解决英语学习困难提供了新的视角、理念、方法和路径。

一、具身协同视域下英语学习困难的脑机制

我国学习英语的学生众多。由于学习中文、英语时的神经通道和大脑加工模式不同，我国一部分学生存在英语学习困难。学术界对此做了不少的研究，尽管也取得了一些成果，但是基本都局限在行为和心理层面，并未揭示出根本的脑机制原因。近年来，随着认知神经科学的兴起，运用无创性电生理技术研究学习困难的脑机制及其干预日益成为学术界的热点，其典型技术一是事件相关电位（ERP），二是功能磁共振成像（fMRI）。前者具有揭示大脑加工机制的高时间分辨率优势，后者具有揭示大脑加工机制的高空间分辨率优势。二者结合，则能从时间和空间维度全面深刻揭示学习困难的脑机制特点，从而找到学习困难的根本原因和系统对策。因此，运用 ERP 和 fMRI 开展二语学习困难的脑机制研究走在了认知神经科学的前沿。本章系统梳理和归纳了国内外有关二语学习困难的 ERP 和 fMRI 研究成果，在此基础上探析中国学生英语学习困难的机制，希望可以找到英语学习困难的根本原因和对策，从而丰富和发展认知神经科学。

（一）学习困难及相关研究

1. 学习困难界定

学习困难，又称学习无能或学习障碍。最早由美国特殊教育家柯克（Kirk）于 1963 年提出。其定义有多种，但最流行的当数 1989 年美国学习困难联合会修订的定义：学习困难是多种异源性失调，表现为听、说、读、写、推理和数学能力的获得与使用方面的明显障碍，尤其以阅读障碍、书写障碍、计算障碍最为典型。国内学者一般认为，学习困难表现为智力正常，但学习效果低下，达不到国家规定的教学大纲要求。比较

现实的观点是，学习困难主要是指智力正常而学业落后于同龄学生，或达不到与智力和努力相匹配的应该达到的水平。因此，采用回归差异模型考查智力测验标准分与学业成绩之间的差异来诊断学习困难，是比较科学的。

学习困难研究虽然在心理、行为和教育研究方面取得了大量研究成果，但严格意义上尤其是认知神经科学视野下学习困难的病因、病理机制，特别是脑机制仍不明确，也尚未找到切实有效的干预治疗措施。

2. 关于学习困难的 ERP 和 fMRI 研究

关于学习困难的 ERP 研究已经有了一定成果积累。国外大量研究发现，学习困难者对感知刺激被动转换存在注意方面的缺陷，对刺激的加工速度较慢，大脑左右半球的专门化程度低。研究也发现，学习困难者的脑电指标 P300 波幅较小，潜伏期较长，表明学习困难者注意力资源不足，也可能与不能恰当地分配注意力资源有关；学习困难者的失匹配负波波幅比对照组小，表明其在信息的自动加工方面存在缺陷。在单词命名任务中，结果发现，学习困难者的 N400 波幅较小，说明学习困难者在把单词的意义整合到句子的上下文时存在困难。国内，陈春萍等人进行了"学习障碍者信息加工的 ERP 研究"[1]，程大志等人开展了"数学学习困难儿童抑制控制能力的 ERP 研究"[2]，周路平和李海燕开展了"发展性阅读障碍儿童汉字识别的早期加工：一项 ERP 研究"[3]，王燕进行了"学习困难儿童脑信息自动加工的 ERP 研究"[4]。姚茹借助 ERP 技术的高时间分辨率特性，专门进行了学习障碍儿童工作记忆的认知神经评估研究，发现了学习障碍儿童在工作记忆的抑制、刷新、转换三种中央执行功能和语音环、视空模板两种存储功能上存在缺陷的具体信息加工阶段及其对应的 ERP 成分，认为学习障碍儿童可能存在广泛的工作记忆缺陷，这些缺陷是多个信息加工阶段共同作用的结果。[5]

关于学习困难的 fMRI 研究，由于设备昂贵、技术要求高等条件限制，相对于 ERP 研究的积累较为薄弱，正处于起步阶段。由于阅读障碍

---

① 陈春萍，隋光远，程大志，等：《学习障碍者信息加工的 ERP 研究》，《心理科学》2009 年第 2 期。

② 程大志，陈春萍，隋光远：《数学学习困难儿童抑制控制能力的 ERP 研究》，《心理科学》2010 年第 3 期。

③ 周路平，李海燕：《发展性阅读障碍儿童汉字识别的早期加工：一项 ERP 研究》，《心理科学》2011 年第 1 期。

④ 王燕：《学习困难儿童脑信息自动加工的 ERP 研究》，硕士学位论文，河南大学，2012 年。

⑤ 姚茹：《学习障碍儿童的工作记忆缺陷——来自 ERP 的证据》，博士学位论文，北京师范大学，2011 年。

是学习困难中最为常见的类型，被诊断为学习困难者中的 80％都表现出不同程度的阅读障碍。因此，关于学习困难的 fMRI 研究多集中于阅读障碍。20 世纪 80 年代中期以来，磁共振成像技术已被应用于阅读障碍研究，90％的学习障碍磁共振成像研究证明，阅读障碍儿童的颞叶对称异常。近年来国外研究进一步发现，阅读障碍者的颞顶联合区只有较低程度的激活，揭示了从字形向语音转换的困难，而额下回却被激活，可能反映了对语音加工困难的一种补偿机制。Temple 等人的研究表明，阅读障碍儿童在语音和字形加工的神经基础上都存在缺陷。[①] Demb、Boynton 和 Heeger 的研究提示阅读障碍者存在 M 通路异常。[②] Seki 等人的研究认为，日语既有表音成分，又有表意成分，与西方字母系统的语音不同，因此日语阅读障碍的发生率较低。[③] 另外，Rubia 等人对注意缺陷多动症型学习困难进行了研究，开辟了新的视角。[④] 国内能检索到的用 fMRI 技术进行的学习困难研究则更少。余毅震开展了"学习障碍儿童心理行为特点及工作记忆的 fMRI 研究"，结果表明，学习障碍儿童左侧额上回、右侧额中回两个区域的激活强度明显低于正常组，表明学习障碍儿童前额叶皮质可能存在功能发育不全或缺陷。[⑤]

　　纵观已有的对学习困难的 ERP 和 fMRI 研究发现，对阅读障碍的研究较多，对其他类型学习困难的研究相对较少；对词汇识别和语音加工的研究相对较多，对句子加工和信息整合的研究较少；超越学科的普遍性研究较多，涉及具体学科的特异性研究较少；对同类文化语系的研究较多，对跨文化语系的研究较少。尽管如此，已有研究为进一步揭示学习困难的脑机制，尤其是为本研究要进行的中国学生英语学习困难及教育矫治的脑机制研究奠定了扎实的科学基础，提供了有益的启示。

---

①　Temple, E., Poldrack, R. A., Salidis, J., et al.: "Disrupted neural responses to phonological and orthographic processing in dyslexic children: an fMRI study", *NeuroReport*, 12(2), 2001.

②　Demb, J. B., Boynton, G. M., Heeger, D. J.: "Brain activity in visual cortex predicts individual differences in reading performance", *Proceedings of the National Academy of Sciences of the United States of America*, 94(24), 1997.

③　Seki, A., Koeda, T., Sugihara, S., et al.: "A functional magnetic resonance imaging study during sentence reading in Japanese dyslexic children", *Brain & Development*, 23(5), 2001.

④　Rubia, K., Overmeyer, S., Taylor, E., et al.: "Hypofrontality in attention deficit hyperactivity disorder during higher-order motor control: a study with functional MRI", *The American Journal of Psychiatry*, 156(6), 1999.

⑤　余毅震:《学习障碍儿童心理行为特点及工作记忆的 fMRI 研究》，博士学位论文，华中科技大学，2006 年。

3. 关于外语/英语学习困难的 ERP 和 fMRI 研究

我国中小学生英语学习困难的突出表现是单词记不住，语法难掌握，"聋哑英语"现象严重。传统的对外语学习困难的心理与行为研究有很多。Dinklage 认为外语学习困难一般表现为三大方面，分别是记忆力差、焦虑以及语法纠结，同时这三个方面也是外语学习困难的三大桎梏。采用 ERP 和 fMRI 技术深刻揭示二语学习的脑机制，从而为二语学习困难诊断和教育矫治提供科学依据的研究日益成为新的亮点。

从已有研究来看，二语学习效果的脑机制研究主要以 ERP 技术为主，fMRI 研究尚不多见。研究成果可以从关键期、竞争模型、陈述/程序性模型、语码切换、心理词典、句法通达、技能熟练七个方面进行概括。

(1)关键期

二语习得有关键期已经得到公认。普通人语言习得的关键期取决于脑容量，这影响着二语学习的最终成就；晚学者使用二语时达不到与使用母语时一样的熟练程度。从开始学习第二语言的年龄来看，一般认为语音和句法的学习受关键期的影响比词汇更大。年龄越大，二语学习效果越差；年龄越小，二语学习效果越好。过了关键期，习得年龄与最终成就之间的关系就比较弱了。Weber-Fox 和 Neville 以不同年龄开始学习英语的汉英双语者为研究对象，探讨二语学习者语义和句法加工的脑机制特点。研究发现，所有二语学习者对语义错误的 ERP 反应与英语作为母语者的反应都是类似的；相反，不论初学英语年龄的大小，所有二语学习者对句法错误的 ERP 反应，都与英语作为母语者的 ERP 反应不同。二语学习较早的群体(1~3 岁，4~6 岁，7~10 岁)与英语作为母语者一样，出现了 P600 成分；11~13 岁初学英语者出现该成分的时间延迟，大约从 700 毫秒开始；而初学英语年龄最晚的群体(16 岁后)显示无任何效应。这说明二语学习存在年龄关键期，即 10 岁前、13 岁前和 16 岁前，但这也可能反映了二语学习年限越长和熟练程度越高，使用二语就越接近使用母语的情况。①

(2)竞争模型

二语学习者对语义异常句子的 ERP 反应与英语作为母语者类似。具体而言，对于不同水平的二语学习者，即使在学习二语的最初阶段，对

---

① Weber-Fox, C. M., Neville, H. J.: "Maturational constraints on functional specializations for language processing: ERP and behavioral evidence in bilingual speakers", *Journal of Cognitive Neuroscience*, 8(3), 1996.

语义异常的刺激也都会表现出 N400 成分，说明二语习得存在语义优先和语义共享的脑机制。但是，二语学习者在进行句法加工过程中，相关的 ERP 模式有时是不同于英语作为母语者的。如果两种语言属于不同的体系，如表音的英语文字与表意的汉语文字，二语加工就有正迁移和负迁移。因此，能否控制母语的促进与抑制作用就成为区分学优与学困的关键要素。学优生能在母语与外语之间自如切换，而学困生则不能。

（3）陈述/程序性模型

母语使用者运用陈述性学习系统加工词汇信息，运用程序性学习系统加工基于规则的句法信息。扩展到二语的学习，程序系统的适用性是非常有限的，特别是对低水平或初学者而言。与句法加工有关的 ERP 成分在质和量上的差异似乎与二语熟练程度相关。Rossi 等人观察了中等熟练度二语学习者在加工词组结构和主谓语一致规则被违反时的 ERP 成分，发现 P600 成分的潜伏期延迟、波幅减小。[1] 在大多数研究中，同样的一句话会使高熟练度二语学习者和母语使用者出现相似的 ERP 成分。这些研究成果提示我们，学困生可能更多运用陈述性学习系统加工二语，而学优生更多运用程序性学习系统加工二语。

（4）语码切换

2007 年，王亚鹏等人运用 fMRI 技术检测到二语习得中存在翻译和语码切换现象。有些研究认为，左下前额叶皮质、尾状核和前扣带回拥有负责语言转换的神经元，但这些研究多数是以低熟练度二语学习者为被试完成的。Garbin 等人探讨了与语言转换相关的脑区，首先验证了跨语言一般转换的神经机制，其次验证了母语向二语前向转换及二语向母语后向转换的神经机制，并发现早期高熟练度二语学习者由前向转换过渡到后向转换要比晚期二语学习者有优势。[2] 由此可以推论，二语学困生对前向转换依赖程度较大，往后向转化过渡不顺，导致语码切换障碍。

具体到汉英语码切换，ERP 研究提供了足够证据。比如，谢津、邱天爽和马征的《基于汉英语码转换的 ERP 信号特征提取研究》，刘文宇、原洪秋和王慧莉的《汉英双语者二语语句理解过程中母语启动效应的 ERP 研究》，原洪秋的《汉英双语者二语语句理解过程中母语启动效应的

① Rossi，S.，Gugler，M. F.，Friederici，A. D.，et al.："The impact of proficiency on syntactic second-language processing of German and Italian：evidence from event-related potentials"，*Journal of Cognitive Neuroscience*，18(12)，2006.

② Garbin，G.，Costa，A.，Sanjuan，A.，et al.："Neural bases of language switching in high and early proficient bilinguals"，*Brain and Language*，119(3)，2011.

ERP 研究》，黄玉兰、莫雷和罗秋铃的《二语对母语的反迁移：来自词汇识别 ERP 研究的证据》。这些研究共同揭示出汉英"语义优先、语义共享"及"汉英语码转换"是我国学生英语学习的总体性根本脑机制。这提示我们，英语学困生不能有效控制母语的促进或抑制作用。

　　（5）心理词典

　　心理词典是词汇在人脑中按照一定的方式组织的心理表征，如汉语心理词典按形—音—义、英语心理词典按音—形—义组织起来，也可以按词的使用频率来组织（频率高的为主动词汇，反之为被动词汇），形成脑内"词典"，供语言理解和表达时检索和提取。心理词典的功能由词法质量决定，词法指用既准确又灵活的方式方法在某种程度上指定一个词的形式和意义组件的心理表征。比如，能够准确区分"pretty"和"petty"的形式，"knight"和"night"的意思。词法质量由以下五个要素体现：词形、语音、词汇句法、语义以及组成成分的联结力（constituent binding）。第五个要素是指前四个成分之间的内部连接，从而能够确保词汇的成功识别。在亚词汇和词汇知识层面达到高质量处理这一假设得到了实证研究的检验。比如，低质量的词汇可能导致词汇成分的不同步激活，研究发现了低技能、低阅读水平导致字形和字音不同步激活的 ERP 的指标。在上下文中阅读字词时更容易受词汇质量的影响，即高质量的词信息加工快而准，这便为词汇质量和阅读理解水平之间的关系提供了重要假设。

　　ERP 和 fMRI 研究词法为提高词汇水平积累了大量的证据，并且在研究词汇的加工过程中发现了词汇学习的问题。2008 年，Abutalebi 运用 fMRI 研究双语者词汇加工的脑机制，在二语词汇学习和使用中验证了"竞争模型"。较早激活二语词汇库，一方面可以提高信息加工的准确度，另一方面可以提高认知调控的水平。近期研究表明，词汇技能低尤其是工作记忆差是阅读障碍的罪魁祸首。

　　（6）句法通达

　　大量研究认为，在二语学习过程中，影响语言水平提高的关键因素往往是句法通达程度或句法加工能力。句子加工主要涉及句法与语义两种加工过程。在此基础上，三种理论模式陆续出现。第一，模块观——独立表征说，即序列或句法优先模型（serial or syntax-first model）。该模型主张句法加工是先于并独立于语义加工的过程。句法加工与语义加工遵守严格的序列，即句法加工结束后方才进入语义加工阶段。第二，交互观——限制满足说。它主张虽然存在相对独立的句法分析和语义分析过程，但是句法加工不是优先的、自发的过程，二者从句子加工初期就依据具体的语义信息、句法信息限制而发生交互作用。第三，平行说。它主张不存在完全独立的句法加工和语义加工，没有严格的句法加工与语义加工的顺序，句法加工和语义加工是平行的，二者共同促进对句子的理解。自 20 世纪 80 年代以来，研究者针对以反应时为核心的行为范式的研究缺陷及其理论分歧，运用能够对语言理解的全过程进行连续测量、以事件相关电位技术为核心的神经认知心理语言学方法，采用违例这种局部单词或单词串的畸变形式（包括语义违例、句法违例及语义—句法双违例），取得了以下研究成果。在句法加工和语义加工这两个不同的加工过程中，语义违例会产生 N400 效应，句法违例则在不同条件下分别产生 LAN 效应、ELAN 效应和 P600 效应，或联合出现。句子加工存在三个阶段，初始句法（形式）加工、语义加工及句法（形式）整合。这些发现集中体现在 Friederici 于 2002 年提出的句子加工的神经认知三阶段模型中。许多关于句法的 ERP 研究都取得了类似的结果，都强调句法与语义加工之间存在交互作用。

上述研究都是对以印欧语系中的语言为母语、二语的被试所做的研究。国内，2006 年，常欣使用 ERP 技术进行了"中国大学生英语句子加工的心理机制"研究，证明了以汉语为一语、英语为二语的被试为对象所得的结果相同。2012 年，耿立波发表了《汉语母语者英语形态加工、形式加工的分离——来自 ERP 的证据》。2014 年，张辉总结了关于句法的 ERP 研究结果后指出，二语的句法加工受初始接触外语的年龄、外语水平和外语学习环境等因素的影响，这主要表现为母语加工中早期左前负波、P600 成分的偏离和缺失。这些 ERP 成分的缺失和偏离说明二语学习者缺少与母语加工相对应的神经机制。

综上，句法加工与语义加工之间的交互作用机制是中国学生学好英语语法的基础之一。学优生可能比学困生更善于运用认知三阶段模型熟练进行实时句子加工，从而有效预防和改善"聋哑英语"。

（7）技能熟练

二语学习的最终目的还是听、说、读、写。其中，听、说属于口语技能，读、写属于书面语技能。从信息加工来看，听、读属于输入（理解、解码），说、写属于输出（表达、编码）。2007 年，Abutalebi 等人运用 fMRI 研究了语言听觉感知的神经资源消耗对学习效果的影响。ERP 研究已经揭示出口语信息处理和书面文本处理中语言理解过程的机制，以及阅读理解中与阅读技能相关的一些个别差异问题。但这些研究对言语技能的形成都缺乏心理动觉加工机制的认识。也就是说，四项言语技能背后隐藏着深层的身体动觉加工心智技能，这就是最新的具身认知观。

具身认知观试图对心—身—世界之间的交互方式给予系统的理论说明。研究者从词、句、语篇不同信息加工层面，指出人们在语言加工过程中感知、肌肉运动以及其他的经验印痕被激活，支持了语言理解是感知动觉以及其他相关经验的心理模拟过程这一观点。这种语言理解的心理模拟需要人们再入情境，与已有的听说读写的语言经验产生共鸣，从而为语言理解提供了新的诠释。动觉中的感知理论认为，对周围环境的感知是建立在动觉基础之上的，因为动觉过程形成了动觉启动和动觉计划，能够建立起神经模拟和经验印痕，从而加强对周围环境的感知。这一动觉促进感知的论断在心理学领域的国际期刊中已呈现了大量的证据。2007 年，官群等人的研究通过 ERP 技术揭示了具身认知观下大脑内在动觉技能对促进言语(包括二语)技能的重要作用。从以上研究成果可以推断，二语听说读写技能形成的高效途径就是"具身认知"，我们推测，英语学优生的具身认知加工机制肯定好于学困生。聋哑英语的问题在于学生对语音的理解(译码)和产出(编码)往往经过汉译或词形、词法、句法的中介和转换，额外消耗了认知资源和大脑能量，因而会导致反应慢，听说不流利。因此，通过 ERP 的数据可知，未来研究应把具身认知的理论和实验范式用于英语学优生和学困生的对比上。

(二)启示与建议

外语学习越早，学习困难越小。外语学习要赶在语言关键期前(1～3 岁，4～6 岁，7～10 岁，13 岁前和 16 岁前)开始，外语习得越早，越有利于防治学习困难。

外语越熟练，学习困难越小。在外语入门和初级阶段，由于母语已被熟练使用，占据主导地位，此时其对学习外语的干扰作用大于促进作用；随着外语熟练度的提高，母语的促进作用越来越大于干扰作用。所以，外语学习入门和初级阶段要从母语与外语的相同点入手，发挥正迁移效应，避免母语的干扰，妥善处理好双语竞争，这是防治外语学习困难的关键。

外语程序性学习系统加工越习惯，学习困难越小。中国学生大多惯用陈述性学习系统加工外语，因而，外语学习基本停留在单词记忆和语法知识掌握层面，听说读写技能不足，导致"聋哑英语"现象。所以，外语教学应侧重运用程序性学习系统，强化技能训练。

外语与母语语码转换越自如，学习困难越小。语义共享决定了双语语码转换的客观必然性。所以，提倡完全运用和完全排斥外语思维的教学都是走向了极端，都是不科学的，也是导致外语学习困难的路径障碍。所以，外语教学应尊重语义共享的灵活机制，给大脑留下语码转换的自由切换空间。

外语词法质量越高，学习困难越小。词法质量由五个要素体现：词形、语音、词汇句法、语义以及以上四个成分之间的联结力。对第五个要素的忽视是外语学习困难的导火索。所以，强化对单词整体功能的学习与熟练运用而不是对某个侧面或某个单项的掌握，是克服外语学习困难的基石。

外语句法与语义加工之间交互作用越强，学习困难越小。偏重语言形式与规则的分析将外语带入了高分低能、培养"语言学家"的误区。所以，外语教学应坚持形式与内容、意义与功能、理解与运用的有机统一。

外语加工过程中具身认知程度越高，学习困难越小。具身认知是听说读写四项言语技能背后隐藏的深层的身体动觉加工心智技能。离开了具身认知，理解（译码）和产出（编码）往往经过汉译或词形、词法、句法的中介和转换，额外消耗了认知资源和大脑能量，因而会导致反应慢，听说读写不流利。所以，应该运用具身认知观系统优化外语教学，标本兼治学习困难。

二、具身协同视域下英语学习困难机理探究

"聋哑英语"现象让很多中国人反思：为什么我们学不好英语？尤其在大学里，一些学生感觉自己英语表达能力差，听力水平低，词汇量不够，学习效率低，没能掌握合适的外语学习策略，尽管通过了大学英语四六级考试，但英语水平仍然不能满足涉外工作、出国升学、生活交流的需要。从理论上而言，他们以合格的成绩考入大学，他们的智商和认知学习能力并不低，他们的英语能力也不应该差。但在实际上，"聋哑英语"始终困扰着他们，使他们在英语学习上逐渐失去兴趣和动机。对此，学术界开展了一系列的研究，但是，有一个研究视角却没有得到应有的重视——"聋哑英语"背后隐藏的外语学习障碍。

(一)外语学习障碍是导致"聋哑英语"的重要深层原因

语言学习障碍是一般学习障碍在语言学习上的具体表现，而外语学习障碍则是语言学习障碍在外语学习上的具体表现。

哪些学生属于外语学习障碍者？他们可能是有天赋或很聪明，但是在口头和书面表达方面存在缺陷的学生。2003年，Flax等人指出这些学生天生具有语言方面的障碍，他们比别人更刻苦，学习更努力，承受的学业压力比正常学生更大，但由于家庭和社会为他们提供了良好的学习条件，因此他们很少被认定为有语言学习障碍。如果进行学能测试，他们属于学习障碍学生；如果进行读写测试，他们一般会被认定为读写障碍者。也就是说，他们在神经生理方面存在缺陷，在学习能力的一个和多个方面具有障碍，尤其在语言学习方面存在困难。由于语言能力的缺陷可以通过其他多种方式进行弥补，因此语言学习障碍学生也能够顺利上大学，进入外语学习的课堂。

在过去的几十年间，研究者发现阅读和书写困难现象在大学生中同样存在。有少数研究者针对大学生的外语学习障碍进行了研究。除了明显的阅读和书写障碍，外语学习障碍的学生不仅仅在通过语音拼写字形等方面有困难，而且还表现出了由于自己对本族语的理解能力低下造成的外语理解与表达方面的障碍。

目前，大学外语教育研究的不足主要有三点。第一，由于大学外语教师不了解学生之前母语学习上遇到的问题，在大学外语课堂上，教师只能注重知识和专业内容，因此大量的有关语言提升的基本功训练（如语音课）未涉及。第二，若想提高外语学习障碍学生的成绩，就必须采取与正常学生不一样的教学方法，但是由于大学外语教学任务重、班额大、课程少的现状，教师很难对那些语言学习障碍学生进行针对性辅导。第三，在大学教学中有关学习障碍的研究少之甚少，专门对大学生语言学习障碍开展研究和干预的人更少。

最早将大学生外语学习不成功与学习障碍联系起来的研究者是哈佛大学教育心理学家Dinklage。他在有关"学生的情感问题"一文中重点对那些无法完成哈佛大学本科语言课程的学生进行了调查，发现聪明、有天赋、动机强的学生却在外语课堂上表现较差，其主要原因和表现概括为如下三方面。

第一是不会出声朗读、不会发音、不会拼写。这些学生的问题不是零散的，而是非常系统的，如拼写时字符串顺序颠倒，拼读时把字符串的位置颠倒或把字母看成镜像字母（b看成d或p看成q）。借用Critchley的术语，这些学生应该有发展性阅读障碍。但是这一术语似乎侧重神经生理机制的缺陷，所以当时美国学者对这一术语有些排斥，而将其称作具体的语言或阅读障碍。实际上，内科医生Samuel Torrey Orton早已提出了"符号变形症"这一说法，强调语言障碍实际上是学习能力缺陷的神经生理表现。

第二是听力辨别障碍，他们混淆了两组类似的发音。造成这个问题的原因是，传统的外语教学法始于 19 世纪初的语法翻译法，20 世纪 40 年代被听说法取代，习惯于传统教学法的学生不能适应听说法教学。学生出现的问题被 Tallal 总结为听力信息处理障碍，这是造成语言障碍的最主要的原因。解决办法是减慢发音速度，强调语言的重音和次重音的发音特征。

第三是词汇记忆障碍，他们能记下来在纸面上拼写的单词，但是无法记忆口头产出的单词。尽管他们能够短时间内重复一个单词的发音，但是他们不知道如何拼写，很快地就把这个词忘记了。词汇记忆能力是一种非常重要的语言能力，对外语学习尤为重要。尽管在大学中，语言学习不是学生们最重要的课程，而且一些学生通过自己母语的辅助能够完成大学的学业，但是当这些语言学习障碍学生接触到一门新的外语时，就无法适应了。提高外语学习的能力可以说是提高当前大学生综合素质的重中之重。

如何衡量外语学习能力呢？1959 年，卡罗尔设计了《当代语言能力倾向测试》，包含五个子测试：数字学习、发音拼写、拼写线索、句中的单词以及配对联想。对于语言学习障碍学生来说，研究发现他们在这五个子测试中的表现很差，明显低于正常学生，尤其是在后两个子测试中，语言学习障碍学生不能在句子中准确地通过语法或语音规则区分出外语单词的意义。同时，他们不知道如何通过配对联想准确地对外语单词进行记忆。虽然有人使用当地语言能力测试对语言学习障碍学生进行区分，但是仍旧没有一个专门的测量工具，对语言学习障碍学生进行鉴定。

关于鉴定语言学习障碍的标准，研究者进行了一系列研究。Ganschow 和 Myer 认为听力音节辨别任务可以作为鉴定外语学习能力的一个基本标准，尤其适用于一到十年级的学生。这是因为，在外语学习的过程中，关键是将一个新的语言符号和新接触的语音信息配对，同时还要跟语义信息结合。对于不成功的语言学习者来说，最主要的问题是不能在阅读或听力信息中成功地区分单独的词或单独的音节，无法把单独的词或音节与对应的有意义信息结合，或者成功地产出单词或音节。

(二)外语学习障碍的表现及具身协同对策

1. 外语学习障碍的一般表现及对策

大学生外语学习障碍一般表现为三大方面,分别是记忆力差、焦虑和语法纠结,这三个方面也是外语学习障碍的三大原因。

第一,记忆力是任何形式的学习的核心,对于外语学习尤其重要。从第一节外语课到最后一节外语课,从单词拼写、音形义的记忆到语法功能、固定搭配、句法结构、语义衔接的记忆,都需要学生充分利用他们的记忆力,所有的外语学习能力提升的基础就是良好的记忆力。没有良好的记忆力,语言能力则无法体现。

第二,焦虑在第二语言学习过程中是常见和必然的现象,如果在外语学习过程中焦虑不断,会严重影响学习的效果。发音时,学生会担心自己的语音不够标准;表达时,学生会担心犯各种语法错误;理解时,学生会担心自己误解说话人的意图等。这一切都会让学生担心自己的语言不规范,表现出尴尬的样子。因此,在语言学习环境中,应该营造宽容大度、畅所欲言、不怕犯错的气氛。否则,学生一旦出现焦虑心理,他们很可能就会因紧张而屏蔽听到的信息,更难理解听到的信息;同时还会出现语言沉默现象,学生宁愿一句话不说,也不愿意去尝试进行简短的发音或说出简短的句子,因此造成"聋哑英语"的僵化现象。

第三,语法纠结是造成语言麻木的根源,语法纠结会让学生注重语言的语法形式而不是语义内容,侧重理解句法构成的基本规律而不是领悟目的语的概念表达。虽然一些教师注重交际法教学,一些教科书也注重学生语言输出的量,但是这些教师和这些教科书中大量使用了语法术语,因此事与愿违,违背了交际法教学的初衷,学生大量依赖语法翻译法的教学模式进行思维,造成了彻底的"聋哑英语"现象。表 10-1 给出了三方面的典型特征及应对策略。

表 10-1　外语学习障碍的一般表现、典型特征及应对策略

一般表现	典型特征	应对策略
记忆力差	学生记不清形容词性和名词性物主代词的对应关系	用彩色水笔将对应词画出来,采用颜色配对记忆
	学生记不清单词的意思	在上下文和词组中记忆单词的意思,利用各种情境帮学生记忆名词
	学生记不清语法规则	总结规律,帮助学生集中记忆,灵活运用对比差异

续表

一般表现	典型特征	应对策略
焦虑	学生紧张，担心出丑，怕丢面子	和学生交朋友，创建温馨的学习氛围，语言幽默，创造刺激，同时灵活摆放课堂教具和课桌椅，避免课堂采用问答的形式，而采取小组讨论形式，激励学生发言
	学生担心出现语法错误	对学生常犯的语法错误，用幽默小故事讲给学生听，让他们记忆犹新，避免重复犯错。同时在课堂上对语法错误不要过分重视，让学生知道犯错误是必然经历的学习过程
语法纠结	学生对语法术语不理解	教师应该用例句和情境展示语法的用法，而不是枯燥地解释语法；避免在上课中使用过多的语法术语

2. 外语学习障碍的具体表现及具身协同对策

语言学习障碍不一定完全是由大脑神经认知系统导致的，有时是由外在因素造成的，如教师或教材的问题。比如，教师没有经验，不懂得外语教学的课堂规律，或者没有受过教学法的培训；一个班级学生人数很多；教学内容繁重，教学目标不明确；教学速度过快，使学生无法消化等。

表 10-2 列出了大学生可能在哪些方面出现外语学习障碍及其对策。实际上，这些问题有很大一部分是上大学前就存在的。为避免外语学习障碍逐步升级，必须采取及时的补救策略。补救的原则是通过记忆策略、多种教学手段的结合、有效的计划和及时训练、学用结合等手段，解决外语学习障碍的具体问题。

表 10-2 可能出现外语学习障碍的方面及其对策

障碍等级	可能出现障碍的方面	教与学策略
初级障碍	理解基数词和序数词	利用课堂活动进行程序化口语训练
	记忆名词和动词	利用图片、情境、动作、联想、故事等方法
	记忆词根和词缀	用不同颜色标注关键词的音节和构成

续表

障碍等级	可能出现障碍的方面	教与学策略
中级障碍	时态	用不同颜色对时态变化、动词原形进行标注
	形容词和副词词尾	用不同颜色对形容词、副词词尾进行标注
	形容词的比较级	用不同颜色对不同类型形容词的变化进行标注
	单词搭配	编词组歌谣或进行搭配联想
高级障碍	虚拟语气	用话剧情境对虚拟语气进行训练，跟实际情形对比
	被动语态	将被动语态的使用范围缩小到现在时和过去时，进行口语情境练习
	副词作为连接词的使用	欣赏文章并模拟写作训练，举一反三

(三)如何防治外语学习障碍，克服"聋哑英语"

1. 及早发现外语学习障碍的预兆

在大学外语教学过程中，往往有大约三分之一的学生会受到外语学习的困扰，从而信心丧失、动机不足等。原因可能来自学生自身，也可能是教学手段、内容和计划不合理。及早发现外语学习障碍的预兆(见表10-3)，是防治外语学习障碍，克服"聋哑英语"的首要前提。

表 10-3　外语学习障碍预兆检测表

序号	常见表现
1	学生上课时总有很多不懂的地方，希望教师能够进行一对一的辅导
2	学生不能完成自学，在学习过程中遇到困难时经常无法自己解决
3	学生需要更多的时间完成作业和考试
4	学生对教师的指导不理解，经常分心
5	学生听力水平差，听不懂，跟不上
6	学生要求教师使用重复性语言
7	学生的反应很慢

序号	常见表现
8	不善于上课听讲，对幻灯片的内容不能做出完整的笔记，因此逐渐对上课失去信心
9	跟其他同学相比，不能够理解教师的指导语，不能及时做出反应
10	拼写错误很多，不能够完成词汇学习
11	混淆个别字母（b 和 d，p 和 q）的书写和朗读，对 ie 和 ei 无法区分
12	不能将整体信息分解理解，因此对整体信息理解有误
13	对一系列单词记忆能力差，因此不能根据系列单词进行口语表达
14	只能表达单个词，不能成句
15	听写能力差，无法把听到的内容转换成书面形式的表达
16	必须看到单词且听到声音之后才能知道词的意思
17	尽管知道语法和词义概念，但是不知道如何使用单词
18	把多项选择中的 b 和 d 选项搞混
19	可以完成单一性任务，无法完成多项任务

2. 多管齐下防治外语学习障碍

发达国家在很多大学已经建议专门人员提供特殊服务，解决大学生学习障碍问题。对于外语学习障碍学生，国外一些大学的解决办法有二，一是免除对这些学生的外语学习要求，二是降低课程要求。这种不要求或降低要求的做法是消极的、被动的，不是解决问题的根本办法，也不符合大学教育目标及学生自身成长需要。很多学生还是希望能够掌握一门外语。对于外语学习障碍学生，关键不是降低要求或取消要求，而是找到适合他们的学习方法和路径，以保证他们外语学习的成功。

Dinklage 针对哈佛大学对于外语课程的要求，认为在外语学习过程中最终的挑战就是外语学习障碍。当前一些语言学习障碍方面的专家和学者，就如何应对这个挑战，提出了自己的建设性意见。

在外语教学中，只有通过改善教学策略才能解决语言学习障碍的难题。比如，Goulandris 指出只有通过多途径教学，才有可能弥补学生学习能力的缺陷。Ganschow 和 Myer 认为，最有效的两个信息通道就是视觉通道和听觉通道，但动觉通道同样可能提升学习质量。事实上，在外语学习障碍矫正的策略中，最常使用的原则就是 AVK 原则，A 代表听觉（auditory sense），V 代表视觉（visual sense），K 代表动觉（kinesthetic sense）。在书写和阅读教学过程中，教师也习惯运用 AVK 原则。

多感觉通道型外语教学手段，比传统的语法教学和翻译教学要有效得多。这种教学手段重视"以学生为中心""以语义为主导"。而且，学习过程中经常会使用多种教法、学法。比如，学生自主推导，提供多种语言实例，进行有意义的情境练习，唱歌曲、听音乐，做各种角色游戏，对单词进行形象表演，表演外文戏剧，看外文电影等，通过多感觉通道的训练，使外语学习变得更具体生动。

教学风格也是一个关键的因素。教学者最需要注重的就是学生的个性差异，因地制宜、个别辅导是提升外语学习障碍学生学习效果的有效途径。比如，对于具有听力障碍和记忆力缺失的学生，教师必须给予格外的重视，采用多种类型和多信息通道的表达方式跟他们沟通，单一的信息通道的教学方式不足以满足他们学习的要求。也就是说，如果让他们用一种方式学习，效果一定不好，归纳记忆、规律总结、举一反三等多种学习方法的使用可以帮助他们对一个知识点进行检验和理解性学习。再如，对于发音有障碍的学生，就不要特意地让他们进行发音，而应该通过有意义的整体语言表达的训练来取代他们对单一词语的表达，这样就可以避免他们对单一词语的刻意发音，从而造成压力和表达困难。

要不断地调整对外语学习障碍学生的教学方法。除了整体教学目标和内容的确定与调整外，还需要针对学生确定适中的预习和复习进度、难度。预习内容要和课堂内容紧密结合，然后采取"1—2—6"学习原则，即每隔1、2、6天对相同的学习内容进行复习，使知识再现并持续考核。

最后一点原则是营造积极的环境氛围。只有营造宽松和谐的教学环境，学生才能不感到拘束和紧张；只有对学生充满期待，表达赞赏，学生才能感到受重视并产生动机；只有让学生不断体验进步，他们才能发挥自己的潜能以达到最佳学习状态。克拉申的"情感过滤假说"说明，如果学生感到过分紧张，那么学习一定不会成功；只有精神状态放松，才能取得成功。

大学外语教师大多偏重语言教学，对学习障碍知之甚少，加之缺乏外语学习障碍判定标准，很难对外语学习障碍有敏锐意识，更缺少关于外语学习障碍的教育矫治策略，因此，外语学习障碍问题始终没有得到彻底解决。

但值得庆幸的是，随着脑科学的研究进展，人们对于学习障碍尤其是外语学习障碍有了更进一步的了解，得到了一些有益的研究结果，大学外语学习障碍的具体表现清晰可见。相应的教学对策以及预警信号，尤其是多途径教学和个别化教学，可以用来有效地预防和矫治外语学习障碍、克服"聋哑英语"现象，从而进一步提高大学外语教学的质量。

三、具身协同视域下英语作为外语的学习困难模型

从具身协同视域来看，针对外语学习困难的大量研究聚焦于探讨诸多因素如何影响外语能力表现。以往的研究只关注了部分因素之间的关系，或者单一因素对外语学习成绩的影响程度，缺乏对诸多影响因素同时进行分析的研究。本研究对185个大学生进行了考查，首先对以往国外对影响外语学习的诸多因素的调查问卷进行了本土化修订和信效度分析；其次采取结构方程式的多因素方差分析的手段，构建了外语学习困难模型，并对诸多因素之间的互动作用关系进行了实证分析；最后，为外语学习困难学生的矫正辅导提出了积极的建设性意见。

（一）外语学习困难多因素分析

对外语学习困难的研究始于揭示外语学习机制以及认知轨迹的变化规律。传统上有关语言学习困难的研究主要集中在母语的阅读和写作困难上，其核心是揭示对语音、句法、语义等语言元素的习得能力在高水平和低水平学习者之间的差异。不同于母语学习困难，外语学习困难主要集中出现在高中或大学阶段，因为外语学习任务主要集中在这个阶段。对外语学习困难的界定聚焦在语言认知规律和学习技能的综合表现不良上。只有更好地揭示语言认知规律和学习技能与影响外语学习的诸多因素之间的互相影响关系，建立一个综合性的因素关系模型，语言教学者才能因地制宜地制定相应的辅导策略，提出提升建议。

以往研究表明，在影响外语学习的诸多因素中最经常涉及的有学习动机、焦虑程度、性格特征、情感态度、学习策略、考试困难、社会帮助。此外，家庭背景和身心健康问题也被列为影响外语学习的方面。

本部分首先对诸多影响因素之间的关系进行探究性文献综述，其次对测试量表进行本土化修订和验证，进而建立影响外语学习困难的探究性因素分析的结构方程式模型。通过一手实证研究的结果，对建立的结构方程式模型各因素关系进行讨论，最后对语言学习困难的矫正干预提出一定的建设性意见。

1. 学习动机

在语言学习心理中，学习动机是影响语言学习成功的重要因素。语言学习在极大程度上受动机的影响。以阅读为例，一个人阅读技巧再高，

如果缺乏阅读动机，也不能成功地完成阅读任务。[①] 因此，阅读动机与阅读水平密切相关。其中，内部动机包括由对感兴趣题目的好奇心、在阅读有趣读物时获得的乐趣、在学习复杂或有难度的知识时遇到的挑战所激发的动机；外部动机则由外在力量激发，如为通过英语等级考试、获取较高工薪，或者想要出国留学深造。

此外，在外语学习的动机研究中，影响成绩高低的主要行为心理因素是学习目的是否明确。著名语言教学心理学家舒恩克（Schunk）把影响学习动机的一个主要问题称为"反动机"问题，即指在完成一项学习任务时是否有回避、不努力、拖拖拉拉的现象。用班杜拉的自我效能感来解释这个现象，表现为学习效能高的学生，会显示出较高的学习动机，于是会付出更大的努力，凭借更执着的毅力去完成学习任务。

因此，对语言学习动机的测量中包含了内部动机、外部动机、行为心理表征和自我效能表征四个维度。但是，关于这些维度的变化特点与语言学习困难程度之间的关系，至今尚没有一致的定论。

2. 焦虑程度

学生在社会和学习中承受着压力，由此产生的焦虑已经成为影响这些学生心理成长的负面因素。以往的学习困难研究中均忽视了由情感因素引发的学习心理障碍。实际上，那些具有学习困难的学生由于在言语能力、信息处理能力、记忆能力或交流能力上存在不足，因此他们在获取社会交流信息时跟正常学生不一样。如果让他们大声说话、在班级里当众回答问题、表达他们的需求或者参与学业活动，他们会感到尴尬，会担心自己的表现，进一步表现为对学业和社会交流的结果缺乏自控力。为了更准确地区分和测量青年学生中的焦虑程度，1999 年，Marsh 等人建立了测量焦虑程度的量表，当前被广泛应用。这个量表同时对学生、教师和家长进行测量，对阅读写作教学以及学习能力等方面进行揭示，主要包括的维度有行为特点、危害避免、社会焦虑、惊慌的内在和外在表现等。研究发现了导致学习不良的主要的压力和焦虑因素，这些因素能够比较准确地预测一些相关的情感和行为紊乱的结果，如社交恐惧症、普遍性焦虑紊乱、注意缺陷多动症等。在焦虑与二语习得成功之间的关系上，观点一直不一致，或正向促进，或负向削弱，或没有关系。1986 年，Horwitz 等人修订了外语学习课堂焦虑量表，包含了日常交流恐惧、上课发言恐惧以及对负面评价的反馈几个方面，证明了焦虑与语言学习

---

① Watkins，M. W.，Coffey，D. Y.；"Reading motivation：multidimensional and indeterminate"，*Journal of Educational Psychology*，96(1)，2004.

具有负向相关的关系。此外还有其他一些研究者建立了法语学习课堂焦虑量表①、英语使用焦虑量表②。有研究表明语言焦虑对语言学习能力具有负向削弱的作用，焦虑水平越高，听力水平越低，单词记忆能力越差，口语表达能力越低，标准化成绩越差。③ 这是因为焦虑的经历和心理状态会降低学习者对二语材料的处理能力。

3. 性格特征

研究显示，在众多领域的人才筛选和选拔中，性格因素都被作为了一个关键的标准。2004 年，Sharma 对学习困难和非学习困难的学生进行了性格对比，发现前者具有性格倔强、情绪化、迟钝、冷漠等特点，因此他们在社会适应能力等方面显然要比同龄学生差，这些不良适应倾向对学习成绩具有削弱作用。

有研究认为，由性格因素而导致的缺乏调控意识，是一种情感紊乱的表现，从而会影响临床病人正常的心态表现，进而会造成阅读、听写、讲故事等方面学习技能的紊乱。④⑤ 但是也有研究表明，性格特征与学习能力不直接相关。⑥ Smith 等人在神经心理临床诊断中，在前人研究的基础之上创立了性格测试，并揭示了这一测试对界定学习困难的重要性，这个测试中包含的题目涉及了认知、语言、记忆、执行功能等方面的内容。本研究将此测试题目稍作改编，对语言学习认知、语言表达、言语记忆以及言语执行功能进行测量。

4. 情感态度

情感态度主要指个人对外界事物和在人际交往中的感知、反馈和表达。近二十年的研究一致认为情感认知能力是可以提高的，提高了情感认知能力就能够帮助提高学习困难学生的社会技能，从而为他们的智力

---

① Gardner, R. C., Smythe, P. C.: "Motivation and second-language acquisition", *The Canadian Modern Language Review*, 31(3), 1975.

② Clément, R., Gardner, R. C., Smythe, P. C.: "Social and individual factors in second language acquisition", *Canadian Journal of Behavioural Science*, 12(4), 1980.

③ MacIntyre, P. D., Gardner, R. C.: "Anxiety and second language learning: toward a theoretical clarification", *Language Learning*, 39(2), 1989.

④ Wilson, B. A.: "Ecological validity of neuropsychological assessment: do neuropsychological indexes predict performance in everyday activities?", *Applied and Preventive Psychology*, 2(4), 1993.

⑤ Rader, N., Hughes, E.: "The influence of affective state on the performance of a block design task in 6- and 7-year-old children", *Cognition & Emotion*, 19(1), 2005.

⑥ Rosselli, M., Ardila, A., Lubomski, M., et al.: "Personality profile and neuropsychological test performance in chronic cocaine-abusers", *International Journal of Neuroscience*, 110(1-2), 2001.

缺陷和学习能力不足给予一定的补充，使得他们的学习动机提升，最后达到学习的高效能的结果。根据 Wood 和 Kroese 对情感认知的感知、反馈和表达三方面的界定，作者修订了外语学习的情感态度量表。

5. 学习策略和考试困难

并不是所有存在学习困难的学生在外语学习方面都具有障碍。除了动机和情感因素的影响之外，最主要的问题是他们不懂得如何学习外语，不能在考试时正常发挥自己的外语语言能力，即没有掌握高效率的学习策略并兼具考试困难。尤其在大学阶段，学习逐渐进入自主化，使用适合自己思维和习惯特点的学习策略，就能够事半功倍；反之，事倍功半。所以，大学生学外语在具备一定的学习动机的同时，要合理掌握一定的自我调控的语言学习策略，并且针对各种考试形式，注重提高自我听、说、读、写、译的综合语言水平。外语教师应该及时给大学生进行一定的培训，帮助他们掌握良好的自我调控的语言学习策略，并且让学生了解各类考试对语言能力的要求，有的放矢地提高外语学业成绩。因此，掌握学习策略、攻克考试困难是提升外语水平的两个关键因素，而且两者对外语学习适应性具有同等重要的作用。

官群对自我调控能力和学习策略做了充分的综述[①]；Zimmerman 等人针对外语学习提出了前期准备、行动监控、事后反思三个层面的综合策略[②]。

目前，大学生要应对的考试主要包括国内的等级考试（如大学英语四六级考试）和国外的语言水平考试（如托福和雅思）。针对各种考试的形式和内容，学生要具有一定的应试策略，如果考试能力不足，就会成绩不良，而考试困难往往跟焦虑程度具有一定的关系。Swanson 和 Howell 针对青少年的考试焦虑从时间掌握、基本语言能力、输入性语言能力和产出性语言能力四个维度进行了对考试困难的界定。在原量表基础上，本研究修订了针对语言考试困难的测量量表。

6. 社会帮助

导致大学生学习困难的原因还包括无法或不懂得如何获得各类社会帮助。2010 年，Vogel 等人针对大学生的在校环境和社会中为大学生提

---

① 官群：《自我调控学习：研究背景、方法发展与未来展望》，《心理科学》2009 年第 2 期。

② Zimmerman, B. J., Campillo, M., Motivating Self-Regulated Problem Solvers. In J. E. Davidson & R. J. Sternberg（Eds.），*The Nature of Problem Solving*. New York：Cambridge University Press，2003，pp. 233-262.

供帮助的各类组织的实际状况，建立了一个学困调查表，这个调查表非常全面，涉及学校设施、教师对学生的态度、社团组织、社会辅导机构等多方面的问题。研究表明，有学习困难的大学生首先自身很少主动寻求各类社会帮助，其次不懂得在社会组织中以何种姿态和角色参与活动，因此形成了孤僻而无助的心理状态。本研究主要从参与活动的主动性、遇到困难时寻求社会帮助的技巧两个方面对这个调查表进行了重新修订。

7. 家庭背景和身心健康问题

在语言学习方面，家庭背景主要包括父母的语言能力、幼儿时的语言能力，以及家庭内部共同交流的程度三个方面。身心健康问题通常泛指身体与心理等方面存在的问题和潜在问题。一般而言，一个健康、文明、幸福的家庭中会有一个健康、向上、好学的孩子。家庭背景对学生的身心健康状况也会有直接的影响。

(二)研究目的与假设

根据文献综述，我们建立了一个外语学习困难模型，综合描述诸因素之间的关系。在这个模型中，影响外语学习困难的因素主要有三个：考试困难、学习动机和学习策略。其中，影响考试困难的因素主要是焦虑程度和身体健康问题；影响学习动机的因素主要是性格特征、情感态度以及焦虑程度；学生能否掌握学习策略取决于获得社会帮助程度的高低。另外，身心健康问题的出现主要取决于家庭背景。我们把这个模型称为互动关系模型。此外，我们还建立了一个对比模型，这是一个因素直接作用模型，即影响外语学习困难的诸多因素跟学习困难之间都是直接作用的关系。我们用 185 个学生的数据对两个模型进行了实验验证。

本研究的主要目的有两个：检验量表的基本信效度和验证两个模型（互动关系模型和直接作用模型）。针对变量之间的关系，本研究的基本假设如下：①考试困难、学习动机和学习策略显著影响学习适应性，其中，学习动机和学习策略正向预测学习适应性，而考试困难负向预测学习适应性；②性格特征、情感态度以及焦虑程度正向显著影响学习动机；③社会帮助程度正向预测学习策略；④学生的身心健康问题和焦虑程度正向预测考试困难；⑤家庭背景正向预测学生的身心健康问题。

(三)研究方法与流程

1. 被试

北京某大学一、二年级以"基础英语"为必修课的 185 个学生加入了本次实验(114 个男生、71 个女生,平均年龄为 18.78 岁,标准差为0.45)。

2. 测试量表

测试总量表包含了十个子量表,它们分别考查学习动机、焦虑程度、性格特征、情感态度、学习策略、考试困难、社会帮助、家庭背景和身心健康问题以及外语学习困难(即学习适应性)。所有的量表都采用 1～6级打分,1=最不像自己,6=最像自己。①学习动机量表主要包含内部动机、外部动机、行为心理表征以及自我效能表征四个维度,我们对塔克曼(Tuckman)专门为学习困难学生制定的四维度的动机量表进行了修订,将其精简为 10 道题目。②焦虑程度量表,本研究借鉴了 Horwitz 等人的外语学习课堂焦虑量表,包含日常交流恐惧、上课发言恐惧以及对负面评价的反馈三个维度,共 10 道题目。③性格特征量表主要借鉴了Smith 等人对神经心理情绪紊乱的判定,包含语言学习认知、语言表达、言语记忆、言语执行功能四个维度,共 10 道题目。④情感态度量表包含对情感认知的感知、反馈和表达三个维度,共 10 道题目。⑤学习策略量表包括前期准备、行动监控、事后反思三个维度,共 10 道题目。⑥考试困难量表包括时间掌握、基本语言能力、输入性语言能力和产出性语言能力四个维度,共 13 道题目。⑦社会帮助量表包括参与活动的主动性、遇到困难时寻求社会帮助的技巧两个维度,共 10 道题目。⑧家庭背景问卷是研究者自创的,涉及了家庭成员语言表达和使用中存在的 10 道问题。⑨身心健康问题量表是研究者自创的,涉及了学生经常存在的身体不适和精神状态不良的各类问题,共 10 道。⑩学习适应性量表包括自评量表和教师评价量表。自评量表包括学习语言时的听、说、读、写、记忆、灵活运用六个维度,共 15 道题目;教师评价量表是建立在平日课堂表现、期中和期末考试成绩基础之上的,对学生进行综合评估。所有量表的指导语和题干都是中文。

3. 实验流程

整个测试的过程包括学生在必修课上对十个子量表 108 道题进行自测(30 分钟)和任课教师在课下针对 185 个学生的平日课堂表现、考试成绩进行综合评估两个部分。

(四)结果与讨论

本研究分为三个部分。第一部分是量表的信效度检验,证实每个量表可以充分测量所计划测量的内容；第二部分通过方差分析揭示学习困难学生与普通学生的差异；第三部分通过验证性因素分析初步建立影响外语学习困难诸多因素之间的相互关系模型，并验证模型对应的五个假设是否成立。

1. 量表的信效度检验

量表的信效度检验是建立外语学习困难的互动关系模型的前提。本研究的第一个目的就是验证十个子量表能否准确测量所要考核的内容。每个量表都是在前人研究的基础之上，做了适当的本土化修订，符合中国学生的特点；每个量表的内部一致性系数都接近或大于 0.7，说明每个量表所测试的内容是一致的，可以真实反映预计测量的内容。（见表 10-4）

表 10-4　十个子量表的内部一致性系数

量表	均值（标准差）	Cronbach(α)
学习动机	3.365(0.63)	0.764
焦虑程度	3.674(0.65)	0.731
性格特征	4.051(0.45)	0.715
情感态度	4.156(0.52)	0.739
学习策略	3.675(0.50)	0.770
考试困难	3.386(0.45)	0.707
社会帮助	4.068(0.54)	0.681
家庭背景	2.628(0.70)	0.660
身心健康问题	2.751(0.61)	0.684
学习适应性	3.818(0.33)	0.747

2. 外语学习困难学生与普通学生的对比分析

以教师对学生的综合评估为基础，本研究挑选了 185 个学生中排名最后 15 名的学生，并将十个维度的测量分数进行组间对比。首先，从整体上没有性别和年龄的差异；其次，除家庭背景之外的九个维度全部具有组间差异，说明学习困难学生与普通学生对比，学习动机更低，焦虑程度更高，性格特征和情感态度方面更为不良，学习策略掌握不够灵活，更容易出现考试困难，缺乏社会帮助，身心健康问题更大。（见表 10-5）

表 10-5 学习困难学生与普通学生的差异分析

维度	学习困难学生（N＝15）		正常学生（N＝170）		F 值
	均值	标准差	均值	标准差	
学习动机	3.31	0.59	3.66	0.79	4.72*
焦虑程度	3.74	0.61	3.15	0.77	7.31**
性格特征	3.95	0.51	4.43	0.35	11.28**
情感态度	4.05	0.53	4.95	0.51	10.23**
学习策略	3.29	0.44	4.04	0.64	7.58**
考试困难	3.49	0.47	2.82	0.44	17.93**
社会帮助	3.69	0.54	4.39	0.54	6.59**
家庭背景	2.91	0.63	2.38	0.78	3.20
身心健康问题	2.98	0.54	2.38	0.77	7.76**
学习适应性	3.65	0.36	4.55	0.32	78.02**

注：* $P<0.05$，** $P<0.01$。

3. 对影响外语学习困难诸多因素的互动关系模型的验证

这个结构方程式的数据分析是利用 AMOS 6.0 软件进行的。绘制模型，并确定潜在变量的方差固定为 1。对于互动关系模型来说，CMIN＝198.7，DF＝138，CFI＝0.95，NNFI＝0.92，GFI＝0.86，RMSEA＝0.05，属于可以接受的范围（CFI，NNFI 和 GFI 接近 0.9，RMSEA 小于 0.6）。而直接作用模型的数据拟合度很差。总而言之，验证性因素分析的结果证实了互动关系模型的拟合度良好，各个维度上的负载系数都在 $P<0.001$ 的水平上显著。（见表 10-6）

表 10-6 影响外语学习困难诸因素、学习适应性之间的相关系数

维度	1	2	3	4	5	6	7	8	9	10
1. 学习动机	—	−0.53**	−0.44	−0.62*	0.75**	−0.37	−0.15	0.15	0.43	0.46*
2. 焦虑程度	−0.45**	—	0.03	0.36	−0.33	0.27	0.11	0.18	−0.02	−0.06
3. 性格特征	0.08	−0.26*	—	0.17	−0.37	0.44	−0.09	−0.16	0.03	−0.38
4. 情感态度	−0.01	−0.19	0.63**	—	−0.29	0.18	0.07	−0.12	−0.11	−0.31
5. 学习策略	0.53**	−0.36**	0.36**	0.35**	—	−0.56	0.08	−0.15	0.19	0.49*
6. 考试困难	−0.34**	0.50**	−0.25*	−0.23*	−0.45**	—	0.10	0.36	0.40	−0.42*
7. 社会帮助	0.29**	0.11	0.31**	0.39**	0.54**	−0.25*	—	−0.44	−0.04	−0.14

续表

维度	1	2	3	4	5	6	7	8	9	10
8. 家庭背景	0.01	0.20	−0.24 *	−0.32 **	−0.17	0.40 **	−0.41 **	—	0.37	−0.04
9. 身心健康问题	0.11	0.13	−0.36 **	−0.38 **	−0.06	0.29 **	−0.27 **	0.49 **	—	−0.06
10. 学习适应性	0.49 **	−0.45 **	0.38 **	0.36 **	0.61 **	−0.58 **	0.46 **	−0.33 **	−0.27 **	

注：左下方各系数为全体学生各维度间的相关系数，右上方各系数为学习困难学生各维度间的相关系数。

图 10-1 呈现了这个互动关系模型中各个因素内部的关系。在这个模型中，学习策略$(r＝0.25)$和学习动机$(r＝0.28)$正向影响学习适应性，但是考试困难$(r＝-0.27)$负向影响学习适应性；性格特征$(r＝-0.59)$、情感态度$(r＝-0.30)$和焦虑程度$(r＝-0.31)$都负向影响学习动机；而学习越焦虑$(r＝0.25)$、身心健康状况越差$(r＝0.36)$的学生越容易出现考试困难状况；获得社会帮助多的学生知道如何改善自己的学习策略$(r＝0.44)$；家庭背景影响着学生的身心健康$(r＝0.30)$。

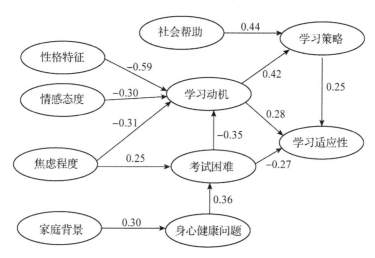

图 10-1　影响外语学习困难诸多因素的互动关系模型

(五)结论

1. 从学习策略、学习动机和考试困难三方面入手提升外语学习适应性

掌握学习策略、增强外语学习动机、攻克考试困难，这是提升外语学习适应性的三个要旨。第一，以往的外语教学与研究发现了激发外语学习的外部动机和内部动机的方式。外部动机和内部动机的有效结合是本研究的最新发现。第二，Zimmerman 等人的三步学习策略，即前期准备、行动监控、事后反思在外语学习方面是亘古不变的原则。第三，大学阶段国内和国外任何外语类考试，都是有规律可循的，不打无准备之仗，考试困难现象就不会发生。对于外语类考试，针对听、说、读、写、译各个方面，打下坚实的语言基础，促进语言输入和产出的正向互动，变被动为主动，轻松应战，一定能够获得优异的考试成绩。

2. 性格、情感因素和焦虑程度大会降低学习动机，从而间接降低外语学习适应性

事实上，有一些个性差异特点是不那么容易改变的，如性格和情感因素。"性格外向""善于表达""敢于尝试新鲜事物""善于冒险""不怕犯错误""善于洞察外界的变化""很快能从情绪低谷中走出""高情商""积极面对困难""坦然面对别人对自己的负面评价"等是促进外语学习的优势性格和良好情感态度。如果没有这些优势性格和良好情感态度，学生学习外语的动机会大大降低，进而间接地降低学习的适应性。

不过，Wood 和 Kroese 研究发现，对情感认知的感知、反馈和表达能力是可以提升的。也就是说，提高对情感认知的感知意识，在对待负面评价时保持稳定的情绪，积极地自我表达，也能够减少焦虑，提升学习适应性。

3. 积极获取社会帮助有利于掌握学习策略，间接提升外语学习适应性

任何学习困难的出现都或多或少源于缺乏社会资源，因此，应积极、正确、主动获取各类社会帮助。我们发现，对于学习适应能力弱的学生来说，实际上他们不了解自己能够获得的社会帮助有哪些，从经济上看他们无法获得助学贷款，从心理上看他们很少获得心理咨询专家的辅导，从职业规划上看他们盲目无从，从文化素养上看他们缺乏接触各类媒介的机会，从交流沟通上看他们不知道如何和教师、同学以及其他社会成员交流，从社会能力上看他们因从不参加社会实践而缺乏良好的社会认知能力。Vogel 等人研究表明，学习困难学生的共同问题正是缺乏参与社会交流的机会和主动性，同时缺乏成功获得社会帮助的技巧。因此，学校和社会应该提供给学习困难群体一定的资源，以及获取资源的技能协助。

4. 身体素质差和学习焦虑大会增加考试困难，间接降低外语学习适应性

从发展的角度，任何问题的产生都源于一定的生理和心理问题的积累。学习压力大，精神状态就会一直低迷，焦虑就会产生，身体就会有各种各样的不适，因此，身体素质差和学习焦虑大都会影响考试中水平的正常发挥，从而削减学习的适应性。这不是本项研究的重点发现，因此不做过多讨论。

5. 家庭背景会影响身心健康状况，进而出现考试困难，间接降低外语学习适应性

从教师和家长角度，了解外语学习适应性的影响因素是必要的。本研究发现受家庭背景以及身心健康状况的影响，很多学生实际上从小就受到了潜在的学习危机的影响。所以，家长要注重对孩子的语言能力的培养，帮助他们在关键期之前攻克语音和词汇障碍，为外语综合素质的培养打下坚实基础，创造良好的家庭学习环境。

6. 总结

影响外语学习适应性的因素有很多，以往的研究多在揭示部分因素之间的关系，没有建立一个多维度互动关系模型。本研究第一次尝试建立一个尽可能全面的理论模型，并对如何提高外语学习适应性提出了具有实证基础的指导性建议。本研究的主要结论如下：为提升大学生外语学习适应性，避免外语学习困难的现象发生，学生、学校、社会和家长需要做到以下几点。

第一，从个人技能提升角度，掌握适合自我认知特点的学习策略，并灵活运用；树立正确的外语学习的内部、外部动机；充分准备考试，降低考试中因焦虑造成的考试困难。第二，从个人个性特点角度，虽然性格和情感不容易控制，但是我们可以通过提高对情感认知的感知意识、在对待负面评价时保持稳定的情绪、积极地自我表达，减少焦虑，提升学习适应性。第三，从社会、学校角度，要为学生提供各种开阔眼界的社会资源，学生要积极主动尝试各种援助、辅助手段，选择适合自己的提升能力的策略。第四，从发展培训角度，加强身体素质，做好做足准备，以轻松应对各级各类考试。第五，从家长角度，家长要从小注重对孩子的语言能力的培养，帮助他们在关键期之前攻克语音和词汇障碍，为外语综合素质的培养打下坚实基础，创造良好的家庭学习环境。

四、突破英语学困的具身协同脑机制实证研究

外语学习困难在我国存在普遍性，对外语学困生的干预和矫治已成为研究者亟待研究的课题。本研究使用国家专利产品基于具身协同效应的"易学灵"快乐学习系统（专利号：ZL201220181187.4）对外语学困生进行为期三个月的干预，在行为测验进步显著的基础上，进一步以事件相关电位 P300 成分为脑电指标评估干预效果。采用实验组、对照组前后测设计，将 32 个七年级外语学困生分为同质的两组，实验组接受每天 30

分钟的"易学灵"快乐学习系统训练，对照组则按常规学习生活，不接受训练。训练前后，两组被试均接受视觉 oddball 任务的脑电测试。结果发现，实验组的后测 P300 潜伏期比前测显著缩短，而对照组前后测 P300 潜伏期则无显著差异，表明"易学灵"快乐学习系统能够提高外语学困生的信息加工效率。

(一)具身协同视域下英语学困的脑机制

早在 20 世纪 60 年代，国外研究者就已开始关注在外语学习方面存在问题的学生。随着外语学习与学习困难之间的联系得到越来越多的重视，一种新的学习困难类型——外语学习困难便越来越多地出现在相关研究领域。多年来，帮助这些学生摆脱外语学习困难方面的问题，一直是研究者尤其是外语教育者面对的棘手问题。目前学习困难研究中，关于外语学习困难的探讨非常少，对外语学困生的训练和干预更是亟待研究的课题。

外语学习困难指的是学校第二语言教学中，学生在外语学习方面存在的特异性困难和问题。研究者一般将其描述为智力(通常是非言语智力)水平和学业成绩处于中等或中等以上，但在外语学习上存在特异性缺陷的学生。外语学习困难作为一种特殊类型的学习困难，既有学习困难的一般共性，又存在其特殊性。学术界对外语学习困难学生各方面特点和成因进行了不少的研究，研究内容涉及语言学因素、情感因素、认知因素三个方面。语言学因素方面，研究提出了外语学习的语言编码缺陷假设；情感因素涉及学习态度、动机、焦虑水平等；认知因素涵盖学习风格、语言学习策略、言语技能、工作记忆能力等。一般认为认知因素与外语学习困难的关联性比情感因素更强，言语技能对外语学习困难的影响比非言语技能更大。但是，这些研究基本局限在行为和心理层面，并未揭示出根本的脑内部原因和提出系统的、行之有效的对策。

近年来，使用事件相关电位技术和功能磁共振成像技术不仅在一般学习困难研究领域取得了令人兴奋的进展，而且在外语学习困难研究领域也取得了可喜的成果。Dinklage 认为外语学习过程中的最终挑战就是外语学习困难。采用 ERP 和 fMRI 技术深刻揭示二语学习的脑机制，能够为外语学习困难诊断和教育矫治提供科学依据。为此，本章系统梳理和归纳了国内外有关二语学习困难的 ERP 和 fMRI 研究成果，揭示了关键期、竞争模型、陈述/程序性模型、语码切换、心理词典、句法通达、技能熟练等关键领域的大脑内部加工机制，并在此基础上探析了中国学生英语学习困难的脑机制，分析了英语学习困难的根本原因，提出了七项启示和对策建议。

大量采用 ERP、PET 和 fMRI 的研究表明，大脑具有很强的可塑性，有效的训练既可以使大脑结构得以优化，也可以使大脑功能得到改善和提高。对学困生的干预如果能从大脑信息加工效率、大脑半球和脑区分工的角度来进行，将事半功倍。"易学灵"快乐学习系统正是以改善大脑结构和功能、提高大脑神经网络工作效率为目的设计的。该系统以大脑两半球特异性理论和具身认知理论为支撑，吸收了认知神经科学和教育科学的最新研究成果，可提高神经系统信息加工的效率，促进大脑组织的神经连接与协作。该系统使用平衡和身体运动将听觉、视觉、动作计划、触觉、平衡、身体位置和神经反馈系统整合起来，以加强大脑的神经传递，真正激发脑潜能。此外，该系统直接将学科知识与身体运动结合在一起，并设置了各种与电脑互动的认知游戏，是一个人机对话系统。该系统已用于对运动员、普通学生、阅读障碍儿童等的训练中，能够提高视觉听觉加工能力、记忆力、手眼协调性、阅读能力、写作能力、数学能力以及体育竞技能力，而对外语学困生的干预效果尤其是干预后大脑认知功能发生了什么样的变化，还有待于进一步研究。

事件相关电位是一种无创技术，具有很高的时间分辨率，已作为一种电生理工具，用来研究认知活动的神经基础，并在临床应用上用于研究学习障碍、注意缺陷、痴呆和其他认知缺陷。使用 ERP 技术来评估干预效果，能够客观地反映大脑认知加工过程中发生的变化，更具可靠性。最为人熟知的认知 ERP 成分是 P300，它是较早发现的内源性 ERP 成分，目前已成为研究得最多的人类电生理指标之一。对于 P300 成分的意义，研究者至今无法将其锁定到某一特定的认知加工上，它是一种复合的、多样的成分，能够反映各种基本认知功能，已被用于临床实践，以评估正常个体和神经心理疾病患者的认知能力。由于 P300 能够反映各种认知加工过程，使用 P300 成分作为评估干预后大脑认知功能变化的指标，具有很好的代表性。

P300 通常出现在 oddball 任务中非频繁呈现的靶刺激之后，其潜伏期在 300 ms 左右或更长。Oddball 任务是认知神经科学中使用最广泛的实验范式之一，它是一种简单的辨别任务，通过探测 P300 成分来研究信息加工效率。该任务中，随机呈现两种感觉刺激，一种刺激的出现频率高，另一种出现频率则很低。要求被试忽略出现频率高的刺激（标准刺激），只对出现频率低的刺激（靶刺激）进行反应。靶刺激呈现后 300～

500 ms，会出现一个长潜伏期的 ERP 正成分 P300，而标准刺激呈现后则完全没有类似的反应。

我们以国家专利产品"易学灵"快乐学习系统为训练载体，对河北省邢台市某中学七年级 16 个外语学习困难学生进行为期三个月的干预，并使用视觉 oddball 任务进行前测和后测，以 P300 成分为评估训练效果的 ERP 指标，探讨符合实际的突破学困的路径。为排除同一任务的重复测量效应等无关变量的影响，本研究设置了不参加训练的对照组。对照组尽量与实验组保证同质，除了不参加训练外，其他测试安排均与实验组相同。

(二)研究方法

1. 被试

使用学习适应性测验、学习障碍筛查量表和瑞文标准推理测验，结合学习成绩和班主任推荐，从河北省某七年级学生中筛选出外语学困生 32 个。筛选的标准为：①学习适应性测验等级在 2 等或 2 等以下；②学习障碍筛查量表得分低于 65；③上学期期末考试英语成绩 Z 分数低于 25%；④瑞文标准推理测验标准分数高于 50%；⑤无明显视听感官障碍、运动缺陷、情感障碍、社会文化适应不良或其他躯体和精神疾病。将筛选出的外语学困生随机分为两组，一组接受多元干预训练（实验组），另一组按常规学习生活（对照组）。

2. 研究程序

采用实验组对照组前测后测设计，将学困生分为接受训练的实验组和不接受训练的对照组，通过前测和后测，比较训练前后学困生的 P300 波幅和潜伏期是否发生显著变化。

(1)前测

采用视觉 oddball 任务，以字母 b 或 d 为靶刺激或非靶刺激。实验程序使用 E-Prime 软件编制，屏幕背景为黑色，刺激材料为白色。整个实验在光线微弱的环境下进行，被试端坐于计算机前，双眼平视计算机屏幕中心，离屏幕的距离为 70~100 cm。

屏幕中央先呈现注视点"+"200 ms，空屏出现时间为 700~1100 ms，之后出现刺激字母 b 或 d。其中，对于一半的被试，"b"为靶刺激，出现的概率为 20%，"d"为非靶刺激，出现的概率为 80%；对于另一半被试则相反，"d"为靶刺激，"b"为非靶刺激。b 和 d 出现的顺序随机。

实验过程中，要求被试注视屏幕中央的注视点。当出现靶刺激时，又快又准确地按数字小键盘上的"3"键；当出现非靶刺激时，不按键。非靶刺激的呈现时间为 1000 ms，靶刺激则在被试按键反应后消失，之后空屏 1000 ms。如果被试反应错误，屏幕上会出现"错误"字样的反馈。之后开始下一个序列(trial)。

正式实验开始前，被试先进行 20 个序列的练习，如果练习正确率超过 90%，则进入正式实验，否则继续练习。正式实验共有 2 个组块(block)，每个组块包括 180 个序列，两个组块之间被试可以自己控制休息时间。视觉 oddball 任务程序流程图见图 10-2。

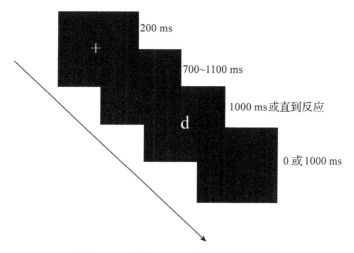

200 ms

700~1100 ms

1000 ms或直到反应

0或1000 ms

图 10-2　视觉 oddball 任务程序流程图

(2)训练

每天对实验组学困生进行 30 分钟的"易学灵"快乐学习系统训练。对照组则在同一时间段安排自学。

(3)后测

同前测，不同之处在于靶刺激与非靶刺激和前测相反。

3. 研究数据处理

(1)EEG 采集

使用 NeuroScan 公司的 ESI-64 系统对 EEG 数据进行实时记录，电极安放位置符合国际 10-20 系统的电极分布标准。使用左侧乳突做参考电极。使用放置在右眼中线上方和下方的两个电极记录垂直眼电，使用放置在左右眼外侧与眼球处于同一水平线的电极记录水平眼电。所有电极使用导电膏与头皮接触，保证每个电极输入阻抗低于 5 kΩ。放大器型号为 SynAmps2，连接直流电源连续采样，采样率为 1000 Hz，低通为 100 Hz。

EEG 离线分析使用 SCAN4.3.1 软件进行。对原始脑电数据进行 DC

校正，将左侧乳突做参考电极转换为双侧乳突做参考电极。眼电伪迹使用 NeuroScan 标准校正算法进行校正。将连续的 EEG 数据进行分段，分段的时长为刺激前 200 ms 到刺激后 1000 ms。以刺激前 200 ms 为基线进行基线校正。将除眼电以外波幅超过一定范围的段视为伪迹片段进行排除，排除标准为 ±70 μV 之外。最后，分别对两种刺激类型（靶刺激、非靶刺激）的 ERP 波形进行叠加平均，并使用低通 30 Hz（24 db/octave）进行滤波。

(2) 数据分析

行为数据使用 SPSS 17.0 软件进行分析。因变量为反应时和正确率。对于每个被试，剔除反应时大于 1000 ms 的试次。统计显著性水平为 0.05。

脑电数据分析采用 SPSS 软件对靶刺激诱发的 P300 峰值和潜伏期进行统计。

对两组被试的总平均波形图进行观察可以发现，靶刺激锁时的 P300 成分主要出现在刺激呈现后 450 ms 左右，位置在额区、中央区、顶区和枕区电极，中央区和顶区 P300 波幅最大。以往研究中，视觉 oddball 任务中的典型 P300 成分是指靶刺激比非靶刺激诱发了一个更大的正波，该成分在中央区和顶区波幅最大，时间窗口一般为靶刺激呈现后的 300～600 ms。

根据已有研究，结合本研究的 ERP 波形视觉探测，选定 350～550 ms 时间窗口进行 P300 波幅和潜伏期的测量，并检查每个被试的测量结果，发现有 4 个被试的 P300 峰值落在 550 ms 之后，对这 4 个被试划定较长的时间窗口（350～750 ms）进行了单独测量。选择 FZ、FCZ、CZ、CPZ、PZ、POZ、OZ 七个电极位置进行统计分析。

分别对 P300 波幅和潜伏期进行 2（测试类型：前测、后测）×2（被试类型：实验组、对照组）×7（电极位置：FZ、FCZ、CZ、CPZ、PZ、POZ、OZ）三因素重复测量的方差分析，以探测训练前后两组被试 P300 的变化。其中，测试类型和电极位置为被试内变量，被试类型为被试间变量。对自由度大于 1 的情况进行 Greenhouse-Geisser 校正，多重比较使用 Bonferroni-Dunn 方法，统计显著性水平为 0.05。

(三) 研究结果

1. 行为结果

分别对反应时和正确率两个因变量进行 2（测试类型：前测、后测）×2（被试类型：实验组、对照组）两因素重复测量的方差分析，结果发现，测试类型的主效应、被试类型的主效应、测试类型与被试类型的交互作用均不显著($P>0.05$)。

2. ERP 结果

多元干预训练前后，实验组和对照组被试在各代表性电极上靶刺激锁时的 ERP 原始波形见图 10-3。根据 ERP 总平均波形图特征可以看出，实验组和对照组被试都出现了靶刺激诱发的 P300 成分，其脑区分布从额区一直到枕区，最大幅值位于中央顶区和顶区附近，波峰约在 450 ms。两组被试在后测时的 P300 波幅与前测时相比明显降低。

为检验实验组和对照组在前测时是否同质，对两组被试在所有电极上的前测 P300 波幅和潜伏期进行了独立样本 t 检验，未发现显著差异，表明干预前两组被试的 P300 波幅和潜伏期处于同一基线水平。

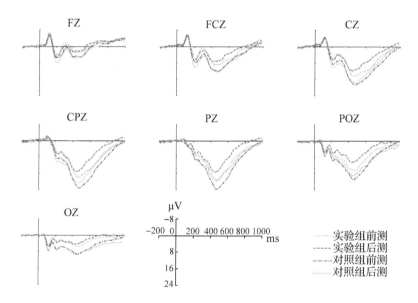

图 10-3　实验组和对照组前后测 P300 波形图

3. P300 峰值

对 P300 峰值进行 2（测试类型：前测、后测）×2（被试类型：实验组、对照组）×7（电极位置：FZ、FCZ、CZ、CPZ、PZ、POZ、OZ）三因素重复测量的方差分析。结果发现，测试类型的主效应显著[$F(1, 30)=9.697$，$P=0.004$，$\eta^2=0.244$]，前测的 P300 波幅显著大于后测，表明训练后两组被试的 P300 波幅显著降低。电极位置的主效应显著[$F(6, 180)=89.796$，$P<0.001$，$\eta^2=0.750$]，CPZ 和 PZ 电极上的 P300 波幅最大，表明 P300 最大波幅出现在中央顶区和顶区。被试类型与电极位置

的交互作用显著$[F(6, 180)=3.262, P=0.047, \eta^2=0.098]$，在POZ和OZ电极上，实验组的P300波幅小于对照组。被试类型与测试类型的交互作用不显著$(P>0.05)$，被试类型、测试类型与电极位置的交互作用也不显著$(P>0.05)$，表明两组被试的后测P300波幅降低幅度不存在显著差异，训练与否对两组被试的P300波幅没有产生不同的影响。

4. P300潜伏期

对P300潜伏期进行2（测试类型：前测、后测）×2（被试类型：实验组、对照组）×7（电极位置：FZ、FCZ、CZ、CPZ、PZ、POZ、OZ）三因素重复测量的方差分析。结果发现，测试类型与被试类型的交互作用显著$[F(1, 30)=4.483, P=0.047, \eta^2=0.043]$，进一步分析发现，实验组的后测P300潜伏期显著小于前测$[F(1, 30)=6.474, P=0.016, \eta^2=0.177]$，而对照组的前测、后测P300潜伏期不存在显著差异$[F(1, 30)=0.202, P=0.656, \eta^2=0.007]$，表明训练使实验组的P300潜伏期显著缩短。其他主效应和交互作用都不显著$(P>0.05)$。

为确定实验组在训练前后的P300潜伏期差异发生在哪些脑区，对实验组的七个电极位置分别进行前测后测P300潜伏期的配对样本t检验。结果表明，在CPZ$[t(15)=2.680, P=0.017]$、PZ$[t(15)=2.368, P=0.032]$和POZ$[t(15)=2.312, P=0.035]$电极上，实验组后测P300潜伏期显著小于前测。

(四)讨论

本研究中，无论前测还是后测，学困生实验组和对照组都出现了靶刺激诱发的典型P300成分，其峰值为350～550 ms，在中央顶区最大，这与已有研究结果一致。本研究使用P300作为多元干预效果评估的脑电指标，通过考查实验组接受"易学灵"快乐学习系统训练前后的P300波幅和潜伏期的变化来评估训练效果。结果发现，接受"易学灵"快乐学习系统训练后，外语学困生实验组的P300潜伏期比训练前显著缩短，表明训练后实验组在oddball任务上对靶刺激的识别、检测、注意等加工明显加快，信息加工效率明显提高。而前测时基线一致的对照组在后测时的P300潜伏期与前测相比并未发生显著变化，说明实验组的P300潜伏期缩短主要是由训练造成的，排除了重复测量效应的影响。这一结果证明"易学灵"快乐学习系统训练对外语学困生是有效的，在脑电上表现为P300潜伏期缩短，训练提高了学困生的信息加工效率。

以往有关干预和训练方面的研究也有类似的结果。例如，有研究者对睡眠剥夺被试进行了干预，结果发现，干预后P300潜伏期缩短、波幅降低。还有研究者使用听觉 oddball 任务探讨了听觉训练对听障儿童的影响，结果发现听觉训练后 P300 潜伏期比训练前显著缩短。

"易学灵"快乐学习系统之所以能够提高外语学困生的信息加工效率，可能与其特有的干预手段有关。"易学灵"快乐学习系统训练能够将外语学困生的身体动作与认知联系在一起，并通过训练前庭功能来加强大脑两半球的沟通和协作，其视觉、听觉、注意、记忆等人机对话训练模块中的互动游戏也是根据各认知领域最经典以及最新的研究成果而设计的。通过一段时间的持续训练，外语学困生的各方面认知能力得到强化，信息加工效率提高，最终使脑功能得以增强。本研究对训练效果进行脑电评估时采用的是 oddball 范式诱发的 P300 成分，该成分虽然经常用来代表注意和工作记忆能力，但研究者在综述了近 50 年来针对 P300 成分进行的 12000 多项研究后认为，目前仍无法将 P300 成分所代表的意义锁定到某一特定的认知加工上，P300 反映的是各种认知功能下的脑活动。因此，本研究目前尚无法确定"易学灵"快乐学习系统训练究竟提高了哪些方面的认知能力，下一步研究将设计更细化、更能代表各项认知功能的效果评估任务范式和 ERP 指标，以详细探究训练效果体现在哪些认知能力的提高上。

对于 P300 波幅，本研究发现，外语学困生实验组和对照组的后测 P300 波幅都比前测显著降低。而且，两组被试的后测 P300 波幅降低幅度不存在显著差异，即训练与否对两组被试的 P300 波幅没有产生不同的影响。由于对照组的 P300 降低主要反映重复测量效应等无关变量的影响，可以推断，实验组的 P300 波幅降低也是由重测效应造成的，而不是由训练本身导致的。这说明"易学灵"快乐学习系统训练并没有对外语学困生的 P300 波幅产生影响。

对于两组被试后测 P300 波幅降低的原因，有两种可能的解释。第一，有研究者认为，对 oddball 任务进行重复测量时，P300 波幅的降低与资源分配和重新配置有关，P300 反映被试主观感受到的困难程度，而不是任务的客观难度。当被试认为正在进行的 oddball 任务并不是很重要或者难度并不大时，便倾向于减少对该任务的注意投入，导致 P300 波幅较低。因此，本研究后测 P300 波幅降低的原因可能是重复测量使被试主观上感知到的任务难度降低。第二，有研究者探讨了听觉 oddball 任务知觉学习对被试短时神经可塑性的影响，认为随着知觉学习的进行，P3a 和 P3b 波幅降低是神经反应习惯化的结果。本研究的前测 oddball 任务可相当于知觉学习过程，后测时 P300 波幅降低也可能说明视觉知觉学习使被试的神经反应习惯化，神经可塑性增强。

另外，本研究的脑电评估结果与实验组外语学困生的自我报告和学习成绩变化一致。训练结束后，被试一致认为多元干预训练提高了自己的注意力。把被试期中、期末两次考试的英语成绩放在年级水平上进行名次变化比较，发现实验组外语学困生的年级名次平均提高 21 名，最快进步 92 名。这些质性资料从另一个角度支持了"易学灵"快乐学习系统训练对外语学困生的效果。

有研究者认为，记忆力差、焦虑以及语法纠结这三个方面是外语学习困难的三大原因，而这三个方面所对应的认知、情感和语言变量正是"易学灵"快乐学习系统训练全面涉及的，该系统能够有针对性地在认知、情感和语言变量上三管齐下。认知变量方面，认知能力是外语学习的基础，"易学灵"快乐学习系统的平衡训练设计能够最终改善脑功能与提高整体认知能力，其针对各项认知功能设计的电脑互动认知训练也必然能够提高外语学困生的感知觉、注意、记忆、想象等认知能力。情感变量方面，"易学灵"快乐学习系统提供的温馨舒适的训练环境、轻松愉悦的训练过程以及游戏化、生动有趣的训练方式能够帮助外语学困生在精神状态等非智力因素方面取得明显进步。训练结束后从记录被试主观感受的文字里发现，学困生学习效能感增强，体脑身心融合效果明显，理想信念和意志品质加强，感恩意识提升，心态向上并充满信心和希望。语言变量方面，"易学灵"快乐学习系统将学科知识融入训练中（例如，让学生一边进行平衡训练一边复述当天学习的英语单词或进行英语学习相关的电脑互动游戏），能够提高心理词典的词法质量，增加英语熟练程度，发挥具身认知作用，使英语知识形成具身的心理模拟，提供更多的英语程序性学习机会，降低母语对英语的竞争干扰，而这些都有助于提高英语学习效果，使英语学习困难程度降低。本研究认为，长期坚持"易学灵"快乐学习系统训练，势必能够提高外语学困生的英语成绩，该系统值得进一步推广使用。

（五）结论与建议

本研究使用 ERP 手段验证了"易学灵"快乐学习系统对外语学困生的干预效果——不仅提高了学业成绩，更进一步从脑机制角度揭示出其对认知神经加工的改善，即干预后外语学困生的 P300 潜伏期显著缩短，这表明该系统能够优化外语学困生的脑功能，尤其能提升信息加工效率和认知能力，使外语学困生在听、说、读、写方面反应更快，准确性更高，调用的认知资源更少，学习困难程度更低，学习负担更轻，为破解因反应速度迟钝导致的"听不懂""说不出"的英语难题提供了认知神经科学的证据。

由此可见，摆脱外语学习困难，尤其是克服"聋哑英语"现象，提高外语教学与学习效率，减轻外语学习负担，既要注重优化听、说、读、写外在行为训练，更要注重优化大脑内在加工机制。只有两者兼顾，才能标本兼治、事半功倍。

参考文献

常欣：《ERP：中国大学生英语句子加工的心理机制》，硕士学位论文，西北师范大学，2006 年。

陈春萍，隋光远，程大志，等：《学习障碍者信息加工的 ERP 研究》，《心理科学》2009 年第 2 期。

程大志，陈春萍，隋光远：《数学学习困难儿童抑制控制能力的 ERP 研究》，《心理科学》2010 年第 3 期。

高一虹，程英，赵媛，等：《英语学习动机类型与动机强度的关系——对大学本科生的定量考察》，《外语研究》2003 年第 1 期。

耿立波：《汉语母语者英语形态加工、形式加工的分离——来自 ERP 的证据》，《语言科学》2012 年第 6 期。

官群，姚茹，刘计敏：《通过"温情教育"（MILD）促成学困生进步的行动研究——邢台陶行知中学采用"易学灵"突破学困初见成效》，《中国特殊教育》2013 年第 9 期。

官群：《ERP 与二语学习：能像学习母语一样学习二语吗？》，《中国特殊教育》2010 年第 4 期。

官群：《多元干预突破学困 MILD（温情）教育计划——数千万学困生的福音》，《中国特殊教育》2011 年第 9 期。

官群：《具身认知观对语言理解的新诠释——心理模拟：语言理解的一种手段》，《心理科学》2007 年第 5 期。

官群：《跨语言学习心理测评——来自中英文阅读动机和阅读水平的证据》，《外语教学理论与实践》2013 年第 1 期。

官群：《自我调控学习：研究背景、方法发展与未来展望》，《心理科学》2009 年第 2 期。

黄玉兰，莫雷，罗秋铃：《二语对母语的反迁移：来自词汇识别 ERP 研究的证据》，心理学与创新能力提升——第十六届全国心理学学术会议，中国心理学会，2013。

刘文宇，原洪秋，王慧莉：《汉英双语者二语语句理解过程中母语启动效应的 ERP 研究》，《中国海洋大学学报（社会科学版）》2012 年第 3 期。

王燕：《学习困难儿童脑信息自动加工的 ERP 研究》，硕士学位论文，河南大学，2012 年。

文秋芳：《英语学习者动机、观念、策略的变化规律与特点》，《外语教学与研究（外国语文双月刊）》2001 年第 2 期。

谢津，邱天爽，马征：《基于汉英语码转换的 ERP 信号特征提取研究》，《中国生物医学工程学报》2012 年第 4 期。

姚茹：《学习障碍儿童的工作记忆缺陷——来自 ERP 的证据》，博士学位论文，北京师范大学，2011 年。

余毅震：《学习障碍儿童心理行为特点及工作记忆的 fMRI 研究》，博士学位论文，华中科技大学，2006 年。

原洪秋：《汉英双语者二语语句理解过程中母语启动效应的 ERP 研究》，硕士学位论文，大连理工大学，2011 年。

张辉：《二语学习者句法加工的 ERP 研究》，《解放军外国语学院学报》2014 年第 1 期。

周路平，李海燕：《发展性阅读障碍儿童汉字识别的早期加工：一项 ERP 研究》，《心理科学》2011 年第 1 期。

Abutalebi, J.："Neural aspects of second language representation and language control", *Acta Psychologica*, 128(3), 2008.

Abutalebi, J., Brambati, S. M., Annoni, J. M., et al.："The neural cost of the auditory perception of language switches: an event-related functional magnetic resonance imaging study in bilinguals", *The Journal of Neuroscience*, 27(50), 2007.

Barsalou, L. W.："Perceptual symbol systems", *The Behavioral and Brain Sciences*, 22(4), 1999.

Birdsong, D., *Second Language Acquisition and The Critical Period Hypothesis*, Mahwah, N J: Lawrence Erlbaum Associates, 1999.

Carpenter, B.："Sustaining the family: meeting the needs of families of children with disabilities", *British Journal of Special Education*, 27 (3), 2003.

Carroll, J. B., Sapon, S. M., *Modern Language Aptitude Test (MLAT)*, New York: Psychological Corporation, 1959.

Clément, R., Gardner, R. C., Smythe, P. C.："Social and individual factors in second language acquisition", *Canadian Journal of Behavioural Science*, 12 (4), 1980.

Demb, J. B., Boynton, G. M., Heeger, D. J.："Brain activity in visual cortex predicts individual differences in reading performance", *Proceedings of the National Academy of Sciences of the United States of America*, 94(24), 1997.

Dinklage, K. T., Inability to Learn a Foreign Language. In G. B. Blaine & C. C. McArthur(Eds.), *Emotional Problems of the Student*. New York: Appleton-

Century-Crofts, 1971, pp. 185-206.

Flax, J. F. , Realpe-Bonilla, T. , Hirsch, L. S. , et al. : "Specific language impairment in families: evidence for co-occurrence with reading impairments", *Journal of Speech, Language, and Hearing Research*, 46(3), 2003.

Friederici, A. D. : "Towards a neural basis of auditory sentence processing", *Trends in Cognitive Sciences*, 6(2), 2002.

Ganschow, L. , Sparks, R. L. , Javorsky, J. : "Foreign language learning difficulties: an historical perspective", *Journal of Learning Disabilities*, 31(3), 1998.

Garbin, G. , Costa, A. , Sanjuan, A. , et al. : "Neural bases of language switching in high and early proficient bilinguals", *Brain and Language*, 119(3), 2011.

Gardner, R. C. , Smythe, P. C. : "Motivation and second-language acquisition", *The Canadian Modern Language Review*, 31(3), 1975.

Glenberg, A. M. , Kaschak, M. P. : "Grounding language in action", *Psychonomic Bulletin & Review*, 9(3), 2002.

Glenberg, A. M. , Gallese, V. : "Action-based language: a theory of language acquisition, comprehension, and production", *Cortex: a Journal Devoted to the Study of the Nervous System and Behavior*, 48(7), 2012.

Goulandris, N. , *Dyslexia in Different Languages: Cross-Linguistic Comparisons*, London: Whurr, 2003.

Guan, C. Q. , Meng, W. J. , Yao, R. , et al. : "The motor system contributes to comprehension of abstract language", *PloS One*, 8(9), 2013.

Hahne, A. : "What's different in second-language processing? Evidence from event-related brain potentials", *Journal of Psycholinguistic Research*, 30(3), 2001.

Hauk, O. , Johnsrude, I. , Pulvermüller, F. : "Somatotopic representation of action words in human motor and premotor cortex", *Neuron*, 41(2), 2004.

Horwitz, E. K. , Horwitz, M. B, Cope, J. : "Foreign language classroom anxiety", *The Modern Language Journal*, 70(2), 1986.

Isel, F. : "Syntactic and referential processes in second-language learners: event-related brain potential evidence", *NeuroReport*, 18(18), 2007.

Kim, K. H. , Kim, J. H. , Yoon, J. , et al. : "Influence of task difficulty on the features of event-related potential during visual oddball task", *Neuroscience Letters*, 445(2), 2008.

Lenneberg, E. , *Biological Foundations of Language*, New York: Wiley, 1967.

Liu, C. L. , Yao, R. , Wang, Z. W. , et al. : "N450 as a candidate neural marker for interference control deficits in children with learning disabilities", *International Journal of Psychophysiology*, 93(1), 2014.

Liu, Y. , Perfetti, C. A. , Hart, L. : "ERP evidence for the time course of graphic, phonological, and semantic information in Chinese meaning and pronunciation decisions", *Journal of Experimental Psychology: Learning, Memory, and Cognition*, 29(6), 2003.

Lorch, R. F. , Jr. , van den Broek, P. : "Understanding reading comprehension: current and future contributions of cognitive science", *Contemporary Educational Psychology*, 22(2), 1997.

MacIntyre, P. D. , Gardner, R. C. : "Anxiety and second language learning: toward a theoretical clarification", *Language Learning*, 39(2), 1989.

MacIntyre, P. D. , Gardner, R. C. : "Language anxiety: its relationship to other anxieties and to processing in native and second languages", *Language Learning*, 41(4), 1991.

McCardle, P. , Mele-McCarthy, J. , Leos, K. : "English language learners and learning disabilities: research agenda and implications for practice", *Learning Disabilities Research & Practice*, 20(1), 2005.

Moore, D. G. : "Reassessing emotion recognition performance in people with mental retardation: a review", *American Journal on Mental Retardation*, 106(6), 2001.

Myer, B. J. , Ganschow, L. , Profiles of Frustration: Second Language Learners With Specific Learning Disabilities. In J. F. Lalande (Ed.), *Shaping the Future of Foreign Language Education*. Lincolnwood, IL: National Textbook, 1988, pp. 32-53.

Nation, K. , Adams, J. W. , Bowyer-Crane, C. A. , et al. : "Working memory deficits in poor comprehenders reflect underlying language impairments", *Journal of Experimental Child Psychology*, 73(2), 1999.

Neville, H. J. , Coffey, S. A. , Holcomb, P. J. , et al. : "The neurobiology of sensory and language processing in language-impaired children", *Journal of Cognitive Neuroscience*, 5(2), 1993.

Perfetti, C. : "Reading ability: lexical quality to comprehension", *Scientific studies of reading*, 11(4), 2007.

Perfetti, C. A. , Liu, Y. : "Orthography to phonology and meaning: comparisons across and within writing systems", *Reading and Writing*, 18(3), 2005.

Pulvermüller, F. , Fadiga, L. : "Active perception: sensorimotor circuits as a cortical basis for language", *Nature Reviews Neuroscience*, 11(5), 2010.

Rader, N. , Hughes, E. : "The influence of affective state on the performance of a block design task in 6- and 7-year-old children", *Cognition & Emotion*, 19(1), 2005.

Rizzolatti, G. , Arbib, M. A. : "Language within our grasp", *Trends in Neurosciences*, 21(5), 1998.

Rojahn, J. , Lederer, M. , Tassé, M. J. : "Facial emotion recognition by persons with mental retardation: a review of the experimental literature", *Research in Developmental Disabilities*, 16(5), 1995.

Roman, R., Brázdil, M., Jurák, P., et al.: "Intracerebral P3-like waveforms and the length of the stimulus-response interval in a visual oddball paradigm", *Clinical Neurophysiology*, 116(1), 2005.

Rosselli, M., Ardila, A., Lubomski, M., et al.: "Personality profile and neuropsychological test performance in chronic cocaine-abusers", *International Journal of Neuroscience*, 110(1-2), 2001.

Rossi, S., Gugler, M. F., Friederici, A. D., et al.: "The impact of proficiency on syntactic second-language processing of German and Italian: evidence from event-related potentials", *Journal of Cognitive Neuroscience*, 18(12), 2006.

Rubia, K., Overmeyer, S., Taylor, E., et al.: "Hypofrontality in attention deficit hyperactivity disorder during higher-order motor control: a study with functional MRI", *American Journal of Psychiatry*, 156(6), 1999.

Scovel, T.: "The effect of affect on foreign language learning: a review of the anxiety research", *Language Learning*, 28(1), 1978.

Seki, A., Koeda, T., Sugihara, S., et al.: "A functional magnetic resonance imaging study during sentence reading in Japanese dyslexic children", *Brain & Development*, 23(5), 2001.

Sharma, G.: "A comparative study of the personality characteristics of students with learning disabilities and their nonlearning disabled peers", *Learning Disability Quarterly*, 27(3), 2004.

Smith, S. R., Gorske, T. T., Wiggins, C., et al.: "Personality assessment use by clinical neuropsychologists", *International Journal of Testing*, 10(1), 2010.

Swanson, S., Howell, C.: "Test anxiety in adolescents with learning disabilities and behavior disorders", *Exceptional Children*, 62(5), 1996.

Tallal, P., Miller, S. L., Bedi, G., et al.: "Language comprehension in language-learning impaired children improved with acoustically modified speech", *Science*, 271(5245), 1996.

Temple, E., Poldrack, R. A., Salidis, J., et al.: "Disrupted neural responses to phonological and orthographic processing in dyslexic children: an fMRI study", *NeuroReport*, 12(2), 2001.

Tuckman, B. W.: "the development and concurrent validity of the procrastination scale", *Educational and Psychological Measurement*, 51(2), 1991.

Ullman, M. T.: "The neural basis of lexicon and grammar in first and second language: the declarative/procedural model", *Bilingualism: Language and Cognition*, 4(2), 2001.

Vellutino, F. R. , Fletcher, J. M. , Snowling, M. J. , et al. : "Specific reading disability (dyslexia): what have we learned in the past four decades? ", *Journal of Child Psychology and Psychiatry*, 45(1), 2004.

Vogel, S. A. , *Using Campus Climate and Disabilities*, Lincolnshire, IL: Campus Climate and Disabilities, LLC, 2010.

Vogel, S. A. , Leyser, Y. , Wyland, S. , et al. : "Students with learning disabilities in higher education: faculty attitude and practices", *Learning Disabilities Research and Practice*, 14(3), 1999.

Wang, Y. P. , Xue, G. , Chen, C. S. , et al. : "Neural bases of asymmetric language switching in second-language learners: an ER-fMRI study", *NeuroImage*, 35 (2), 2007.

Watkins, M. W. , Coffey, D. Y. : "Reading motivation: multidimensional and indeterminate", *Journal of Educational Psychology*, 96(1), 2004.

Weber-Fox, C. M. , Neville, H. J. : "Maturational constraints on functional specializations for language processing: ERP and behavioral evidence in bilingual speakers", *Journal of Cognitive Neuroscience*, 8(3), 1996.

Wigfield, A. , Guthrie, J. T. : "Relations of children's motivation for reading to the amount and breadth of their reading", *Journal of Educational Psychology*, 89 (3), 1997.

Wilson, B. A. : "Ecological validity of neuropsychological assessment: do neuropsychological indexes predict performance in everyday activities? ", *Applied and Preventive Psychology*, 2(4), 1993.

Wood, J. J. , Piacentini, J. C. , Bergman, R. L. , et al. : "Concurrent validity of the anxiety disorders section of the anxiety disorders interview schedule for DSM-Ⅳ: child and parent versions", *Journal of Clinical Child and Adolescent Psychology*, 31 (3), 2002.

Wood, P. M. , Kroese, B. S. : "Enhancing the emotion recognition skills of individuals with learning disabilities: a review of the literature", *Journal of Applied Research in Intellectual Disabilities*, 20(6), 2007.

Yao, S. , Zou, T. , Zhu, X. Z. , et al. : "Reliability and validity of the Chinese version of the Multidimensional Anxiety Scale for Children among Chinese secondary school students", *Child Psychiatry and Human Development*, 38(1), 2007.

Zimmerman, B. J. , Campillo, M. , Motivating Self-Regulated Problem Solvers. In J. E. Davidson & R. J. Sternberg (Eds.), *The Nature of Problem Solving*. New York: Cambridge University Press, 2003, pp. 233-262.

第十一章　提升教师中英文认知与教育能力的具身协同培训模式

中英文认知与教育具身协同论要求培养大批专业化教师，包括汉语教师和英语教师。然而，我国部分英语教师素质偏低、英语教育低效，导致一定程度的"聋哑英语"现象出现，使得中小学英语教师培训在"国培计划"中的特殊性、优先性和艰巨性凸显。针对英语教师传统培训囿于行为主义、认知主义之不足，立足具身协同论，以现代先进的具身认知观和社会建构主义为理论指导，我们创立了英语教师培训"新图"模式(也可为汉语教师培训提供参考)，致力于英语新课程改革与英语教师专业化发展的一体化。

一、时代呼唤英语教师培训的具身协同模式

英语教师培训是一种有目的、有计划、有组织的帮助英语教师适应新课程要求、促进教师专业化发展的教育活动。综观我国课程改革以来的英语教师培训，整体来说依旧停留在落后的行为主义模式水平，缺少人文主义和认知主义成分，具体表现在以下五方面。①缺乏平等协商、对话与交流，没有突出语言的本质属性——思维和交流的工具性。以单向"输血型"培训方式为主，并未真正达到用英语思维和交流的效果，受训者的自主性和主观能动性没有得到应有尊重和充分发挥，个人经验和教学信念以及个体的行动能力未得到应有开发，人际互动资源也未得到应有运用，无法形成"造血机制"。②缺乏联动与整合。人与人之间缺乏联动，培训理念、目标、内容、形式之间缺乏整合；仅仅把培训看作受训者在培训者指导下自我成长的历程，忽视了培训者与受训者的教学相长，对学习共同体的群体动力的重视和开发不足；简单移植大学师范教育和外语专业课程，条块分割，不利于英语教师的全面发展。③缺乏实际操作技能。以新理念、新知识讲授为主，对在实践中如何运用和转化这些新理念、新知识的思考相对薄弱。有学者指出，虽然已经为广大英语教师组织了多种培训，但这还远远不够。因为目前不少培训着重于对新教学理念的宣讲，还没有达到如何获得相应教学技能的层面，所以，广大英语教师在实践这些新理念时有些手足无措。④缺乏研究素养。依

旧以培训者集中灌输、受训者机械模仿为主，而如何引导受训者学会研究，从而不断创新教育模式和教学方法、提升教学成效的成分严重不足，无法形成可持续发展的内部助力。⑤缺乏专业化发展远见。部分英语教师的专业素质偏低，国家尚未出台英语教师专业化发展标准，将英语教师提升到专门职业的高度进行系统的职业规划指导还远远不够，部分教师产生职业倦怠，无法形成促进教师专业化发展的长效机制。

为克服上述诸问题，我们在总结国内外语言教师培训经验的基础上，以现代先进的具身认知观和社会建构主义为理论指导，以英语教师专业化发展为终极目标，创立了英语教师培训"新图"（NUMAP）模式。其中，N 代表对话协商（negotiation），U 代表联通整合（unification），M 代表方法技能（methodology），A 代表行动研究（action research），P 代表专业精通（proficiency），五位一体构成了中小学英语教师培训"新图"模式创新的核心。（见图 11-1）

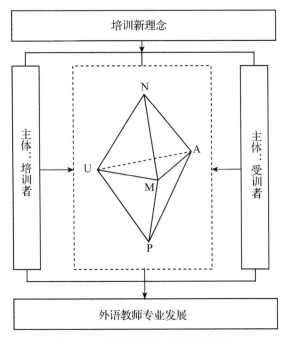

图 11-1　英语教师培训"新图"模式

二、具身协同视域下"新图"模式的思想来源

培训模式创新首先体现为培训理念的创新。理念是灵魂，是统领培

训创新的纲领和指导思想。为从根本上提高培训效能，"新图"模式的理念创新聚焦两大方面：一是语言的学习认知理念创新，二是培训的组织行为理念创新。前者以具身认知观为理论指导，后者以社会建构主义为思想基础。

（一）基于具身认知观的培训理念创新

中小学英语教师培训的核心任务，一是提升受训者的英语综合能力，二是提升受训者的英语教育教学能力。而确保这二者高效的共同基础是树立科学的语言学习认知观。

语言是人类独特的交流工具。它能将我们的注意力指向人、物、事件及可能发生的行为，从而使我们置身于周围的现实世界之中；它能通过对真实或想象中事件的描述，帮助我们注意到目前并没有出现的人、物、事件及可能发生的行为，从而使我们置身于非现实世界之中。不论语言使我们置身于现实世界还是非现实世界，都离不开具身认知的作用。

传统认知主义认为，认知包括以下五层内涵：①个体的，即认知由孤立的个体进行；②理性的，即认知的首要范例是概念思维；③抽象的，即身体和环境在认知中是次要的；④分离的，即思维与知觉和身体活动在逻辑上是分离的；⑤普遍的，即认知科学是寻找一般智力活动的普遍原则，它适用于所有个体和所有环境。针对传统认知主义之不足，具身认知观主张，认知是具体的个体在实时的环境中产生的，储存在记忆里的认知信息并非抽象的符号，而是具体、生动的，同身体的特殊感觉通道相联系。当个体在语言和思维中使用这些储存的信息时，个体仍然在身体的同一感觉通道模拟该事件。具身认知能使我们置身于非现实世界，通过心理模拟再入情境获得对真实客观世界的认知。

从具身认知观的哲学高度重新审视英语教师培训，会得到全新的诠释。①英语作为语言的一种，具有使人们置身于现实世界和非现实世界的双重作用，因此，培训中使受训者置身于真实的语言情境和虚拟的语言情境对提升英语综合能力都是非常必要的和重要的。②作为语言教育和教学的培训，能够使受训者置身于真实的课堂教学情境和再造的课堂教学情境，对提升英语教育教学能力也是非常必要的和重要的。受训者可以通过观摩、现场执教、听课、评课等方式获得亲身体验，也可以采取备课、说课、课后反思、案例教学、经验交流等方式，获得可以迁移到真实教学情境的经验和能力。③无论从培训提升英语综合能力还是提升英语教育教学能力的方面看，通过心理模拟使受训者再入情境，可以获得对语言及其教学的认知。心理模拟能够产生对所描述事件的替代体验。就像通过在内心模拟他人的行为，我们能够理解该行为一样，我们能够通过在内心模拟他人的行为来理解语言所描述的该人的行为。

基于具身认知观的英语教师高效培训，必须坚持以下六项原则：①社会性，即培训成效产生于参与培训的共同体中；②参与性，即受训者身心在实践和理论两个方面都要投入；③定域性，培训依赖一定的情境——现实情境或再入情境；④互动性，受训者与周围的人文、物理等环境持续相互作用；⑤生成性，受训者处于培训实践中，受训者与培训实践彼此蕴含在相互生成的过程中；⑥主体性，培训成效是从自我—他者的主体间的动态的共同决定中涌现出来的。这些原则为确立"新图"模式核心要素提供了科学依据。

(二)基于社会建构主义的培训理念创新

培训者与受训者在培训过程中的地位和关系问题，一直是培训活动组织过程中教育主体创新方面的核心问题。长期以来，关于教师培训主体的观点主要可以概括为三种教育模式：一是"培训者为中心"；二是"受训者为中心"；三是"受训者为主体，培训者为主导"。"培训者为中心"的教育模式，来源于以赫尔巴特为代表的传统教育派，片面强调培训者的权威性，忽视受训者的主动性，不利于培养受训者的自主能力和创造精神。"受训者为中心"的教育模式，来源于以杜威为代表的现代教育派，片面强调受训者的主动性，削弱培训者的启发引导作用，忽视理论总结和专家经验，往往使受训者陷入一种自发、盲目的探索过程，培训过程和效果无法得到正常控制。"受训者为主体，培训者为主导"的教育模式，是对上述两种教育模式的折中。在理论上，希望既充分发挥受训者的主观能动性，又充分发挥培训者的启发引导作用；然而，在实际操作中，很难把握主导的"度"，尤其是大多培训者的实践操作经验不足，往往习惯于过多地主导，而受训者的主体性很难得到应有发挥。

20世纪七八十年代兴起的社会建构主义，为教师培训主体创新提供了科学依据。它将人文主义、建构主义、认知主义与社会互动理论结合起来，对知识和人的学习过程做出了全面合理的解释。它认为知识是社会性交互作用的产物，是人们在与情境的交互作用中所建构的一种对于世界的解释，"情境"、"协作"、"会话"和"意义建构"是知识的四大属性；认为学习是学习者在丰富的情境中，通过主动探索及合作协商，从而建构意义、创造知识的过程；强调人的思维建构能力，克服了行为主义重知识传授轻能力培养、重行为轻心智、重结果轻过程等现象；突出认知过程中的互动性，纠正了人文主义和传统建构主义将学习个人化的倾向。

社会建构主义为"新图"模式的双主体化——培训者与受训者同为平等的参与者和对话者,奠定了扎实的理论基础。双主体化培训理念主张"培训者启发引导,受训者实质参与,双方平等互动,共同发展提高"。

三、"新图"模式内部的具身协同:结构功能立体化

在具身认知观和社会建构主义培训理念创新的统领下,培训什么、怎么培训成为"新图"模式内涵创新的关键。N 作为交互界面,U 作为组织形式,M 作为方法途径,A 作为持续助力,P 作为核心支柱。其中,N 在顶端,辐射和渗透到 U、M、A 三个子系统;P 在底端,意味着发挥核心支撑作用。图 11-2 展示出"新图"模式各系统结构与功能的立体化。

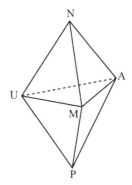

图 11-2 "新图"模式的核心要素

(一)对话协商(N)

对话协商(N)指从"由上而下"的单向式培训转向更加注重培训者、受训者、管理者、教材编写者、教师、学生等之间的平等协商与对话,使培训成为支持所有新课程参与者对话交流、相互沟通、共同成长的平台。语言教师培训应比任何其他学科教师培训更加注重目的语的对话性、协商性和交流性等工具性。这体现了社会建构主义所强调的认知过程中的互动性,避免了人文主义和建构主义将学习个人化的倾向,有助于增进相互理解,形成平等、民主的培训关系。通过双向和多向互动,培训者发挥理论优势,受训者发挥实践优势,实现优势互补、理论与实践结合、同伴资源共享、观点碰撞、情感共鸣,大家共同体验主动、合作、探究学习的喜悦,从而促进每个人观念、态度和行为上的改进。

(二)联通整合(U)

联通整合(U)是指由侧重个体成长和内容条块分割转向更加注重群体发展和课程内容的整合,使人员联通、学习共同体建设和课程整合成为培训的有效组织形式。这就是社会建构主义所强调的群体互动、资源共享、相互促进、共同成长。通过建立各种类型的学习小组或学习共同体,如师徒共同体、同伴共同体、课题共同体等,促进群体发展。将现有按学科分类和按需要分类的培训内容适当整合成综合性的多功能模块,实现培训目标、内容、形式与功能的一体化。比如,用任务型教学法组织听、说、读、写培训,使受训者既提高了听、说、读、写能力,又体验和掌握了任务型教学法;用行动研究法培训如何进行反思教学,使受训者通过反思教学实践学会行动研究,在行动研究中提升反思效果,一举两得或多得,既整合了资源,又提高了效益。

(三)方法技能(M)

方法技能(M)是指由"纸上谈兵"转向更加注重实操技能,使有效教学、提高质量的途径和方法成为通往培训实效的桥梁。随着培训的不断深入,人们越来越认识到懂得如何教远比懂得教更重要,"授人以渔"远比"授人以鱼"更重要。在英语课程实施中,帮助学生有效地使用学习策略,不仅有利于他们把握学习的方向,采用科学的途径提高学习效率,而且还有助于他们形成自主学习的能力,为终身学习奠定基础。通过观摩专家型教师的案例教学共同探讨教学途径和方法,受训者可以获得看得见、摸得着、用得上、见效快的实操技能;同时,培训者与受训者彼此之间还能够进行经验分享与借鉴,从而实现创新与提高。

(四)行动研究(A)

行动研究(A)是指由"只知其然,而不知其所以然"的教学转向更加注重教学反思和研训一体化,为有效培训和教师持续发展提供助推器。行动研究是由教育情境的参与者为提高对教育实践的理性认识,为加深对教育实践活动及其依赖的背景的理解,为解决教育实践问题,所进行的反思研究。对一线教师来说,值得推荐的就是德金(Deakin)的行动研究模式。该模式包含计划、行动、观察和反思四个环节。德金把这四个环节的内容与教育实际相结合,使模式内容更形象化、具体化。(见图11-3)

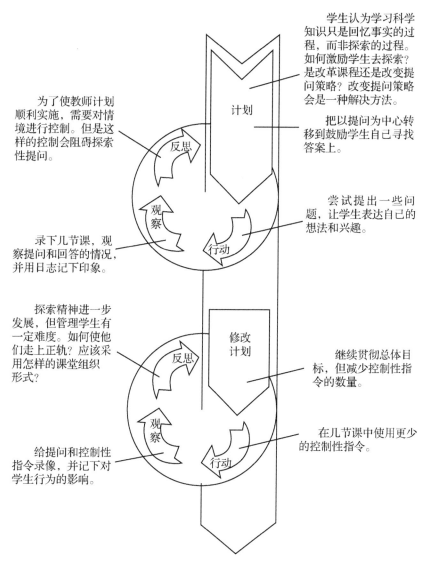

学生认为学习科学知识只是回忆事实的过程，而非探索的过程。如何激励学生去探索？是改革课程还是改变提问策略？改变提问策略会是一种解决方法。

把以提问为中心转移到鼓励学生自己寻找答案上。

为了使教师计划顺利实施，需要对情境进行控制。但是这样的控制会阻碍探索性提问。

计划

反思

观察

行动

尝试提出一些问题，让学生表达自己的想法和兴趣。

录下几节课，观察提问和回答的情况，并用日志记下印象。

探索精神进一步发展，但管理学生有一定难度。如何使他们走上正轨？应该采用怎样的课堂组织形式？

修改计划

反思

观察

行动

继续贯彻总体目标，但减少控制性指令的数量。

在几节课中使用更少的控制性指令。

给提问和控制性指令录像，并记下对学生行为的影响。

图 11-3　德金的行动研究模式

（五）专业精通（P）

专业精通（P）是指由语言（听、说、读、写）和跨文化交流的一般应激性培训转向更加注重语言（听、说、读、写）和文化的综合素质的高度具备，使过硬的英语专业素质成为英语教师专业化发展的核心支柱。有人对日本、韩国、中国台湾小学英语教师进行了调查，结果表明，教师均感到自身英语素质（听、说、读、写能力）离教学要求差距较大。David Carless 还研究了任务型教学对中国香港英语教师提出的挑战。大批英语教师面对新课程倡导的任务型教学力不从心。可见，专业精通依旧是未来英语教师培训的重中之重，只不过专业素质训练要与其他各系统有机整合。

四、"新图"模式的目标创新：发挥新课程改革与教师专业化发展具身协同效应

"新图"模式认为，理想的培训应坚持新课程改革与教师专业化发展一体化。遗憾的是，该目标至今尚未引起研究的重视。Markee 的《管理课程创新》从国际视野出发总结了课程改革与教师发展的经验教训，深刻地指出课程发展与教师发展是密不可分的。该书系统介绍了"课程与教师创新"（Curriculum and Teacher Innovation，CATI）工程——将课程与教师创新发展有机结合的成功案例，为将来进一步实现新课程改革与教师专业化发展一体化培训目标指明了方向。

新课程要求在教师指导下，学生自主学习、自主发展，学生主动与教材、与教师、与同学、与环境等相关课程要素进行互联互动、共生共创、整合建构，形成新的教学"生态系统"。只有培训者首先模范贯彻执行新课程的要求，受训者才能切身体验和领会新课程要求并迁移到自己的教学之中。英语教师培训要针对英语新课程提出的语言技能、语言知识、情感态度、学习策略和文化意识五大目标，进一步全面提升受训者的综合语言运用能力、综合素质和创新能力；要在培训目标设定、教学过程、效果评价和资源开发等方面充分发挥受训者的主体能动作用；要采用活动途径，让受训者学会任务型教学，通过感知、体验、实践、参与和合作等方式，感受进步；要积极引导受训者学会运用新课程提出的自主、合作、探究的学习方式，实现学习方式的转变；要以形成性评价为主，建立能激励受训者学习兴趣和提高自主学习能力的评价体系，注重培养和激发受训者学习的积极性和自信心；要积极鼓励和支持受训者主动开发和利用贴近实际、贴近生活、贴近时代的培训课程资源，拓展学习和运用英语的渠道。

英语教师培训的归宿是专业化发展。我国尚未出台英语教师专业标准，仅有少量学者提出了一些观点。有学者提出，优秀英语教师专业素质框架由四个维度组成：外语学科教学能力、外语教学观、英语教师职业观和职业道德、英语教师学习与发展观。

国外关于英语教师专业标准，比较经典的当数"对外英语教学"

(teaching English to speakers of other languages，TESOL)和美国国家教师教育认证协会提出的标准。前者划分了五个维度 13 条具体标准，后者划分了六个方面。有学者总结指出：这两种标准由于规定太死、工具主义倾向太浓和不切实际，因此必须彻底修订。相比之下，2002 年，美国国家专业教学标准委员会颁布的英语作为新学语言的教师专业标准规定了 12 条，每条标准都描述了熟练教学的一个重要方面。这些对我国指向教师专业化发展的英语教师培训具有现实参考价值。

（一）为学生学习做好准备

标准 1：对学生的了解。熟练的教师把人类的发展知识视为语言和文化以及两者与学生之间的关系媒介，由此理解学生的知识、能力、兴趣、抱负和价值观。

标准 2：语言和语言发展的知识。熟练的教师在教学中使用的英语为学生提供典范。他们利用有关语言和语言发展的知识来理解学生的母语和外语习得过程，开发促进语言发展的教学策略，为满足外语学习者的需要完善课程。

标准 3：了解文化和多样性。熟练的教师不仅要了解和意识到一般文化的发展内因，而且也要了解和意识到学生的具体文化，从而理解学生并为学生建构一种成功的学习经验。

标准 4：学科方面的知识。熟练的教师通过了解学生的语言和文化多样性，完成课程和教学设计，促进学生的学习。

（二）促进学生学习

标准 5：有意义学习。熟练的教师会采用一些方法，以有意义的方式让学生面对、探索和理解重要的、有挑战性的概念、主题和问题。

标准 6：学习知识的多种途径。为了帮助学生提高语言水平，学习相关学科的核心概念，增加这些学科的知识并加深理解，熟练的教师会提供多种途径，有效地运用教学语言来促进学科的学习。

标准 7：教学资源。熟练的教师会选择、调节、创造和使用各种丰富和不同的资源。

标准 8：学习环境。熟练的教师会建立一种体贴的、接纳的、安全的并且具有丰富语言和文化的学习环境，在这里学生可以接受知识的挑战，并且既独立又协调地做事。

标准 9：教学评价。熟练的教师会使用大量的测验方法来获得与学生学习和发展相关的有用信息，帮助学生反省自己的进步。

（三）支持学生学习

标准 10：反省性实践。熟练的教师会定期分析、评估和提高他们实际教学的有效性和质量。

标准 11：与家庭之间的联系。熟练的教师会与家庭建立联系，来增加他们对学生的教育经验。

标准 12：专业的指导能力。熟练的教师致力于促进同事的成长和发展，促进学校事业的发展，促进他们自己领域知识的增长。

由此可见，基于中英文认知与教育具身协同论的培训模式培养出来的专业化英语教师(也适用汉语教师)，将更有利于贯彻落实中英文认知与教育具身协同论，开辟中英文认知与教育新天地。

参考文献

官群：《具身认知观对语言理解的新诠释——心理模拟：语言理解的一种手段》，《心理科学》2007 年第 5 期。

孟万金，官群：《教育科研——创新的途径和方法》，上海，华东师范大学出版社，2004。

Carless，D.："Issues in teachers' reinterpretation of a task-based innovation in primary schools"，*TESOL Quarterly*，38(4)，2004.

Markee，N.，*Managing Curricular Innovation*，Cambridge：Cambridge University Press，1997.

Zwaan，R. A.，Taylor，L. J.："Seeing，acting，understanding：motor resonance in language comprehension"，*Journal of Experimental Psychology：General*，135 (1)，2006.